Ernest Crocker

Wunder nach Mitternacht

Ein Arzt vertraut auf Gott

SCM Hänssler

SCM

Stiftung Christliche Medien

© der deutschen Ausgabe 2012
SCM Hänssler im SCM-Verlag GmbH & Co. KG · 71088 Holzgerlingen
Internet: www.scm-haenssler.de; E-Mail: info@scm-haenssler.de
© 2011 by Dr. Ernest F. Crocker
Originally published in English under the title: Nine Minutes Past Midnight
by Authentic Media Limited, Presley Way, Crownhill, Milton Keynes, MK8 0ES,
UK; All rights reserved.

Soweit nicht anders angegeben, sind die Bibelverse folgender Ausgabe entnommen:
Neues Leben. Die Bibel, © der deutschen Ausgabe 2002 und 2006
SCM R.Brockhaus im SCM-Verlag GmbH & Co. KG, Witten.
Weiter wurden verwendet:
Bruns: Die Bibel mit Erklärungen, übersetzt von Hans Bruns, 15. Aufl., Brunnen Verlag Gießen, 2009.
LUT: Lutherbibel, revidierter Text 1984, durchgesehene Ausgabe in neuer Rechtschreibung, © 1999 Deutsche Bibelgesellschaft, Stuttgart.
ELB: Elberfelder Bibel 2006, © 2006 by SCM R.Brockhaus im SCM-Verlag GmbH & Co. KG · Witten.
EU: Einheitsübersetzung der Heiligen Schrift, © 1980 Katholische Bibelanstalt, Stuttgart.
HFA: Hoffnung für alle®, Copyright © 1983, 1996, 2002 by Biblica US, Inc., Verwendet mit freundlicher Genehmigung des Verlags.

Übersetzung: Friedemann Lux
Umschlaggestaltung: Jens Vogelsang, Aachen
Titelbild: 123rf.com
Satz: Ronald Parusel Werbung Buch & Kunst, Sigmaringen/Laiz
Illustrationen: used by permission of Authentic Media Limited
Druck und Bindung: CPI – Ebner & Spiegel, Ulm
Gedruckt in Deutschland
ISBN 978-3-7751-5359-1
Bestell-Nr. 395.359

Für meine liebe Lynne, ohne deren Ermutigung
und unverdrossene Unterstützung
dieses Buch nie hätte geschrieben werden können,
und zur Ehre Gottes.

Ich möchte meinen Kollegen von Herzen danken, die darauf vorbereitet waren, ihren Glauben zu bezeugen. Und ich danke den vielen anderen, die ihr Leben, ihre Hoffnung, ihre Leidenschaft und manchmal ihr Leid geteilt haben, um von dem wunderbaren Eingreifen Gottes in ihrem Leben zu berichten.

Inhalt

Dank 6

Vorwort 8

Einleitung 10

Kapitel 1 Jetzt! 13

Kapitel 2 Auf wen kann ein junger Mann vertrauen? . . 21

Kapitel 3 Der stille Teilhaber 36

Kapitel 4 Durch seine Wunden 42

Kapitel 5 Offene Tür nach China 50

Kapitel 6 Donald 64

Kapitel 7 Chinasyndrom 74

Kapitel 8 Raus aus dem Alltag! 86

Kapitel 9 Neue Horizonte, tiefere Wasser 102

Kapitel 10 Jesus kennenlernen 110

Kapitel 11 Feuer in der Nacht 119

Kapitel 12 Ein besseres Opfer 126

Kapitel 13 Äußerst willkommene Hilfe 139

Kapitel 14 Hab keine Angst 150

Kapitel 15 Ein neues Herz für Rosemary 160

Kapitel 16 Ein Glaubensgeschenk 169

Kapitel 17 Die höheren Gipfel des Glaubens 181

Kapitel 18 Beim Spezialisten 193

Kapitel 19 Mehr als Überwinder 203

Kapitel 20 Wir haben eine Hoffnung 216

Kapitel 21 Einer, der da ist 225

Kapitel 22 Landärzte 239

Kapitel 23 Zuschauen, selbst tun, lehren 248

Kapitel 24 Mit Gott im Labor 254

Epilog: Zum Leben programmiert 268

Goldene Worte 276

Über den Autor 281

Anmerkungen 283

Dank

Ich bin den vielen, die dieses Buch möglich machten, zu Dank verpflichtet: Paul Bootes, Mark Finnie und der Mannschaft von Authentic Media. Sie haben die Idee begriffen und verwirklicht.

Ein Dankeschön auch an Ben Carson, Ian McCormack, Jackie Pullinger und Donald und Penny Dale für ihre Ermutigung und Unterstützung. Euer Leben ist ein Zeugnis der Realität des auferstandenen Christus.

Mein tief empfundener Dank geht auch an Belinda Pollard für ihren Rat und ihre redaktionelle Hilfe sowie an Sheila Jacobs, Monica Dennison, Mamie Long und Rosemary Bradford für ihre Hilfe und redaktionellen Tipps.

Ein Dankeschön auch an Elizabeth West und Richard Attieh für ihre Medienunterstützung.

Stets dankbar werde ich Noel und Phyl Gibson für ihre scharfsinnigen Anmerkungen und ihr treues Beten sein sowie Pete Irvine und den vielen anderen, die mich im Gebet begleitet haben.

Ich danke auch meinen Eltern, die mir ohne jeden Zwang ihren Glauben im Alltag vorlebten, als ich noch ein junger Mann und auf der Suche nach Wahrheit und Weisung war, sowie allen Verwandten, die mich durch dieses Projekt mit ihrer Hilfe, Ermutigung und Zeit treu begleitet haben. Vor allem danke ich aber meiner Frau, Lynne, meiner besten Rezensentin, die nicht einmal daran gezweifelt hat, dass Gott dieses Buch wollte, für ihren Rat, ihre Weisheit, ihre Einsichten und ihre Liebe.

Mein tief empfundener Dank auch an meine Ärztekollegen, die bereit waren, mutig ihr Zeugnis zu geben, und an die vielen anderen, die willig über ihr Leben, ihre Hoffnungen, ihre Leidenschaften und manchmal ihre tiefe Not berichteten, um zu zeigen, wie wunderbar Gott in ihrem Leben eingegriffen hatte.

»Ihr seid meine Zeugen!«, spricht der Herr. »Und ihr seid mein Diener, den ich erwählt habe. Ihr seid dazu auserwählt, mich zu kennen, an mich zu glauben und zu erkennen, dass ich allein Gott bin« (Jesaja 43,10).

Vor allen Dingen aber gilt mein Dank dem Gott, der da ist und uns nie verlässt!

Vorwort

*Ich will meinen Posten auf dem Wachturm einnehmen und
Ausschau halten. Dort will ich abwarten, was der Herr zu mir
sagt ... Da antwortete mir der Herr und sagte: »Was ich dir jetzt
zeigen werde, sollst du säuberlich auf Tafeln schreiben,
damit es jeder mühelos im Vorbeigehen lesen kann.«*

Habakuk 2,1-2

Wir leben in einer Welt zunehmender persönlicher Herausforderungen und wachsender Gefahren. Die Unsicherheit von morgen und die Herausforderungen von heute setzen uns zu. Aber da ist einer, der sich danach sehnt, mit uns zu gehen, uns zu trösten, zu raten, zu schützen und durch diesen Lebensdschungel hindurchzuführen. Wie unsere Lebensreise wird und in welche Richtung sie geht, hängt davon ab, ob und wie sehr wir uns ihm anvertrauen.

Ich habe keinen Zweifel, dass Gott zu Ihnen reden wird, wenn Sie die folgenden Seiten lesen. Von Anfang an war es mir ein wachsendes, dringendes Anliegen, die Worte der christlichen Ärzte und Patienten, die ich interviewt habe, originalgetreu wiederzugeben. Je mehr das Buch wuchs, desto mehr entwickelte es ein Eigenleben. Einmal mehr erkannte ich, dass, wenn Gott handelt, wir nichts anderes tun müssen, als die Hände zu öffnen, gehorsam zu sein und uns gut festzuhalten!

Ich habe mich darum bemüht, alle meine Vorurteile beiseitezulassen und für das, was mir da berichtet wurde, ganz offen zu sein. Ich habe jedes Erlebnis und jede Offenbarung betend betrachtet und abgewägt und dabei die Hand des Meisterwebers entdeckt, der ein so perfektes, verschlungenes

Muster schafft, wie es der größte menschliche Künstler nicht zustande bringen könnte.

Bitte lesen Sie die folgenden Kapitel mit einer offenen, unvoreingenommenen Haltung, im Vertrauen darauf, dass Gott Ihnen Wahrheiten zeigen wird, die Sie frei machen können von den Nebensächlichkeiten und Denkfallen dieses Lebens. Ich hoffe auch, dass Sie sich von religiösen Lehrmeinungen, von dem, was »man« denkt, oder von den flüchtigen, kurzsichtigen Werten unserer heutigen säkularen Welt keine Scheuklappen anlegen lassen werden.

Letztendlich ist es mein ernstes Gebet, dass der Geist Gottes Sie anrühren wird, damit Sie wieder (oder vielleicht auch zum ersten Mal in Ihrem Leben) die Hand zu dem, der sich danach sehnt, an Ihrer Seite zu gehen, ausstrecken. Ich glaube, dass Sie über die Rolle, die Gott als »stiller Teilhaber« in Ihrem Leben spielen möchte, ins Nachdenken kommen werden.

Ernest Frank Crocker MBBS BSc (Med) FRACP DDU
Castle Hill
6. Januar 2011 (australischer Nationalfeiertag)

Einleitung

Dr. William Barclay erzählt von einem berühmten britischen Chirurgen.[1] Wenn er operierte, war die Galerie voll von Studenten und anderen Ärzten, die aufmerksam zuschauten, um von dem großen Meister zu lernen. Seine Technik war perfekt.

»Wie schaffen Sie es eigentlich, nie unsicher zu werden oder Fehler zu machen?«, fragte ihn jemand.

Der Chirurg erwiderte: »Wenn ich operiere, dann gibt es für mich nur drei Personen in dem Operationsraum. Einmal ich selbst, dann der Patient, dem ich helfen möchte ...«

»Ja, sicher. Aber der Dritte, wer ist das – der Anästhesist?«

»Der Dritte«, sagte der Arzt, »ist Gott selbst.«

Dies ist ein Buch über Ärzte und Patienten, die Gott bei seinem Wort nahmen und über das, was folgte, nur so staunten. Ich hätte es im Prinzip über Menschen in jedem beliebigen Beruf schreiben können, aber da ich seit 35 Jahren als Arzt tätig bin, habe ich die Medizin als Modell dafür benutzt, um zu untersuchen, wie Gott in das Leben von Männern und Frauen eingreift.

Ich habe mit zahlreichen Ärzten aus allen Bereichen der Medizin gesprochen, alten und jungen, erfahrenen und weniger erfahrenen, die nach eigenen Angaben Christen sind. Sie alle haben mir von Situationen berichtet, als Gott sie auf unbekanntes Gebiet führte – von Terrorangriffen bis zu Depressionen mit Selbstmordgefahr. Er hat sie vor dem Ertrinken und vor unheilbaren Krankheiten bewahrt.

Ich habe die Entdeckung gemacht, dass diese Männer und Frauen um einen Dritten wissen, der bei ihren Bemühungen um den Patienten und im Heilungsprozess präsent ist – präsent als Lehrer, Heiler, Helfer, Beschützer oder gar OP-Assistent. Diese unsichtbare Person, dieser »stille Teilhaber« wird von ihnen als die Gegenwart des allmächtigen Gottes empfunden – mal als der Vater, mal als der Sohn, mal als der Heilige Geist.

Dieses Buch ist keine »Wunderchronik«, aber es enthält Begebenheiten, die man durchaus als Wunder einordnen kann. Es ist eine Dokumentation der Art, wie ein »persönlicher« Gott in dem Leben von Ärzten, ihren Patienten, Familien und Freunden handelt und eingreift, um es radikal zu verändern.

Ich halte es in diesem Buch mit dem Evangelisten Lukas und versuche, »in guter Ordnung« (Lukas 1,3; LUT) die Dinge wiederzugeben, die ich in meinem eigenen Leben und in dem Leben anderer beobachtet habe. Ich habe die Berichte nicht mit erfundenen Details angereichert, um die Geschichten spannender zu machen, sondern berichte nur Tatsachen, die mir von vertrauenswürdigen Zeugen berichtet wurden und die ich, wo immer möglich, persönlich prüfen konnte.

Dem Leser, der noch keine persönliche Beziehung zu Gott hat, möchte ich versichern, dass die in diesem Buch berichteten Begebenheiten nicht erfunden sind, sondern sorgfältig aufgezeichnete tatsächliche Erlebnisse von bekannten Medizinern sind, die im Vollbesitz ihrer geistigen Kräfte und nicht als Schwätzer bekannt sind. Falls dieses Buch Sie dazu bringen sollte, verstärkt nach dem inneren Sinn in Ihrem Leben zu suchen, darf ich Sie daran erinnern, was Gottes Wort sagt: »Dann werdet ihr den Herrn, euren Gott, suchen. Und wenn ihr ihn aufrichtig und ernsthaft sucht, werdet ihr ihn finden« (5. Mose 4,29).

Selbst manche christlichen Leser werden dieses Buch ablehnen, weil die in ihm berichteten Dinge ihrer Theologie zuwiderlaufen. Ich kann sie bestens verstehen, habe ich doch selbst jahrelang heiße Diskussionen mit Menschen geführt, die behaupteten, dass Gott auch heute noch direkt in unser Leben eingreift. Beim Lesen werden Sie sehen, wie Gott mir, dem größten aller Skeptiker, zeigte, wie falsch ich lag ...

Kapitel 1

Jetzt!

Wir können nicht aufhören, von dem zu erzählen,
was wir gesehen und gehört haben.

Apostelgeschichte 4,20

Es war ein schreckenerregender Anblick, der mich durch die Schlafzimmertür begrüßte. Die Patientin, eine Frau in den Vierzigern, lag reglos auf dem Bett, nur ihre Brust hob und senkte sich im Todeskampf. Dies war Arztalltag in Reinform. Doch ich war nur ein Krankenhaus-Assistenzarzt, der einen Nebenjob machte, um genügend Geld für die Anzahlung auf ein Haus zu verdienen. Was konnte ich tun, um das Leben dieser Frau zu retten?

Ich untersuchte sie. Kein Puls, keine hörbaren Herztöne. Ich zog sie von der durchhängenden Matratze auf den Fußboden und begann im Licht der nackten Glühbirne, die von der Decke hing, mit meinen Wiederbelebungsversuchen – der sogenannten kardiopulmonaren Reanimation, bei der man abwechselnd Mund-zu-Mund-Beatmung und Herzdruckmassage macht. Der Magen der Patientin füllte sich prompt mit Luft und sein Inhalt kam nach oben. Ende der direkten Mund-zu-Mund-Beatmung. Ich begann, die Patientin durch meine zu einem Mundstück zusammengelegten Hände zu beatmen.

Etwa 24 Stunden zuvor hatte ich einer anderen Krise gegenübergestanden. Es war spät, sehr spät, an einem Sonntagabend im Juli 1973. Meine Frau, Lynne, und ich saßen tief in Gedanken versunken im Wohnzimmer unseres Hauses in Strathfield am Rande von Sydney. Wir sprachen kaum etwas. Ich brauchte eine Antwort, und zwar jetzt!

Ich war seit drei Jahren Arzt. Ich hatte lange versucht, die moderne Medizin, wie ich sie verstand, mit dem Gedanken, dass Gott auch heute auf übernatürliche Weise in den Heilungsprozess eingreifen kann, in Einklang zu bringen. Ich brauchte eine Lösung, die zu beidem passte: zu meiner medizinischen Ausbildung und Erfahrung und zu meinem christlichen Glauben. Ich hatte Heilungen mitbekommen, die für mich unerklärlich waren, aber die oft meiner ärztlichen Ausbildung und meiner eigenen medizinischen Forschung zuwiderliefen. Ich hielt mich für einen Rationalisten.

Ja, ich hatte es erlebt, dass Migränen, Rückenschmerzen und »Arthritis« auf einmal weg waren. Oder wie Asthmasymptome aufhörten oder unfruchtbare Frauen schwanger wurden, nachdem für sie gebetet worden war. Aber mir schien dabei immer eine psychosomatische Komponente im Spiel zu sein. Ich wusste um die Macht des Placeboeffekts. War nicht für den Christen das Gebet die Mutter aller Placebos? Aber ich war ein junger Mann am Anfang seiner beruflichen Laufbahn und dieses Problem ließ mir keine Ruhe. Es musste doch eine Lösung geben!

So sagte ich zu Gott: »Wenn du heutzutage wirklich noch heilst, dann zeige uns das in der nächsten Woche! Wenn wir bis zum Ende der Woche keine Antwort haben, dann lassen wir die Sache auf sich beruhen.«

Am nächsten Morgen fuhr ich zum Royal Prince Alfred Hospital, wo ich Assistenzarzt in der Nuklearmedizin war. Es gab das übliche hektische Programm: Patienten untersuchen, Visiten machen, ein Referat fertigstellen. Ich hatte nicht vor, am Abend zu arbeiten, und freute mich schon auf einen ruhigen Feierabend zu Hause. Doch am Nachmittag rief mein Freund Bill mich an. Wir beide managten einen ärztlichen Notrufdienst in den inneren westlichen Vororten von Sydney. Wir machten den Abend- und Nachtnotdienst für etwa fünfzig Allgemeinärzte, was einem Gebiet von 100 Quadratkilometern entsprach, das sich im Westen bis Burwood, im Osten bis Balmain, im Norden bis Drummoyne und im Süden bis Mascot erstreckte. Wir erhielten ungefähr 4 australische Dollars pro Patient! Es war kein Job für Zartbesaitete; oft mussten wir nach Mitternacht ganz allein in schwierige Viertel von Sydney fahren. Von einem Kind mit Asthma bis zu einem Selbstmord konnte uns alles erwarten. (Tätlich angegriffen wurde ich nur einmal.) An diesem Abend war eigentlich Bill an der Reihe, aber er war aus persönlichen Gründen verhindert. »Kannst du für mich einspringen?«, fragte er.

Um 18.00 Uhr hatte ich eine lange Liste von Patienten, die alle Hausbesuche benötigten. Jeder im Inneren Westen schien Fieber oder eine Halsentzündung zu haben. Kurz vor Mitternacht war ich mit der Runde fertig. Ich fuhr nach Hause, wo ich mich mit einer Tasse Kaffee in den Sessel vor dem Fernseher fallen ließ, bevor ich ins Bett ging.

Mitternacht war gerade vorbei, als Mrs Mac anrief. »Könnten Sie bitte ganz schnell kommen, Herr Doktor? Ich hab solche Schmerzen in der Brust.«

Sie klang krank – sehr sogar. Ich ließ mir ihre Adresse geben und wies sie an, ruhig zu bleiben und sich hinzulegen. Ich würde so bald wie möglich bei ihr sein. Ich verabschiedete mich von Lynne, nahm meine Arzttasche und fuhr los. Es waren zwanzig Minuten bis Hurlstone Park.

Die Tür stand einen Spalt offen. Ich ging hinein und befand

15

mich in einem schwach erleuchteten Raum, in dem eine Frau, Mitte vierzig, auf ihrem Bett lag. Sie hatte an diesem Abend urplötzlich starke Brustschmerzen bekommen, die in ihren linken Arm ausstrahlten. Ihr war schlecht geworden und sie musste sich erbrechen. Ich untersuchte sie, so gut das in dem Schummerlicht ging. Sie war blass und schwitzte, aber ihr Herzschlag war regelmäßig (wahrscheinlich ein Sinusrhythmus), der Blutdruck stabil.

Ich rief die Notaufnahme im Royal Prince Alfred Hospital an und bat den Kollegen, die Patientin aufzunehmen; vorläufige Diagnose: Herzinfarkt. Dann informierte ich den Rettungsdienst, dass sie schnell einen Krankenwagen schicken sollten. Es war 1.00 Uhr morgens und ich saß in der Küche und schrieb ein paar Zeilen für die Notaufnahme.

Mrs Mac wohnte allein. Während ich schrieb, klopfte es an der Tür. Es war ihr Sohn mit seiner Frau und den kleinen Kindern. Ich wies sie an, sich ruhig bei der Mutter hinzusetzen und auf den Krankenwagen zu warten. Doch nach nur ein paar Minuten erschien der Sohn in der Küchentür, das Gesicht kreideweiß. »Herr Doktor, kommen Sie schnell, meiner Mutter geht's ganz seltsam!«

Und dann war ich also dabei, Wiederbelebungsversuche bei einer Patientin zu machen, die ich noch nie zuvor gesehen hatte und die mich vor einer halben Stunde zu Hause angerufen hatte. Trotz der Wiederbelebungsversuche wurden ihre Pupillen starr und geweitet. Ich suchte nach einer Vene, um Adrenalin zu injizieren. Ich konnte keine Vene finden. In meiner Verzweiflung zog ich schließlich eine Ampulle Adrenalin auf eine Spritze auf und injizierte sie mit einer langen Rückenmarkskanüle direkt in das Herz. Wieder keine Reaktion. Ich versuchte jetzt seit wohl zwanzig Minuten, die Patientin wiederzubeleben, und war erschöpft.

Der Sohn schaute mir verzweifelt zu. »Was können wir machen?«

»Wenn Sie wollen, beten«, erwiderte ich, »und den Rettungsdienst noch einmal anrufen.« Ich weiß nicht, ob er betete, aber er rief den Rettungsdienst an. Sie hatten den Zettel mit meinem Anruf verlegt, aber jetzt würden sie sofort einen Wagen schicken! Das durfte nicht wahr sein; so eine Panne hatte ich noch nie erlebt.

Ich kniete mich neben die Frau, müde und ratlos. Dann hörte ich, wie eine leise Stimme in mir sagte: »Jetzt. Jetzt.« Meine Hände lagen bereits auf der Brust der Patientin. Ich faltete sie und betete lautlos für sie. Ich hatte nichts zu verlieren. Ein Zittern ging durch ihren Körper, wie bei jemandem, dem das Notfallteam im Krankenhaus eine Schockbehandlung verabreicht, aber dann ... nichts. Es musste wohl ein Krampf infolge von Sauerstoffmangel sein. Ich nahm die Reanimationsversuche wieder auf.

Zehn Minuten später kam der Krankenwagen. Es war nur der Fahrer, und er kam, Hände in den Hosentaschen, in das Zimmer marschiert, warf einen Blick auf die Patientin und eröffnete mir ohne viel Federlesens, dass ich meine Zeit vergeudete. »Die Patientin ist tot.«

Aber ich war der Arzt und ich war eisern. Wir würden mit der Wiederbelebung weitermachen, bis wir das Krankenhaus erreichten. Gemeinsamen hievten wir die Patientin auf eine Trage und schoben sie in den Krankenwagen.

Mit Blaulicht und Sirene erreichte der Fahrer in Rekordzeit das Royal Prince Alfred Hospital. Es war ein älterer, niedrig gebauter Krankenwagen, der mir sehr wenig Raum bot, um mich um die Patientin zu kümmern. Ich saß praktisch rittlings auf Mrs Mac, hielt mich mit der einen Hand an einer Fensterstange fest, um nicht durch die Gegend geschleudert zu werden, und drückte mit der anderen hin und wieder die

Brust der Patientin zusammen, aber an eine richtige Beatmung war nicht zu denken.

Wir fuhren zu dem alten Notaufnahmeraum gegenüber dem Praktikantentrakt, wo uns schon ein hastig zusammengetrommeltes Ärzteteam erwartete. Sie untersuchten die Patientin noch im Krankenwagen und erklärten sie für einen Fall von »bei Einlieferung tot«. Sie würde nicht in den Notaufnahmeraum kommen, sondern nach Ausstellung des Totenscheins gleich in das Leichenhaus hinter dem Krankenhaus. Aber ich war Assistenzarzt in diesem Krankenhaus und machte meinen ganzen Einfluss geltend, und so kam Mrs Mac doch in den Notaufnahmeraum und auf das Bett für Herzstillstandspatienten.

Ich überließ es gerne meinen Kollegen, an die Arbeit zu gehen: erneute kardiopulmonare Reanimation, Intubation, Adrenalin- und Flüssigkeitsinfusionen, Sauerstoff, Bikarbonat. Nach fünf Minuten – ich konnte es fast nicht fassen – begann das EKG einen regelmäßigen Herzschlag anzuzeigen. Dann fing die Patientin an, von selbst zu atmen. Noch ein paar Minuten, und sie war wieder bei Bewusstsein und klagte über Schmerzen in ihrer Brust, wozu sie allen Grund hatte, denn ich hatte in meiner Hektik mehrere ihrer Rippen und vielleicht sogar ihr Brustbein gebrochen.

Ich hatte große Schwierigkeiten, das, was ich da miterlebt hatte, zu akzeptieren. Ich kritzelte ein paar Worte in die Krankenakte, dann ging ich hinaus auf die dunkle Missenden Road. Die Patientin war über eine Stunde lang klinisch tot gewesen; der Sanitäter wie auch das Notfallteam hatten ihren Tod offiziell festgestellt. Ich hatte die Wiederbelebung allein und unter den schwierigsten Umständen versucht, in einem viel zu schwach beleuchteten Raum und ohne Hilfe, und der Krankenwagen war verspätet gewesen.

Ich war im Krankenhaus schon bei etlichen Wiederbelebungsversuchen nach Herzstillstand dabei gewesen und wusste nur zu gut um die mehr als bescheidene Erfolgsrate, selbst dann, wenn das Rettungsteam binnen Minuten zur Stelle war.

Lynne hörte sich meine Geschichte an. Sie staunte, aber widersprach mir nicht. Wir würden uns am Morgen weiter über die Sache unterhalten.

Um 6.00 Uhr morgens weckte mich das Telefon. Es war der Chef der kardiologischen Abteilung. »Ich weiß nicht, was Sie da gemacht haben, Crocker, aber alle Achtung!« Ich erzählte ihm nicht, was ich gemacht hatte.

Am Vormittag ging ich geradewegs zu der Patientin, die jetzt auf Station BP2 unter der Obhut des Professors lag. Ich erwartete nichts anderes, als sie nur halb bei Bewusstsein und mit Beatmungsschläuchen vorzufinden. Aber sie saß in ihrem Bett und war dabei, Speck und Rührei zum Frühstück zu essen, während sie in einem Frauenmagazin las. Ich ließ mir ihre Akte geben und prüfte ihr EKG. Es war völlig normal. Es gab keinerlei Anzeichen für einen Infarkt oder sonstige Herzprobleme. Die Frau war gesund, es gab auch keine Anzeichen, dass ihr Gehirn geschädigt war.

Nach zwei Tagen Beobachtung und weiteren Tests wurde die Patientin ohne konkrete Diagnose nach Hause entlassen. Ich konnte später mit ihr sprechen. Sie konnte sich an die Ereignisse jenes Abends nicht erinnern, auch nicht an irgendwelche Nahtoderlebnisse; sie war nur überrascht gewesen, als sie aufwachte und im Krankenhaus lag.

Ganze 24 Stunden vor diesem Erlebnis hatten Lynne und ich in unserem Wohnzimmer auf den Knien gelegen und Gott gebeten, sich uns zu zeigen. Gleich am nächsten Tag demonstrierte er uns auf hochdramatische, unwiderlegbare Weise, dass er auch heute heilen kann. Diesmal war es kein Asthma gewesen, keine Rückenschmerzen, keine Migräne – nichts, was ich klug wegerklären konnte. Und es gab Zeugen: den Krankenwagenfahrer und die Kollegen im Royal Prince Alfred Hospital.

Ich hatte keine rationale Erklärung für diese Ereignisse an einem kalten Juliabend des Jahres 1973. Meine christlichen Ärztekollegen waren skeptisch. Andere waren fasziniert, aber konnten natürlich keine logische Erklärung liefern. Ich meinte damals, dass Vorsicht die Mutter der Porzellankiste war, und behielt die Sache erst einmal eine Weile für mich.

Nur ein paar Jahre später bekam ich wieder spätabends einen Anruf. Die Frau eines guten Freundes, der ein paar Straßen entfernt wohnte, war zusammengebrochen und nicht mehr ansprechbar. Nach ein paar Minuten war ich dort und sah die junge Mutter leblos auf dem Badezimmerfußboden liegen. Wir riefen einen Krankenwagen, und ich versuchte eine Wiederbelebung, während mein Freund und seine Kinder im Nachbarzimmer zu Gott um das Leben der Ehefrau und Mutter schrien. Aber noch so viel kardiopulmonare Reanimation und noch so viel Gebet vermochten das Leben dieser jungen Frau nicht zu retten. Die Mienen verdüsterten sich und die Tränen flossen, als wir die erbarmungslose Realität erkannten, dass Cassy nicht mehr unter uns war.

Hier war ein Dilemma. Ein echtes Dilemma. Warum heilte Gott die eine Frau und die andere nicht? Waren die Ereignisse in Hurlstone Park an jenem kalten Juliabend eine einmalige Ausnahme gewesen? Oder konnte ich damit rechnen, dass Gott wieder eingreifen würde, wenn ich zu ihm rief?

Kapitel 2

Auf wen kann
ein junger Mann vertrauen?

Ich werde verständiger als alle meine Lehrer;
denn mein ganzes Denken gilt deinen Zeugnissen.

Psalm 119,99; Bruns

Ich weiß nicht mehr, ob das, was mein Gesicht hinabströmte, als ich dort im Halbdunkel stand, der Regen oder meine Tränen waren. Doch ich wusste, dass mein Leben dabei war, sich zu ändern. Es würde nie mehr so sein wie bisher. Eine ferne Gestalt am anderen Ende des Ausstellungsgeländes von Sydney sagte: »Komm!« Und ich kam.

Ich war nur einer von insgesamt 149 000 Menschen, die während dieser ersten Billy-Graham-Evangelisation in Australien im Mai 1959 eine »Entscheidung für Christus« trafen. (Diese Zahl entsprach 2 Prozent der gesamten damaligen Bevölkerung Australiens.) Als vorlauter 14-Jähriger war ich über die meisten Dinge im Leben verunsichert, aber von dieser Nacht an wusste ich eines: Gott hatte einen Plan für mein Leben, und dieser Plan musste besser sein als der, den ich selbst gehabt hatte.

Während der Highschool blieb ich dem christlichen Glauben treu, was mit Eltern, die selbst überzeugte Christen waren, nicht schwer war. Aber trotz meiner Entscheidung auf dem regennassen Ausstellungsgelände tat ich nicht viel mehr, als ihren Glauben nachzuahmen; was eine persönliche Beziehung zu Gott war, wusste ich kaum. Christ sein – das waren die Sonntagvormittage in unserer Baptistenkirche, supercool in Röhrenhosen und modisch-spitzen Schuhen, den Blick verstohlen auf die große Uhr an der hinteren Wand gerichtet, die die Minuten zählte. Es war ein Lebensstil, eine Ethik, ein Weg zur Erlösung und ein Zufluchtsort.

Gott war immer da in unserem Haus. Eines Morgens (es war der Anzac-Tag[2]) hörte ich gedämpfte Stimmen. Als ich durch die Tür meines Zimmers lugte, hörte ich, wie jemand meinem Großvater eröffnete, dass seine Frau im Schlaf gestorben war. Mein Großvater neigte seinen Kopf und weinte, während die anderen ihn mit Gebeten, Umarmungen und einem Glas Scotch trösteten.

Ich selbst erkannte Gottes Stimme in diesen Jugendjahren nur ein Mal. Es war ein Samstagabend, und ich war draußen die Straßen entlanggejoggt, schneller als die Hunde aus der Nachbarschaft. Ich rannte und rannte – und auf einmal wusste ich, dass ich eines Tages Arzt werden würde. Später, als ich im Bett lag, dachte ich darüber nach, aber erst Jahre später, als Arzt am Royal Prince Alfred Hospital, sollte ich mich wieder daran erinnern.

Das Medizinstudium war vom ersten Tag an eine Bewährungsprobe für meinen Glauben. Schon der erste Tag im Sezierraum konfrontierte mich mit der Vergänglichkeit des Lebens. Das Studium der Anatomie und der Körperfunktionen versetzte mich in ehrfürchtiges Staunen, aber jene erste Konfrontation mit einem leblosen Körper war irgendwie unwirklich. Ein Kind, das auf der pädiatrischen Station gestorben war; eine Fehlgeburt in der Notaufnahme; der durch einen Autounfall bis zur Unkenntlichkeit entstellte Körper eines Teenagers – es waren lauter Dinge, die tiefe Fragen über den Sinn des Lebens aufwarfen.

Als junger Student im St. George Hospital musste ich einmal die Krankengeschichte eines neuen Patienten aufnehmen, der mit akuten Schmerzen in der Brust eingeliefert worden war. Mit Angst und Zittern ging ich in den Raum, Notizbuch und ein neues, glänzendes Littman-Stethoskop in der Hand. Der Patient war ein sympathischer weißhaariger Herr Mitte sechzig. Ich machte die Anamnese, untersuchte ihn und wir unterhielten uns richtig nett. Als ich am Abend die Anamnese aufschrieb, um sie am folgenden Tag vorzutragen, beglückwünschte ich mich zu einer gelungenen Aufgabe.

Am folgenden Vormittag, nach den Vorlesungen, sollten meine Freunde und ich bei einer Obduktion dabei sein. Wer lag dort auf dem Obduktionstisch, nackt und reglos? Mein neuer Freund, der alte Herr von gestern! Ich hob seine Hand. Es war eine große Hand. Sie war noch weich, aber kalt und ohne Leben, so ganz anders als am Tag zuvor, als ich den Puls gefühlt hatte. Wo war das Leben hin? Wo war der interessante, joviale Mann, mit dem ich mich erst gestern unterhalten hatte? Wie konnte ein kleines Blutgerinnsel in einer winzigen Arterie ein Leben, das 65 Jahre umfasste, so abrupt beenden? Es waren Fragen, die mich als Studenten und dann später als Arzt noch jahrelang umtreiben würden.

Das Psychiatriesemester brachte seine eigenen Probleme. Anfangs war ich fasziniert. Das Thema schien gerade das Richtige für mein rationales, »ordentliches« Gehirn zu sein. Hier war eine systematische und, wie es schien, bewährte und erprobte Methode, Patienten nach ihrer psychischen Störung zu klassifizieren. Die meisten waren entweder Psychotiker, Neurotiker oder Menschen mit einer Persönlichkeitsstörung. Auf den ersten Blick schien dies ganz klar und logisch zu sein. »Die Neurotiker«, hieß es, »bauen Luftschlösser, die Psychotiker wohnen drin und die Psychiater kassieren die Miete.«

Aber dann entdeckte ich etwas, das mich irritierte: Es gab, sogar in Sydney, diverse psychiatrische Schulen und Meinungen, die die Welt ganz unterschiedlich sahen. Für den Professor an meiner Universität hatten die meisten psychischen Krankheiten organische Ursachen. Andere Dozenten waren Behavioristen und benutzten Konditionierungstechniken, um Patienten mit Phobien, Zwangsneurosen und »Sexualstörungen« zu behandeln. Anderswo in Sydney gab es eine starke Freud'sche Schule. Sie konnten nicht alle recht haben. Aber hatte überhaupt eine dieser Schulen recht?

Unsere Seminare waren oft als Diskussionsrunden organisiert. Es wurde bald deutlich, dass einige der Psychiater bestenfalls Agnostiker und nicht gerade Freunde des christlichen Glaubens oder überhaupt einer Religion waren. Oft provozierten sie die Christen ganz bewusst. Eine Eingangsfrage in einer solchen Diskussion, an die ich mich noch gut erinnere, lautete: »Was ist dieser Trick namens Leben, dem wir auf den Leim gegangen sind?«

Eine der Schlüsselfragen in einem psychiatrischen Gespräch war: »Glauben Sie an Gott?« Eine positive Antwort führte zu der Frage: »Reden Sie mit ihm?« Dies zu bejahen, war schon schlimm genug, aber die nächste Frage war dann: »Antwortet er Ihnen?« Wer dann immer noch mit Ja antwortete, dessen Geisteszustand galt als bedenklich.

In einer Ambulanz wurde eine ältere Patientin befragt, die im Rosengarten eines Altenheims zusammengebrochen war. »Glauben Sie an Gott?«, fragte der Psychiater sie.

»Ja.«

»Haben Sie Angst vor dem Tod?«

»Nein, überhaupt nicht«, erwiderte sie. »Wenn ich sterbe, komme ich ja in den Himmel.«

Nachdem man die Patientin aus dem Raum geführt hatte,

drehte der Psychiater sich zu mir und sagte: »Diese Frau ist ein ausgeprägter Fall von Realitätsverdrängung. Es ist sonnenklar, dass sie eine Heidenangst vor dem Tod hat.« Er hätte nicht noch mehr danebenliegen können. (Trotz seiner Selbstsicherheit forderte er Hilfe an, als später ein anderer Patient während des Gesprächs ohnmächtig wurde. Einer meiner Mitstudenten witzelte: »Holen Sie einen richtigen Arzt.«)

Je weiter das Semester voranschritt, desto mehr kam ich ins Grübeln. Viele Begebenheiten in der Bibel ließen sich offenbar als psychiatrische Phänomene erklären, zum Beispiel als Wahnvorstellungen und Halluzinationen. Engelerscheinungen konnte man gut als Halluzinationen erklären. Vielleicht standen hinter den Berichten über göttliche Führung Wahnvorstellungen. Ich lernte auch ein neues Wort, *folie en masse* (Gruppenwahn); damit konnte man möglicherweise solche Wunder wie die Speisung der Fünftausend erklären.

Die Grundlagen meines Glaubens waren erschüttert. Täglich staunte ich mehr darüber, wie psychische Krankheiten das Denken kontrollieren konnten. Eines Tages berichtete mir ein schizophrener Patient, dass seine Schuhe mit ihm sprechen würden. Andere unterhielten sich mit Personen, die überhaupt nicht anwesend waren, oder fühlten sich von Menschen verfolgt, die es nicht gab. Es scheint, dass wir damals sogar jemand als Patienten hatten, der sich für Adolf Hitler hielt!

Ich bekam ernste Zweifel an meinem Glauben. Ich erinnerte mich, wie jemand mich gewarnt hatte: »Ernest, wenn du nicht schon vor dem Psychiatriestudium Christ geworden bist, wirst du danach ganz bestimmt keiner mehr werden.«

Nach einer Gruppensitzung war ich so fertig, dass ich beschloss, an diesem Tag die klinische Ausbildung zu schwänzen und nach Hause zu gehen, um den Kopf klar zu bekommen. Als Student hatte ich einen Riesenrespekt vor meinen Lehrern. Sie waren hoch qualifizierte Leute, Experten ihres Fachs, deren Wort man nicht einfach beiseiteschieben konnte. Wenn sie recht hatten, dann musste ich den Glauben, auf den ich mich die letzten zehn Jahre meines Lebens gegründet hatte, radikal korrigieren, wenn nicht sogar komplett aufgeben.

Niemand war zu Hause. Gut, das gab mir die nötige Muße nachzudenken. Ich saß am Küchentisch und grübelte. Ich schlug schließlich aufs Geratewohl meine Bibel auf. Vielleicht konnte sie mich trösten? Die Stelle, die ich aufgeschlagen hatte, war ein Psalmvers, den ich noch nie zuvor gelesen hatte: »Ich werde verständiger als alle meine Lehrer; denn mein ganzes Denken gilt deinen Zeugnissen« (Psalm 119,99; Bruns).

Verständiger als alle meine Lehrer! Die Worte waren wie ein Leuchtfeuer. Normalerweise halte ich nichts davon, die Bibel aufs Geratewohl aufzuschlagen, wenn man Gottes Führung sucht. Aber ich habe keine Zweifel, dass Gott an jenem Tag durch diesen Vers zu mir sprach. Er forderte mich auf, an *ihn* zu glauben und nicht an die »Weisheit der Menschen«.

Ich habe seitdem gelernt, wie fehlbar menschliche Weisheit ist und wie töricht und falsch ihre Lehren sein können. Was in unseren Geschichtsbüchern steht, basiert oft auf zweifelhaften Quellen und fragwürdigen Deutungen. Nur ein Beispiel: Erst vor Kurzem sind die wahren Fakten über die »gestohlenen Generationen«[3] der australischen Aborigines ans Licht gekommen. Wo Tatsachen unangenehm sind, werden sie oft von Pressesprechern schöngeredet und zurechtgebogen.

Selbst in der Medizin ändern sich die Meinungen ständig. Was vor zehn Jahren das Medikament der Wahl war, kann heute als lebensgefährlich gelten. Aspirin war früher als Schmerzmittel beliebt; dann entdeckte man, wie es auf die Magenschleimhaut und (in Kombination mit anderen Medikamenten) auf die Nieren wirkt, und es fiel in Ungnade. Heute wird es weithin bei Patienten mit ischämischer Herzkrankheit zur Vorbeugung akuter Zustände benutzt und gilt als vorbeugend gegen Darmkrebs.

Junge Menschen, die Mediziner werden wollen, sehen sich mit einer Fülle von Programmen und Optionen konfrontiert. Die Möglichkeiten sind Legion. Wem können sie trauen? Was erwartet Gott von ihnen? In meinem Leben hat es Meilensteine gegeben, unvergessliche Ereignisse, die Anker für meinen Glauben und Wegweiser nach vorne waren. Jener Tag in meiner psychiatrischen Ausbildung war solch ein Meilenstein. Ich habe seitdem nie mehr einen Grund gehabt, an Gott zu zweifeln. Ich habe oft Anfragen an seine Wege gehabt, aber immer in dem Bewusstsein, dass ich nur ein sterblicher, fehlbarer Mensch bin. Ich weiß, dass seine Wege nicht meine Wege sind; sie sind viel tiefer und führen viel weiter.

Was sollen wir also machen? Gott sei Dank gibt es eine einfache Antwort. Wir finden sie beim Propheten Micha: »Es wurde dir, Mensch, doch schon längst gesagt, was gut ist und wie Gott möchte, dass du leben sollst. Er fordert von euch nichts anderes, als dass ihr euch an das Recht haltet, liebevoll und barmherzig miteinander umgeht und demütig vor Gott euer Leben führt« (Micha 6,8).

Aber als mein Medizinstudium weiterging, brachte der christliche Glaube – oder besser gesagt, »mein christlicher Glaube« – mir nicht so viel, wie ich erhofft hatte. Ich war mir meiner Erlösung gewiss und glaubte an einen Gott, der mich liebte und Gebete erhörte. Aber wo war die Begeisterung und

Vorfreude? Wo war das »siegreiche Leben«, von dem ich gelesen hatte? Mein Christenleben war jeden Tag Schwerarbeit.

Mein anglikanischer Pastor empfahl mir John Stotts Buch *Der christliche Glaube*, ein gutes Buch, das ich schon vor einigen Jahren gelesen hatte. Aber das war nicht die ganze Antwort, die ich suchte, und mehr helfen konnte mir der Pastor nicht; er schien selbst nicht recht weiterzuwissen.

Ich musste noch einige Jahre warten, bis ich endlich den Schlüssel zu der geistlichen Freiheit fand, die ich so verzweifelt suchte.

Wenn das Medizinstudium Arbeit gewesen war, dann war die Assistenzarztzeit im Krankenhaus Knochenarbeit. Wir hatten 120-Stunden-Wochen; jede zweite Nacht und jedes Wochenende hatten wir Dienst. In meiner ersten Nacht als Assistenzarzt am Royal Prince Alfred Hospital musste ich eine chirurgische Station irgendwo in den Tiefen des alten Vic-Blocks betreuen. Als ich so gegen 21.00 Uhr durch die Station ging, bekam vor meinen Augen ein Patient einen Herzstillstand. Ich hatte so etwas noch nie miterlebt. Ich forderte Hilfe an und begann eine Mund-zu-Mund-Beatmung, um den Patienten zu reanimieren. Eine junge Schwester in gestärkter Tracht klärte mich alsbald auf, dass es mit dem Patienten sowieso zu Ende ging und man für diesen Abend mit seinem Tod rechnete. Den Rest des Abends war ich im Assistenzärztetrakt und versuchte, den Geschmack der Vaselinesalbe, mit der man die Lippen des Patienten befeuchtet hatte, wegzuwaschen.

Später wurde ich zurück auf die Station gerufen, um eine Nasen-Magensonde, die ein unkooperativer Patient sich herausgezogen hatte, wieder zu legen. Eigentlich hatte ich noch überhaupt nicht gelernt, wie man das machte, aber ich wollte die Scharte von vorhin auswetzen. Es gelang mir auch, den Schlauch wieder einzuführen, zum Leidwesen des Patienten und unter den anerkennenden Blicken der erwähnten Schwester. Bis dahin kannte ich den Spruch »Schau zu, mach es selbst, bring es anderen bei« noch nicht.

Zum Inventar der Station D2, in der ich mein erstes chirurgisches Semester verbrachte, gehörte der alte Bill. Er hatte Kehlkopfkrebs – das Resultat jahrelangen Kettenrauchens. Man hatte ihn radikal operiert und bestrahlt. Die Ärzte waren vorsichtig mit ihrer Prognose, aber er sollte demnächst entlassen werden.

Eines Vormittags nach der Visite bemerkte eine Schwester einen Flecken frisches Blut an Bills Hals. Man holte sofort den Assistenzarzt. Der diagnostizierte eine oberflächliche Blutung, vielleicht eine späte Nebenwirkung der Bestrahlung, und wollte die Wunde vernähen.

Kaum stach die Nadel in die Haut, als eine Blutfontäne aus dem Hals des Patienten schoss. Der Krebs hatte die Halsschlagader zerfressen. Es gelang, das Blut mit energischem Druck auf den Hals und einer ganzen Packung Wattetupfer provisorisch zum Stillstand zu bringen, während jemand den Stationsarzt holte. Der brachte eine große Matratzennaht am Hals an, die die Arterie, komplett mit den Tupfern, zudrückte. Eine Eilkonsultation mit dem Chirurgen erfolgte, aber man konnte nicht mehr viel für den Patienten tun. Bill hatte große Angst und bekam Morphium.

An diesem Abend hatte ich den Nachtdienst. Ich schaute immer wieder bei Bill vorbei. Als das Licht gelöscht wurde, setzte ich mich an sein Bett. Er konnte nicht sprechen, aber verstand mich gut und konnte nicken oder den Kopf schütteln. In dieser Nacht bekam Bill die Gewissheit, dass Christus ihn erlöst hatte; in den frühen Morgenstunden schlief er für immer ein.

Andere Patienten zeigten mir, wie wichtig es war, flexibel zu sein. Auf derselben Station lag Molly, eine Rentnerin irischer Herkunft, die früher Bardame gewesen war. Ihre Darmkrebsoperation war erfolgreich verlaufen, doch danach kam sie nicht mehr richtig auf die Beine und wollte schließlich nicht mehr essen. Gegen die Flasche Guinness-Bier, die einer ihrer Freunde ihr dann und wann hereinschmuggelte, hatte sie allerdings nichts einzuwenden. Mein Vater (kein Mediziner) war von den Tugenden von Starkbier für die Rekonvaleszenz sehr überzeugt gewesen. Wer war ich also, dass ich Molly die eine Nahrung, die sie akzeptierte, verweigern sollte? Ihre »Spezialdiät« sprach sich unter ihren Freunden herum. Bald reichte der Platz unter ihrem Bett nicht mehr für die Guinness-Kisten, was die zuständige Schwester zu einer scharfen Rüge veranlasste. Molly kam wieder auf die Beine und wurde schließlich mit einer ausgewogenen Diät entlassen. Sie wurde eine gute Freundin und kam zwei Jahre später zu meiner Hochzeit.

Der Stress der Arbeit als Krankenhausarzt erschöpfte sich nicht in den Überstunden. In meinem zweiten Assistenzjahr war ich im Bathurst District Hospital der einzige diensthabende Arzt, als gleichzeitig mehrere Patienten eingeliefert wurden, die bei einem Autounfall verletzt worden waren. Später an diesem Abend schaute ich zu, wie eine Schwester Blumen auf die Brust eines vierjährigen Mädchens legte, das den Unfall nicht überlebt hatte. Dieses Bild verfolgt mich heute noch.

In meiner späteren Assistenzarztzeit hatte ich vorübergehend Dienst in der klinischen Forschungsstation. Diese offene Station älteren Stils, deren Wände krankenhauscremefarben gestrichen waren, belegte das Untergeschoss eines der alten gelben Ziegelgebäude des Royal Prince Alfred Hospitals.

Die Bettenreihen waren mit Patienten belegt, die so exotische Krankheiten wie Lupus erythematosus (systemische Autoimmunerkrankung), verschiedene Arten von Leukämie und unbestimmte Endokrinopathien (Hormonstörungen) hatten. Eines Spätnachmittags nahm ich eine attraktive junge fast Zwanzigjährige auf, die hohes Fieber hatte. Es war eine akute Leukämie. Ich nahm ihre Krankengeschichte auf, erstellte einen Untersuchungsplan und begann mit der Behandlung. Am folgenden Morgen war ihr Bett leer; sie war in der Nacht gestorben.

Es waren ernüchternde Monate, die ich auf dieser Station verbrachte. Doch in dieser Zeit entspann sich eine Freundschaft mit meinem dienstälteren Kollegen Dr. Bob Batey, die mir bis heute kostbar geblieben ist. Ich durfte es miterleben, wie gewaltig Gott in Bobs Leben eingriff. Er wurde durch Umstände, die man nur ein Wunder nennen kann, vor dem fast sicheren Tod gerettet, als auf einer Konferenz an der Goldküste mehrere seiner Freunde ertranken. Bobs Gott war kein passiver Sonntags-Wohlfühlgott, sondern ein Gott in Hemdsärmeln, ein Held in jeder Bedeutung des Wortes. (Bobs Geschichte erzähle ich in Kapitel 10.)

Auf meine Assistenzarztausbildung folgte eine Spezialausbildung in Nuklearmedizin. Die alte Pastetenfabrik am Royal Prince Alfred Hospital war ein Bunker von einem Gebäude. In dem von der Klinik zur Unterbringung der neuen Abteilungen für Strahlentherapie und Nuklearmedizin erworbenen Gebäude wurden schon lange keine Fleischpasteten mehr hergestellt. Zwischen dem Page Brustpavillon und der King George V. Geburtsabteilung gelegen, war sie gerade genügend weit vom Klinik-Hauptkomplex entfernt, um die wachsende Angst vor atomarer Strahlung, die damals durch die Korridore der Macht ging, ruhig zu stellen. Den Umbau hatte man auf das Allernötigste beschränkt. Innen und außen krankenhauscremefarben gestrichen, beherbergte der Bau an seinem einen Ende die Nuklearmedizin und am anderen die Strahlentherapie. Die nach wie vor vorhandenen riesigen Pastetenöfen waren ein Höhepunkt jeder Führung für Besucher.

Im Flur dieser alten Pastetenfabrik trug sich eine erstaunliche Begebenheit zu. Eines schönen Morgens 1974, als der Tag gerade richtig begann, hörte ich plötzlich laute Stimmen aus einem der kleinen Büros. Dann flog eine Tür auf, und unser burmesischer Austauschstudent schoss, dicht gefolgt von einem der Ärzte, der geradewegs auf mich zeigte und sagte: »Fragen Sie ihn!«, heraus.

Der Student war uns allen, so verschlossen, wie er war, ein Rätsel gewesen. Doch heute brach der Damm endlich. Er fixierte mich mit einem Blick, der ein angreifendes Nashorn gestoppt hätte, und rief so laut, dass alle es hören konnten: »Wie werde ich ein Christ?«

Dieser junge Mann, dessen Verwandtschaft in Rangun unter der Knute der Militärjunta lebte, hatte offenbar bald nach seiner Ankunft in Sydney eine Bibel erworben. Jeden Abend hatte er allein in seinem winzigen Zimmer gesessen und sie gelesen, von der ersten bis zur letzten Seite. Ich hatte später an diesem Tag das unerhörte Vorrecht, Thien Tun zu Jesus führen zu dürfen.

Im gleichen Jahr, während meines Ärztekammer-Examens, erlebte ich die Gegenwart Gottes in den Gebeten eines gläubigen Kollegen. Um in den mündlichen Prüfungen nicht unterzugehen, musste der Kandidat, wie es hieß, den Stoff können, schön »cool« bleiben und die Spielregeln kennen. Und es war ein Spiel. »Zeig keine Angst und stell dich auf die Hinterbeine«, hieß die Parole, und: »Lass dich von denen nicht unterkriegen!« Ich schwitzte vor Angst, als ich den Prüfungsraum betrat. Ein alter Freund aus meiner Studienzeit, Dr. George Kostalas, begrüßte mich. Er hatte die Aufgabe bekommen, mein Lotse durch den Spießrutenlauf dieses Tages zu sein und mich von einem Prüfer zum nächsten zu bringen. »Keine Angst, Junge«, sagte er mir. »Ich stehe hinter dir. Ich bete für dich.«

Am Abend sah ich, wie Frauen und Männer in Tränen ausbrachen, als sie den Umschlag mit ihrem Prüfungsergebnis öffneten. Es war nicht nötig, den Text des Briefes zu lesen; es genügte, die Absätze zu zählen. Nur ein Absatz hieß »durchgefallen«, zwei »bestanden«, denn der zweite Absatz war die Einladung der erfolgreichen Kandidaten zu einer Cocktailparty mit den Prüfern.

Mein Brief hatte zwei Absätze.

Doch mit meiner neuen Qualifikation kam auch ein neues Problem. Als Arzt – jetzt sogar Facharzt – und Christ musste ich mein medizinisches Wissen und mein Verständnis der Rolle Gottes im Heilungsprozess unter einen Hut bringen. Wir waren in den 1970er-Jahren, die charismatische Bewegung rollte durch Australien und es gab gewagte Behauptungen über Glaubensheilungen. Ich empfand dies als erschreckend und als Angriff sowohl auf mein medizinisches Wissen als auch meinen Glauben.

Ich begann, in Heilungsversammlungen zu gehen, um mir selbst ein Urteil bilden zu können. Ich schaute zu, wie ein Bruder Ted Whitesell das Bein einer Frau verlängerte, und fragte mich, was das sollte. Aber es gab andere, die behaupteten, von schweren Krankheiten geheilt worden zu sein. Wie viel ich auch beobachtete und las, schien ich doch zu keinem Ergebnis zu kommen.

Die Charismatiker redeten von einer »Geistestaufe« als

zweitem Segen nach der Bekehrung. Dies biss sich mit meinem Verständnis des christlichen Glaubens. Bei jeder sich bietenden Gelegenheit sagte ich dies auch laut.

Aber andererseits zweifelte ich nicht daran, dass Christus gesagt hatte, dass er fortgehen, aber dafür seinen Jüngern einen anderen Ratgeber senden würde, den Heiligen Geist. Schließlich bat ich – zum Teil aus Neugierde, aber vor allem aus einem tiefen geistlichen Hunger heraus – einen Freund von mir, der anglikanischer Pastor war, für mich zu beten, damit ich mit dem Heiligen Geist erfüllt würde.

So standen wir in einer anglikanischen Kirche in der Innenstadt von Sydney, die Nachmittagssonne strömte durch die Fenster, und auf einmal war es, als ob der Himmel sich öffnete. Ich verspürte einen tiefen Frieden und eine große Kraft. Nach Hause zurückgekehrt, drehte ich den Fernseher laut auf und ließ mich in einen Sessel fallen. Neben mir lag das Manuskript eines medizinischen Fachartikels, mit dem ich mich seit mehreren Monaten abmühte. Mit einem Bleistift schrieb ich ihn in etwa einer Stunde fertig. Er wurde fast ohne Änderungen von dem renommierten *American Journal of Medicine* abgedruckt und wurde *der* Artikel über die Untersuchung von Gehirnabszessen.[4]

Später erkannte ich, dass dieses intensive geistliche Erlebnis kein Einmalerlebnis war, auch keine Ergänzung meiner Bekehrung, sondern dass es die ständige Erfahrung jedes Christen ist, der den Heiligen Geist in sein Leben einlädt.

Während dieser Phase in meinem geistlichen Leben organisierte ich zusammen mit meinem Freund Bill, einem Radiologietrainee am Royal Prince Alfred Hospital, den in Kapitel 1 erwähnten abendlichen Notdienst, bei dem wir zusammen mit diversen Kollegen für fünfzig Hausärzte in den inneren

Vororten von West-Sydney die Nachtvertretung für 4 australische Dollar pro Patient übernahmen. Eine meiner Patienten war Mrs Mac aus Hurlstone Park, deren unerklärliche Genesung meine rationalistische Sicht von Gottes Rolle im heutigen Leben so infrage stellte. Bald sollte ich entdecken, dass Gottes Eingreifen durch Wunder nicht auf die direkte Heilung von Einzelpersonen beschränkt war. Er war auch hinter den Kulissen am Werk, bei der Entwicklung der Techniken, ja sogar der politischen Strukturen der Heilberufe.

Kapitel 3

Der stille Teilhaber

Der Flur der alten Pastetenfabrik war ein einziger langer Flaschenhals. In Ermanglung eines Warteraumes für die stationären Patienten wurden diese vom einen Ende zum anderen in ihm geparkt; es blieb gerade noch genügend Raum, dass zwei Personen aneinander vorbeikonnten. Wenn zwei Krankenbetten sich begegneten, ging nichts mehr. Eines Vormittags 1974 trabte ich gerade zurück zum Berichtszimmer, als mein Chef mir entgegenkam.

»Ultraschall«, knurrte er über seine Schulter. »Machen Sie sich schlau.«

Ich hatte keinen Schimmer, was er meinte, und hatte seinen rätselhaften Satz bald wieder vergessen. Bis er mich in der folgenden Woche fragte: »Also, Ultraschall. Was haben Sie herausgefunden?«

»Nichts.«

»Kossoff«, sagte er. »Reden Sie mit Kossoff.«

George Kossoff, so erfuhr ich bald, war der Leiter der Commonwealth Acoustic Laboratories in der Stadtmitte von Sydney, nur ein paar Kilometer entfernt. Er war der Vater der heutigen Ultraschalldiagnostik, dem es gelungen war, die bisherige Abbildung mit schwarz-weißen Linienmustern durch Grautöne zu ersetzen. Es war eine beachtliche Leistung, für deren Nachahmung die internationalen Konzerne – Toshiba, Siemens, General Electric und Phillips – Jahre und Millionen von Dollar investieren sollten.

George hatte eine äußerst zuvorkommende, mutmachende Art. Mit seiner Hilfe konnte ich die weltweit ersten Graustufenabbildungen der Schilddrüse sowie der direkt hinter ihr liegenden, den Kalziumstoffwechsel steuernden Nebenschilddrüsen erstellen und publizieren. Im folgenden Jahr, 1975, erhielt ich vom Royal Australasian College of Physicians und dem New South Wales State Cancer Council zwei ganz ähnliche Reiseforschungsstipendien, um diese Arbeit in Europa fortzusetzen und darauf nach Philadelphia zu fliegen, um meine Ausbildung in Nuklearmedizin abzuschließen. Ich nahm das zweite Stipendium an.

Nach meiner Rückkehr nach Sydney 1976 bewarb ich mich um die Position des Leiters der künftigen Abteilung für Nuklearmedizin und Ultraschall an dem neuen Lehrkrankenhaus, das gerade in Westmead in den westlichen Vororten von Sydney entstand. Die Klinik war seit vielen Jahren der große Traum der Visionäre an der Universität Sydney und in der Regierung gewesen. Jetzt war er dabei, wahr zu werden.

Meine Bewerbung war erfolgreich!

Dies war meine Chance, in einem Lehrkrankenhaus, das zu der vielleicht besten Universitätsklinik in ganz Australien werden sollte, Gott ganz praktisch zu dienen. Mit einer Fläche von zehn Ar, einem Budget von 1 Million Dollar und einem Schutzhelm ging ich daran, eine Abteilung aufzubauen, die in der diagnostischen Nuklearmedizin das Beste vom Besten bot.

Eine meiner ersten Aufgaben war die Erstellung einer »Wunschliste« von Mitarbeitern. Das war nicht schwer, aber etliche Monate später hatte ich erst sehr wenige der Leute auf meiner Liste einstellen können. Die Verwaltung wurde allmählich unruhig und nach zwölf Monaten legte ich die Sache Gott vor.

»Okay«, sagte ich. »Ich komme hier nicht weiter. Mach du das, Gott. Wähle du die Mitarbeiter aus.«

Fast auf der Stelle kamen Bewerbungen. Ein Radiopharmazeut meldete sich, der der University of New South Wales die, wie es hieß, beste Doktorarbeit auf seinem Forschungsgebiet vorgelegt hatte. Gleichzeitig bewarb sich ein promovierter Physiker, der später den Lehrstuhl für Nuklearmedizin an der Universität Sydney bekommen sollte. Beide wurden gute Freunde und sehr geschätzte Mitarbeiter. Ich war am Lernen ... aber es war ein langsamer Prozess.

Dann wurde meine Lernkurve steiler. Ich begann zu verstehen, was es bedeutete, Gott als Partner zu haben.

Einmal benötigte ich sehr dringend eine Digital-Gammakamera, die über 100 000 Dollar kostete. Aber wir hatten kein Geld, und meine Kontaktpersonen in den Ministerien für Gesundheit und öffentliche Bauvorhaben sagten mir, dass sie keine Kamera besorgen konnten. Aber Gott wusste, dass wir diese Kamera benötigten. Ich betete darüber, und er gab mir inneren Frieden und die Gewissheit, dass wir eine bekommen würden. Ich erzählte das meiner Sekretärin, Barbara, was diese erstaunte, vielleicht sogar etwas schockierte. Aber dann, eines Freitagnachmittags in der letzten Woche des laufenden Haushaltsjahres, kam ein Anruf aus dem Gesundheitsministerium von New South Wales: Wenn ich heute noch ein paar Tausend Dollar auftreiben konnte, hatten sie eine Kamera. Wir trieben das Geld noch am gleichen Nachmittag auf und bekamen eine neue Digital-Gammakamera, Marke General Electric. Meine Sekretärin und ich waren überwältigt, wie Gott für uns sorgte. Erst vor Kurzem, nach zwanzig Jahren, ist diese Kamera ausgemustert worden.

Aber ich sollte lernen, dass es Mut brauchte, Gott zum Partner zu haben – echten Mut. Der Geschäftsplan meines

»stillen Teilhabers« würde mich weit aus meiner Komfortzone hinausnehmen.

Die meisten Ärzte, die in Lehre und Verwaltung tätig sind, erleben früher oder später Angriffe auf ihr berufliches Territorium. Ich war keine Ausnahme. Das übliche Hickhack wegen Budget und Raumbedarf ging ja noch, aber einige Herausforderungen waren sehr ernst. Einmal stand ich mächtigen Gegnern gegenüber und hatte wenig Hoffnung auf einen Ausgang zu meinen Gunsten. Ich wurde vor ein Komitee von Schlüsselpersonen aus Verwaltung und Lehre zitiert, um zu erklären, warum ich keinen Teil meiner Geräte und Mitarbeiter an eine andere Abteilung abgeben konnte. Man hatte vor, meine Abteilung zu zerschlagen.

Ich wusste instinktiv, dass dies ein Fehler wäre. Das konnte unmöglich Gottes Wille sein. Er hatte mir doch nicht diese Stellung verschafft, um sie jetzt an einen anderen abzugeben! Als ich an meinem Schreibtisch saß und mich auf das Gespräch vorbereitete, das auf 13.00 Uhr dieses Tages angesetzt war, erinnerte Gott mich an einen Vers aus dem Propheten Jesaja: »Doch keine Waffe, die gegen dich geschmiedet wird, wird erfolgreich sein. Und wer dich vor Gericht verklagt, den wirst du widerlegen. Alle diese Dinge werden den Dienern des Herrn zugutekommen; von mir wird ihre Rechtfertigung ausgehen. Ich, der Herr, gebe darauf mein Wort!« (Jesaja 54,17).

Dies war Gottes *logos*, sein niedergeschriebenes Wort, aber ich erkannte es in diesem Augenblick auch als sein *rhema*, seine Botschaft für mich persönlich, die er mir in diesem Moment offenbarte.

13.00 Uhr. Wir versammelten uns in einem Raum der Verwaltung. Man tauschte die üblichen Höflichkeiten aus, aber als ich mich in der Runde umschaute, sah ich, dass ich hoffnungslos im Hintertreffen war. Mein Gegner hatte Verspätung. Würde er vielleicht überhaupt nicht kommen? Aber nein, da kam er in grüner OP-Kleidung, Mundschutz um den Hals, Zigarre im Mund hereingestürmt. Er entschuldigte sich für die Verspätung und ließ sich gegenüber von mir an dem Tisch nieder. Er hatte als Erster das Wort und ergriff es mit Überzeugung. Ich begann den Mut zu verlieren. Seine Argumente waren stark, die Köpfe um den Tisch nickten. Der war dabei, mit links zu gewinnen.

Dann war ich an der Reihe. Ich stellte mein Anliegen nüchtern und ohne Emotionen dar. Ich merkte, wie es meinem Gegner unbehaglich wurde. Irgendetwas schien für mich zu arbeiten. Aber was? Das Gefühl, dass ich siegen würde, wurde förmlich greifbar. Ich beugte mich vor, ging in die Offensive. Mein Gegner schien auf seinem Stuhl kleiner zu werden. Ich war dabei zu gewinnen und wusste beim besten Willen nicht, warum. Ich endete damit, dass ich meinem Kollegen meine volle Unterstützung anbot; ich war bereit, seine Leute auszubilden. Aus verschiedenen Gründen lehnte er das Angebot ab. Ende der Sitzung.

Ich ging zurück in mein Büro und staunte nur so, was Gott da getan hatte. Ich bekam nie mehr Probleme mit diesem Kollegen, ja mit der Zeit wurde er ein guter Freund. An diesem Tag entdeckte ich Gott neu als meinen unverrückbaren Felsen. Er war meine »feste Burg«.

Eine Burg ist ein Ort, an den man sich in Zeiten der Gefahr zurückzieht, um Schutz und neue Kraft zu finden. Und die nötigen Waffen und die Rüstung, um der Gefahr zu begegnen. Aber das Wichtigste ist vielleicht, dass sie ein Ort ist, von dessen Türmen aus man den Überblick gewinnt, das Problem in der richtigen Perspektive sieht und hinter dem Problem die Lösung. Wenn wir uns dann vorbereitet haben, können wir die Burg wieder verlassen, um dem Gegner entgegenzutreten. Graham Cooke, ein christlicher Autor und Vortragsredner aus Kalifornien, sagt: »Wenn du auf dem geistlichen Schlachtfeld stehst, hörst du, wie Gott lacht, und wenn du ganz genau hinhörst, hörst du, wie er sagt: ›Das ist kein fairer Kampf, das ist einfach nicht fair.‹«[5]

Dass ich Gott immer besser als Heiler kennenlernte, kam nicht nur durch meine eigenen Erfahrungen, sondern auch durch meine Gespräche mit anderen christlichen Medizinern. Es kamen viele Gäste aus aller Welt in die Abteilung für Nuklearmedizin und Ultraschall in der Uniklinik in Westmead. Einige kamen, um zu helfen, andere, um zu lernen, wieder andere aus reiner Neugierde. Unsere neuen Diagnoseverfahren halfen uns, die natürliche Welt besser zu verstehen, aber die übernatürliche Welt konnten sie nicht erklären. Einer unserer ersten Besucher war ein Mann, der das, was ich zu wissen glaubte, auf den Prüfstand stellen würde.

Kapitel 4

Durch seine Wunden

... an alle, die zum Glauben berufen sind. Sie sind von Gott,
dem Vater, geliebt und von Jesus Christus bewahrt.

Judas 1

Das Erste, was mir an Don Tredway auffiel, waren seine schön verzierten amerikanischen Cowboystiefel. Das Zweite war sein Akzent; er klang nach dem Mittleren Westen der USA.

Sein Ruf war ihm vorausgeeilt. Er war Spezialist für Geburtshilfe und Reproduktionsendokrinologie, ein Pionier auf dem Gebiet der künstlichen Befruchtung. Ein Blick auf seinen Lebenslauf zeigte, dass er ein Professor von Format war. Er gab mehrere Fachzeitschriften heraus, hatte selbst eine lange Publikationsliste und war in seinem Fachgebiet als Prüfer bei den Examina angehender Ärzte tätig.

Wir hatten ihn nach Sydney eingeladen, damit er vor anderen Spezialisten auf seinem Fachgebiet sprechen konnte. Die Veranstaltung sollte im Ballsaal des Sydney Hilton Hotels stattfinden, und man hatte mich gebeten, ihn den versammelten Kollegen vorzustellen. Je länger ich mit Don zusammen war, desto mehr mochte ich ihn. Trotz seiner hohen Position war er ein bescheidener Mann mit einem großen Sinn für Humor. Aber da war noch mehr – etwas, das ich nicht recht benennen konnte. Dieser Mann war irgendwie »anders«. Ich wusste wenig über sein Privatleben, aber nach mehreren Gesprächen und zahlreichen Tassen Kaffee dämmerte es mir, was ihn so anders machte.

Er berichtete mir, dass er in den frühen 1970er-Jahren mit seiner Frau, Donna, und ihren Töchtern in Los Angeles gewohnt hatte. Er war Gynäkologe und Geburtshelfer bei der US-Marine. Eines Tages sackte er während der Sprechstunde mit wahnsinnigen Rückenschmerzen auf den Fußboden – zum Schock seiner Patientin. Die Untersuchung ergab einen Bandscheibenvorfall, eine Operation wurde angeraten. Die Operation wurde durchgeführt und war offenbar erfolgreich; die Schmerzen waren weg.

Bald danach zog Don mit seiner Familie nach San Francisco um, wo er als Marinespezialist ein Ausbildungsprogramm in Mikrochirurgie aufbaute. Das bedeutete, dass er stundenlang auf Granitfußböden stehen musste, den Rücken nach vorne gebeugt, während er durch ein Vergrößerungsglas sah. Es dauerte nicht lange, bis die Rückenschmerzen zurückkamen. Don wurde erneut wegen eines Bandscheibenvorfalls operiert, aber diesmal gab es keine Linderung.

Don konnte fast nicht mehr arbeiten. Er ging zu den besten Spezialisten, nur um zu erfahren, dass seine Wirbelsäule nicht mehr stabil war und auf die Rückenmarksnerven drückte. Ein Neurologe, ein Orthopäde und ein Neurochirurg rieten Don zu einer Wirbelsäulenversteifung; die Erfolgschancen lagen bei maximal 50 Prozent.

Ein ganzes Jahr arbeitete Don nicht und hoffte auf ein Ende der Schmerzen. Er konnte kaum noch sitzen und verbrachte Stunden flach auf dem Rücken. Obwohl selbst nicht religiös, hatte er »eine ganze Ahnengalerie methodistischer Pastoren« und ging sporadisch zur Kirche. Aber er glaubte nicht an einen persönlichen Gott und schon gar nicht daran, dass dieser eine Rolle bei der Heilung seiner Krankheit spielen konnte.

In seiner Verzweiflung begann er schließlich, in der Bibel zu lesen, und kam an die folgende Stelle: »Mein Sohn, achte auf das, was ich dir sage. Höre meinen Worten gut zu. Vergiss sie nicht, sondern bewahre sie tief in deinem Herzen, denn sie schenken jedem, der ihren Sinn versteht, Leben und Gesundheit« (Sprüche 4,20-22).

Diese Bibelstelle gab ihm zu denken, vor allem das Wort »Gesundheit«. Aber die Schmerzen hörten nicht auf und er gab schließlich seine Zustimmung zu der Operation.

Die Ärzte operierten und waren optimistisch. Sie legten Don einen Gips an, der von seiner Brust bis hinunter zu den Knien ging und den er sechs Wochen tragen musste. Er gab mir eine lebhafte Schilderung des Elends und der maßlosen Hilflosigkeit, die dieser Gips mit sich brachte. Dann kam der lang ersehnte Tag, an dem man ihm den Gips abnahm und ihm ein Stützkorsett aus Glasfaser anlegte, das er bis auf Weiteres ständig tragen musste.

Mithilfe dieses Korsetts war er wieder bedingt arbeitsfähig, vor allem am Schreibtisch. Er fühlte sich schwach und hatte fast 25 Kilogramm verloren. Aber mit jedem Tag bekam er ein wenig mehr Kraft und mit der Kraft kam die Hoffnung. Und er begann zu beten, »zunächst für kleine Sachen«, und siehe da, die Gebete wurden erhört.

Dann kam plötzlich ein Brief von der medizinischen Fakultät der Universität Chicago, ob Don Lust hatte, zu ihnen zu kommen und Reproduktionsendokrinologie zu lehren. Don war begeistert. Diese Universität war eine der besten in den USA, eine wahre Nobelpreisträgerschmiede. Dies wäre die Krönung seiner Karriere. Er und Donna flogen nach Chicago, um die Sache zu prüfen.

Um seine neue Position antreten zu können, würde Don seine Stelle bei der Marine kündigen müssen. Seine Freunde waren skeptisch. Was war, wenn die Schmerzen wiederkamen? Dann bekäme er keine Erwerbsunfähigkeitsrente. Doch

Don war überzeugt, dass Gott ihn führte. Sein Entschluss war gefasst und er schrieb sein Haus zum Verkauf aus. Nach drei Tagen war es verkauft. »Das war die nächste Bestätigung«, erzählte er mir.

Dann sagten seine Ärzte ihm, dass er das Stützkorsett ausziehen konnte. Und dann – kamen die Schmerzen zurück und sie waren furchtbar. Don bemerkte auch, dass die Bewegungsfähigkeit seiner Beine eingeschränkt war. Der Neurologe diagnostizierte Muskelschwund und neurologische Störungen. Der Marinearzt sagte zu Don: »Sie können nie mehr arbeiten.« Er empfahl ihm, mit einer Erwerbsunfähigkeitsrente in den vorzeitigen Ruhestand zu gehen. Die Rente würde nur ein Sechstel seines normalen Einkommens betragen. Don war am Boden zerstört. Wo war Gott jetzt?

Er erzählte mir, wie er in der Einfahrt seines Hauses im Auto saß und nicht mehr ein noch aus wusste. Er hatte eine Familie zu versorgen und war in seinen besten Jahren. Der Umzug nach Chicago hätte ihm und Donna ein wunderbares Leben und den Kindern beste Aussichten für Schule und Studium gebracht. Jetzt konnte er nur unter den größten Einschränkungen operieren und musste ständig starke Schmerzmittel nehmen. Aber das Allerschlimmste war das bohrende Gefühl, dass Gott ihn im Stich gelassen hatte.

Einige Monate zuvor hatte Donna Freunde in Los Angeles besucht, die von »der Kraft des Heiligen Geistes« sprachen und aus erster Hand mitbekommen hatten, wie Gott Menschen heilte. Sie erwähnte dies gegenüber Don. Der sagte ihr: »Halt den Mund, Frau! Was ich nicht erklären kann, gibt's nicht!«

Don fuhr fort, als er mir das erzählte: »Aber Gottes Jagdhunde lassen sich nicht so leicht abschütteln.« Immer wieder hörte er von Gottes Macht zu heilen. Freunde schenkten ihm Bücher über das Thema, und in Fernsehen und Radio kamen

Sendungen, in denen Heilungsevangelisten ihre Dienste anboten. Eines Tages ging Don zu einem Basketballspiel. Als er das Sitzen nicht mehr aushielt, ging er zurück zu seinem Auto und schaltete das Radio ein, um sich abzulenken.

»Sie brauchen ein Wunder«, kam es aus dem Lautsprecher.

»Ja, das glaube ich allmählich auch«, erwiderte er.

Don hatte vor, zusammen mit Kollegen in einem Privatjet zu einer medizinischen Fachtagung in Los Angeles zu fliegen. Selbst das war zu einem Wagnis geworden, denn die Schmerzen waren inzwischen unerträglich.

Endlich überwand er sich und bat Donna, mit ihren Freunden in Los Angeles zu reden, ob sie ihm vielleicht helfen konnten. Es zeigte sich, dass ihre Gemeinde einen Heilungsgottesdienst sponserte, der zur gleichen Zeit stattfinden würde wie die medizinische Tagung, nicht allzu weit weg vom Tagungszentrum. Don beschloss, dorthin zu gehen – aber heimlich; niemand durfte etwas davon erfahren.

Am ersten Morgen der Konferenz entschuldigte er sich. Er sagte, dass er sich ausruhen musste, aber er hatte andere Pläne. Er schärfte seiner Frau ein, niemand etwas zu verraten, und fuhr zu dem Heilungsgottesdienst. Dort wurde er von ihren Freunden in Empfang genommen, die ihn in das Gebäude führten und sich links und rechts neben ihn setzten – »damit ich nicht gleich flüchten konnte«. Der Gottesdienst begann mit Musik und Singen. Noch nie hatte sich Don so fehl am Platz gefühlt. Dass der Seniorpastor der Gemeinde ausrichten ließ, dass er leider erst später kommen könnte, machte die Sache nicht besser. Don war gekommen, »um den großen Boss zu hören und nicht den Hilfssheriff«.

Dann kamen die ersten Heilungen. Don war skeptisch. Dann sagte der Pastor, dass heute zwanzig Menschen von ihrer Rückenkrankheit geheilt werden würden. Don spitzte die Ohren. Er sah, wie mehrere Besucher, über denen gebetet wurde, offensichtlich geheilt wurden. Sie bückten sich bis zu ihren Zehen und dankten Gott lautstark. Don war immer noch nicht überzeugt. Dann kam endlich der Seniorpastor – und sagte, dass noch weitere Rückenpatienten im Saal seien, die heute geheilt würden. Don hatte die bereits geheilten penibel gezählt.

Don hatte rasende Schmerzen und nichts zu verlieren. So stand er schließlich auf und ging nach vorn. Man betete für ihn und legte ihm die Hände auf – etwas, was er noch nie erlebt hatte. Und im nächsten Augenblick, so berichtete er mir, *wusste* er, dass er gesund war. Er weiß nicht mehr, ob er auf seinen Platz zurückkehrte, sehr wohl dagegen, dass er auf die Toilette ging, um das Stützkorsett auszuziehen. Der Schmerz war weg und er konnte sich bis zu seinen Zehen bücken. Don ging zurück in den Saal, das Korsett in der Hand, und konnte es nicht fassen, dass Gott jemanden, dem die besten Ärzte nicht hatten helfen können, einfach so heilen konnte.

Am nächsten Tag operierte er zwei Stunden lang und in der folgenden Woche übernahm er ein volles Operationsprogramm. Noch fühlte er sich schlapp, »aber je mehr ich Gott lobte, desto mehr kam meine Kraft zurück«. Er hatte manchmal Krämpfe in den Beinen, aber der Schmerz war weg. Bald konnte er wieder normal arbeiten.

Die Veranstaltung im Ballsaal des Sydney Hilton begann wie geplant. Der Raum war bis auf den letzten Platz besetzt. Ich erkannte mehrere meiner Professoren in dem Gesichtermeer. Ich stellte Don vor und dann sprach er auf seine ruhige Art über seinen Werdegang als Mediziner und über seine Unfruchtbarkeitsforschung. Und über seine wunderbare Heilung. Er tat es nicht laut und theatralisch, sondern berichtete ruhig und sachlich, was Gott in seinem Leben getan hatte.

Gegen Ende der Veranstaltung bekamen die Anwesenden die Gelegenheit, für sich beten zu lassen und Gott um seinen Segen für ihr Leben und ihre medizinische Arbeit zu bitten. Gottes Gegenwart war förmlich spürbar in diesem Ballsaal. Viele Menschen wurden gesegnet. Ich selbst hatte mich seit einiger Zeit mit einem Problem herumgeschlagen. An diesem Nachmittag gab Gott mir Frieden.

Don und ich wurden gute Freunde, und in den folgenden Jahren besuchten wir mehrfach China, um dort an medizinischen Seminaren teilzunehmen. Die Seminare waren anstrengend; jeder Vortrag, einschließlich Übersetzung und Fragerunde, dauerte bis zu drei Stunden. Auf die Vorträge folgten oft Vorführungen, Fernsehinterviews und offizielle Dinner. Don schaffte das alles mit Bravour, und ich konnte mich überzeugen, dass er keinerlei Rückenprobleme mehr hatte.

Heute geht es ihm nach wie vor gut. Er ist in Boston weiter auf seinem Spezialgebiet, der Behandlung der Unfruchtbarkeit, tätig. Eine Zeit lang fragte er sich, warum Gott ihm damals nicht auch die Operationsnarben wegnahm. Er kam zu dem Ergebnis, dass sie ihn daran erinnern sollten, »was Gott tun kann, wenn Menschen kapituliert haben«.

Durch meine wachsende Freundschaft mit Don begann ich zu begreifen, dass ich einen übernatürlichen Gott verehrte, der auch in mein Leben auf übernatürliche Weise eingreifen konnte. In mir wuchs eine Art erwartungsvolle Vorfreude, dass Gott mir neue Aufgaben geben würde, wo er seine Macht und Kraft demonstrieren konnte. Aber wie sollte ich herausfinden, was für Aufgaben das waren?

Die Antwort kam Anfang 1980, als ich als Redner zu einer

mehrtägigen Veranstaltung, die von der Medical Evangelical Union an der Universität Sydney organisiert wurde, eingeladen wurde. Einer der anderen Redner war ein junger Student der Augenchirurgie, der gerade von Jugend mit einer Mission aus Hongkong zurückgekehrt war. (Robs Geschichte erzähle ich in Kapitel 7.)

Seine Liebe zu dem chinesischen Volk war ansteckend – so ansteckend, dass ich meine Dienste der Organisation Asian Outreach in Hongkong anbot. Die Antwort war ein Brief von Dr. Donald Dale, dem neu ernannten Koordinator der Jin Hua Foundation. Ob ich Lust hätte, an einer medizinischen Seminarreihe in Changsha in der Provinz Hunan teilzunehmen, und ob ich ihm andere mögliche Teilnehmer nennen könnte? Ich antwortete postwendend. Mein geistliches Verständnis des Gottes, der heilt, würde bald durch eine Menge neuer Herausforderungen weiter geschärft werden.

Kapitel 5

Offene Tür nach China

Kann uns noch irgendetwas von der Liebe Christi trennen?
Wenn wir vielleicht in Not oder Angst geraten,
verfolgt werden, hungern, frieren, in Gefahr sind
oder sogar vom Tod bedroht werden?
Schon in der Schrift heißt es: »Weil wir an dir festhalten,
werden wir jeden Tag getötet, wir werden geschlachtet wie Schafe.«
Aber trotz all dem tragen wir einen überwältigenden
Sieg davon durch Christus, der uns geliebt hat.

Römer 8,35-37

Dr. Li griff in die Tasche seiner blauen Mao-Jacke und zog eine kleine Bibel heraus, die ganz offensichtlich bessere Tage gesehen hatte. Ich schaute mich verstohlen um und zählte mindestens zwanzig chinesische Soldaten mit halb automatischen Gewehren. Einige schauten ein wenig zu interessiert in unsere Richtung.

Wir standen in der Abflughalle eines Flughafens in Zentralchina. Es war ein quadratischer Raum mittlerer Größe, mit Rattanmöbeln und hier und da einem chinesischen Teppich. Vor zwanzig Minuten waren wir in einem Minibus angekommen und den Garten mit seinen Rosen, Fingerhüten und Malven entlangspaziert, ein Andenken an frühere Bewohner. Neben der Startbahn standen in Reih und Glied russische MIGs geparkt. Es hieß, dass nur wenige von ihnen einsatzfähig waren, aber sie sahen beeindruckend aus.

Wir waren als Gastredner zu einer Seminarreihe für Ärzte eingeladen worden, die von einer der Medizinervereinigungen der Provinz organisiert worden war. Jetzt war es Zeit, wieder zurückzufliegen. Unser Aufenthalt war ein Erfolg gewesen, aber im Rückblick war es ein Wunder, dass wir überhaupt nach China hatten reisen können, von den Seminaren ganz zu schweigen.

Vor der Reise hatten wir uns in Hongkong getroffen, um unsere Visa zu bekommen. Wir waren vier Personen: Professor Don Tredway, ein Herz-Thorax-Chirurg namens Jonathan, meine Wenigkeit und unser Koordinator, Dr. Donald Dale. Dr. Dale hatte ich auf der Treppe des alten Militärlazaretts auf Hongkong Island, der Zentrale von Jugend mit einer Mission, kennengelernt.

Donald Dale war groß, hager, blond und Brillenträger. Er hatte mich von oben bis unten gemustert und dann gesagt: »In Schlips und Anzug überlebst du hier nicht.« (Ich sollte bald entdecken, dass nur Donalds Abneigung gegen chinesische Opern noch stärker war als seine Abneigung gegen Schlips und Anzug.)

Er war gerade auf dem Weg zu einer chinesischen Hochzeit und hatte einen Abstecher gemacht, um mich in Hongkong willkommen zu heißen. »Du kannst gerne mitkommen, wenn du willst«, sagte er. »Aber an deiner Stelle würde ich das sein lassen. Es wird eine Ewigkeit dauern.«

Am folgenden Abend um 18.00 Uhr trafen wir uns in Donalds Büro. Wir waren Feuer und Flamme. Dann kam die kalte Dusche, ein Telegramm aus China: »Falls nicht alle erforderlichen amtlichen Vorbereitungen getroffen sind, bitte nicht kommen.« Das war happig, aber eine Stunde später kam ein noch ominöseres zweites Telegramm: »Nicht kommen!«

Was tun? Wir wollten am folgenden Tag ausreisen. Donald schickte ein Antworttelegramm: »Ärzte in Hongkong. Sind bereit. Bitten um Antwort.« Es kam keine Antwort.

Als ich am Abend meine Koffer für den Flug am nächsten Tag packte, fragte ich mich, was Gott mit dieser Reise wirklich vorhaben mochte. Offenbar mehr, als ich mir vorgestellt hatte.

Man hatte mir einen Packen christliche Schriften mitgegeben, »für alle Fälle«: mehrere Exemplare des Johannesevangeliums in der neuen chinesischen Schrift sowie eines Heftes mit dem Titel *Bäche in der Wüste*. Beides, so hatte man mir erzählt, war in China heiß begehrt und beides stach förmlich ins Auge zwischen meinen Socken und Unterhosen. Wenn die Zollbeamten meinen Koffer öffneten, würden sie ihn konfiszieren. Das konnte das Ende des ganzen Unternehmens bedeuten. Aber eine leise Stimme forderte mich auf, es zu wagen.

Um Mitternacht kam ein Anruf aus Sydney. Es war meine Frau, Lynne. Sie hatte eine Rippenfellentzündung und keuchte, dass ich kaum ein Wort verstand. Die Kinder waren auch alle krank und Brook, mein Ältester, war sehr kurzatmig. Mein Vater, der in der Nähe wohnte, konnte nicht helfen, da er gerade eine Angina hatte. Sydney war fest im Griff des Winters mit Regen und Sturm. »Ach ja«, fügte Lynne hinzu, »und ein Baum ist auf das Haus gefallen und hat die Pergola ruiniert. Aber das macht nichts, die Katastrophenhilfe war schon da und hat die Trümmer aufgeräumt.«

Ich wusste nicht, was ich machen sollte. In ein paar Stunden sollte ich nach China fliegen und danach würde ich nicht mehr zu Hause anrufen können.

Gary Stevens, der Leiter von Jugend mit einer Mission Hongkong, sagte: »Wir haben Freunde in Sydney, die vielleicht helfen können – Noel und Phyl Gibson.« Ich kannte die beiden nicht, aber wir riefen sie um 1.00 Uhr nachts an, worauf sie mit Lynne eine Stunde am Telefon verbrachten, ihr Ratschläge gaben und für die ganze Familie beteten. Als der Morgen kam, war die Krise vorbei.

Mit einem tiefen Frieden im Herzen und neuer Hochachtung vor meinem himmlischen Vater flog ich mit den anderen nach China. Meine Lieben zu Hause waren in guten Händen.

Es war Abend, als wir aus dem Flugzeug auf die Landebahn des Flughafens Guanchou hinunterstiegen. Es war August, die Luft war heiß und stickig. Aus einem Lautsprecher irgendwo in der Dunkelheit kam Militärmusik. Im Gegenlicht ferner Scheinwerfer sah man die Silhouetten bewaffneter Soldaten, die mehrere der Flugzeuge bewachten.

Man eskortierte uns mit unserem Gepäck in die Ankunftshalle, wo Passbeamte mit humorlosen Gesichtern uns und unsere Visa musterten. Hoch oben an der Wand wachte ein mächtiges Porträt des »großen Steuermanns« Mao Tse-tung. An rot besternten Zollbeamten, die unsere Schritte zu zählen schienen, vorbei gingen wir zum Ausgang und in die Dunkelheit hinein. Niemand hatte sich für meinen Koffer interessiert!

Vor dem Flughafengebäude blieben wir bei ein paar riesigen Bambusstangen stehen, erstaunt und erleichtert, dass alles so glattgegangen war. Da es keine Taxis gab, gingen wir zu Fuß zu dem nahe gelegenen Flughafenhotel und schleppten unsere Koffer und den Overheadprojektor selbst. (Der Projektor war ein Geschenk an die Medizinervereinigung der Provinz, aber als wir nach Hause flogen, nahmen wir ihn wieder mit; offenbar war niemand berechtigt, ihn anzunehmen.) Wir stiegen die acht Stockwerke zu unseren Zimmern hoch, wo wir auf unseren Bambusmatten fest schliefen, dem unablässigen Dröhnen der Militärmusik aus dem Flughafen zum Trotz.

Früh am nächsten Morgen stiegen wir in eine zweimotorige Turboprop-Maschine, die uns zu unserem Ziel in Zentralchina bringen sollte. Zuerst hatte es geheißen, dass keine Plätze mehr frei waren, aber als der Abflug näher kam, gab es auf einmal Tickets, und man führte uns zu unseren Plätzen. Beim Einsteigen bekamen wir jeder einen Papierfächer (war das die Klimaanlage?) und ein paar Stücke Dörrobst in Wachspapier. Als die Maschine beschleunigte, um zu starten, machte der Pilot urplötzlich eine Vollbremsung, dass Passagiere und Gepäck nach vorne flogen. Die Besatzung stieg aus und es folgte eine lebhafte Diskussion mit viel Schreien und Gestikulieren in Richtung auf den einen Motor. Die Diskussion endete so plötzlich, wie sie begonnen hatte, und wir flogen los, Richtung Norden.

Was erwartete uns dort? Würden wir willkommen sein? Würde jemand da sein, der uns abholte? Würden die Seminare stattfinden können?

Am Zielflughafen wurden wir von einer kleinen Empfangsdelegation begrüßt. Unter viel Händeschütteln, Lächeln und Austausch von Visitenkarten schob man uns in einen Minibus, der uns zu einem Hotel in der Innenstadt fuhr. Zu dem Begrüßungskomitee gehörte auch ein Arzt aus der Stadt, Dr. Li. Während der Formalitäten war er eher reserviert, aber als wir allein waren und sich die Tür hinter uns geschlossen hatte, packte er unsere Hände und weinte. »Gott sei Dank, dass Sie gekommen sind«, sagte er.

Es war er, der uns die Telegramme mit der Bitte, nicht zu kommen, geschickt hatte. Er hatte dies tun müssen, um es sich nicht mit den Behörden zu verderben. Er hatte vier

Monate lang täglich darum gebetet, dass wir kommen würden.

Er griff in seine blaue Baumwolljacke, zog ein ramponiertes Exemplar eines Buches von A.W. Tozer heraus und las laut aus einem Kapitel über die Liebe Gottes vor. Nach jedem Satz hielt er inne und sah uns der Reihe nach aufmerksam an. Bedeuteten diese Worte für uns genauso viel wie für ihn? Er war wegen seines Glaubens kritisiert und verfolgt worden und hatte etliche seiner Bürgerrechte verloren, darunter das Recht, Medizin zu praktizieren. Den Großteil seiner Zeit verbrachte er mit dem Übersetzen ausländischer Medizinfachzeitschriften ins Chinesische. »Gott ist wunderbar am Wirken unter uns«, sagte er. »Ich habe es erlebt, wie eine Frau von ihrem Gebärmutterkrebs geheilt wurde. Aber wir müssen sehr, sehr vorsichtig sein.«

Dr. Li sagte uns auch, dass er ein Musikliebhaber war. Er sang für sein Leben gern Glaubenslieder. Aber um dies tun zu können, ohne unangenehm aufzufallen, musste er zuerst in die Mitte des Sees rudern, außer Hörweite anderer Menschen. Wir merkten bald, dass einer der Hauptzwecke unseres Besuches der war, diesem wunderbaren Mann zu helfen und Mut zu machen.

Später an diesem ersten Abend erzählte Dr. Li uns seine Geschichte. Sein Vater war Pastor gewesen, und er selbst wurde Christ, als er 1942 die Bücher seines Vaters las. Nach der Schule studierte er Medizin, und zwei Jahre nach seinem Examen beauftragte man ihn, ein Krankenhaus für die »Volksrepublik« aufzubauen. Er konnte diese Arbeit nicht lange fortführen, da er nicht in der Lage war, die politischen Erwartungen, die das Regime an ihn stellte, zu erfüllen.

1956 wurde er von den Roten Garden 15 Monate lang in »Untersuchungshaft« genommen. Nach seiner Entlassung durfte er eingeschränkt als Arzt praktizieren. Man hatte ihm verboten, mit seinen Verwandten über seinen Glauben zu sprechen, und diesen mitgeteilt, dass er ein Volksverräter sei und dass die Bibel offiziell als pornografische Schrift galt. Zum Zeitpunkt unseres Besuchs leitete er irgendwo in den Dörfern einen kleinen Bibelkreis, den wir jedoch aus Sicherheitsgründen nie besuchten.

Am folgenden Tag erhielten wir unser Seminarprogramm. Jeder Vortrag würde einschließlich der Übersetzung drei Stunden dauern. Anschließend würde es Vorführungen und eine Fragerunde geben.

Don Tredway, der die chinesische Ein-Kind-Politik gut kannte, war gekommen, um über das Thema Geburtenkontrolle zu sprechen. Ironischerweise wollten die Chinesen, dass er stattdessen über die Behandlung der Unfruchtbarkeit sprach. Ich hatte mich auf Vorträge über praktische Aspekte der klinischen Nuklearmedizin und Ultraschalldiagnostik eingestellt; die Chinesen wollten von mir Vorträge über Positronen-Emissionstomografie[6] – eine absolute Spezialität, die in China erst zwanzig Jahre später Bedeutung erlangen sollte. Uns war klar, dass die Sonderwünsche unserer Gastgeber mit Deng Xiaopings Programm der »Vier Modernisierungen« zusammenhingen. Wir hatten keine andere Wahl, als mitzumachen. Man sagte uns auch, dass dann, wenn die Vorträge zu einfach wären, die Seminare gestrichen würden. Wären sie dagegen zu kompliziert, würden wir nicht wieder eingeladen werden. Womit Don und ich mit unseren Vorbereitungen von vorn anfangen konnten.

Das Programm begann mit Reden diverser Würdenträger und Parteivertreter. Donald Dale wurde im Lokalfernsehen interviewt. Die Vorträge waren lang und die Übersetzer nicht immer voll des Englischen kundig. Das Schwierigste für uns war sicherzustellen, dass die Übersetzer das, was wir sagten, auch verstanden hatten. Wir durften nicht zu schnell sprechen, da es ein großer Gesichtsverlust für einen Übersetzer war, wenn er nicht mitkam. Nach einem der Seminare machte ich den Fehler, um einen besseren Übersetzer zu bitten. »Wir werden das in unserer Kritiksitzung besprechen«, erwiderte eine herrische junge Frau. In einem anderen Seminar verstand meine Übersetzerin so wenig Englisch, dass ich schließlich sagte: »Wir lassen die Übersetzung mal und sehen uns nur die Dias an.« Sie erwiderte: »Was?«

Aber im Ganzen lief die Seminarserie gut. Langsam, aber sicher, gewannen wir das Vertrauen und den Respekt der einheimischen Ärzte und bekamen ein gutes Verhältnis zu den allgegenwärtigen politischen Beobachtern der »Wissenschaftsbehörde«. Eines Morgens besuchte uns ein Übersetzer, als wir gerade frühstückten. Wir luden ihn ein, mit uns zu essen. Er staunte über unsere bescheidene Kost aus Tee und ein paar Gebäckstücken. Am Abend, beim Dinner, erzählte er dies einer größeren Gruppe von Chinesen. Sie waren ganz begeistert, hatten sie doch erwartet, dass diese Ausländer luxuriös speisten. Einer der Beobachter von der Partei sagte: »Ah, das einfache Leben und harte Arbeit. Das ist gut.«

Ich merkte bald, dass die medizinische Praxis hier in China ganz anders war als zu Hause in Sydney. So wurden Intrauterin-Pessare mit Röntgen und nicht mit Ultraschall lokalisiert. Der Grund war einfach: Röntgen kostete 50 Fen (25 australische Cent), Ultraschall dagegen 20 Yuan (10 australische Dollar). Dies brauchte in dem staatlichen Gesundheitssystem zwar nicht die Patientin zu bezahlen, dafür aber das Krankenhaus. Einmal wurde ich gebeten, den Beckentumor eines lokalen Würdenträgers mit Ultraschall zu untersuchen. Die Hitze und Schwüle in dem Zimmer waren so furchtbar, dass eine der Schwestern mir während der Arbeit mit einem Fächer Luft zufächelte. Ich brachte die übliche Menge Kontaktgel auf den Bauch des Patienten auf. Prompt klopfte mir jemand höflich auf die Schulter. »Sie haben gerade eine Monatsration aufgebraucht.«

Faszinierend waren die spontanen Begegnungen mit Menschen auf der Straße. Ein Mann hatte noch nie vom christlichen Glauben gehört. Ein anderer sprach uns an und fragte: »Warum wurde Jesus an ein Kreuz genagelt?« Er dachte, dass wir, die Ausländer, das sicher wussten. Ein anderer fragte, wo wir her waren. Als Don Tredway antwortete: »Aus den Vereinigten Staaten«, sagte der Mann: »Trotzdem willkommen.«

Eines Sonntagmorgens ging ein Mr Wong mit uns in die staatlich kontrollierte Three Self Church des Ortes. Die Kirche war ein einfaches Ziegelgebäude neben der früheren Kirche, die jetzt eine Fabrik war. Die Gläubigen waren lauter alte Leute über siebzig, ja achtzig; viele benutzten Vergrößerungsgläser, um im Gesangbuch zu lesen. Wir erfuhren, dass man über die Gemeinde eine Bibel kaufen konnte, aber dazu einen detaillierten Fragebogen ausfüllen musste mit Fragen wie: »Sind Sie Christ? Seit wann? Durch welche Person sind Sie zum Glauben gekommen? Gibt es in Ihrer Verwandtschaft noch mehr Christen?« Kein Wunder, dass viele vorsichtig waren und ihre Bibel lieber durch andere Kanäle erwarben.

Der offizielle Pastor predigte über das Vaterunser. Als er an die Stelle »Unser täglich Brot gib uns heute« kam, sagte er: »Diese Bitte können wir übergehen, da unsere Regierung uns alles Brot gibt, das wir brauchen.« Es gab keine Kollekte und der Gottesdienst war nach exakt einer Stunde zu Ende.

Vom ersten Tag an hatten wir den Wunsch geäußert, das

Krankenhaus vor Ort zu besichtigen, aber immer hieß es (ohne dass man uns einen Grund nannte), dass dies nicht möglich sei. Dann, am letzten Tag, war es auf einmal doch noch möglich. Es gab eine Führung durch »unsere« Abteilungen. An dem Eingangstor zu dem Komplex prangte ein Schild mit der chinesischen Aufschrift: »Heute geschlossen«. Ich besuchte die Abteilung für Nuklearmedizin und siehe da: Hier standen die neuesten Geräte. Auf den Fluren stapelten sich leere Kartons. Meine Kollegen berichteten Ähnliches. Klarer Fall: Die Geräte waren extra für unseren Besuch herbeigeschafft worden.

An diesem Abend waren wir, zusammen mit diversen Honoratioren und Parteivertretern aus der Stadt, zu einem Bankett im Haus von Dr. Li eingeladen. Es war mit seinen vier Zimmern relativ groß und spärlich möbliert mit schweren dunklen Holzmöbeln. Auf einem weißen Spitzentuch thronte ein Schwarz-Weiß-Fernseher. Fließendes Wasser gab es nicht.

Dr. Lis Schlafzimmer diente gleichzeitig als Wohn- und Esszimmer. Das Bankett, das auf einem großen runden Tisch serviert wurde, war üppig und musste die Familie ein kleines Vermögen gekostet haben. Es gab Reden und zahlreiche Trinksprüche und nach dem Mahl kam der gemütliche Teil. Mehrere Gäste sangen und Dr. Li spielte auf seinem uralten Harmonium; sein Sohn begleitete ihn auf der Violine. Dr. Lis Schwiegersohn, ein stämmiger Mann mit kräftiger Gesichtsfarbe und dichtem schwarzem Haar, sang mit seiner Bassstimme ein chinesisches Volkslied. Dann waren wir an der Reihe. Wir sahen einander an. Uns fiel nur ein Lied ein, das wir alle konnten – die »Battle Hymn of the Republic«.[7] Kaum hatten wir mehr schlecht als recht angefangen, erhoben die Chinesen sich wie ein Mann: »Sie singen unser Lied!«, sagten sie. Es schien, dass »Solidarity Forever« auf Chinesisch zu dieser Melodie gesungen wurde. Und so sangen wir Gäste aus voller Kehle und vollem Herzen dieses Lied zur Ehre Gottes, während die Chinesen es zur Ehre des Kommunismus sangen. Um ehrlich zu sein: Mir standen die Haare zu Berge.

Aber jetzt standen wir in der Abflughalle, bereit, unsere Rückreise anzutreten. Dr. Li öffnete seine Bibel, schaute uns an und las, ohne sich um die zuschauenden Soldaten zu kümmern, aus dem 8. Kapitel des Römerbriefes vor: »Kann uns noch irgendetwas von der Liebe Christi trennen? Wenn wir vielleicht in Not oder Angst geraten, verfolgt werden, hungern, frieren, in Gefahr sind oder sogar vom Tod bedroht werden? Schon in der Schrift heißt es: ›Weil wir an dir festhalten, werden wir jeden Tag getötet, wir werden geschlachtet wie Schafe.‹ Aber trotz all dem tragen wir einen überwältigenden Sieg davon durch Christus, der uns geliebt hat. Ich bin überzeugt: Nichts kann uns von seiner Liebe trennen. Weder Tod noch Leben, weder Engel noch Mächte, weder unsere Ängste in der Gegenwart noch unsere Sorgen um die Zukunft, ja nicht einmal die Mächte der Hölle können uns von der Liebe Gottes trennen. Und wären wir hoch über dem Himmel oder befänden uns in den tiefsten Tiefen des Ozeans, nichts und niemand in der ganzen Schöpfung kann uns von der Liebe Gottes trennen, die in Christus Jesus, unserem Herrn, erschienen ist« (Römer 8,35-39).

Ich habe Dr. Li nie mehr gesehen. Wir erfuhren später, dass man seine Rechte noch weiter beschnitten hatte und dass er in den Norden gezogen war. Er ist einer der mutigsten Männer, die mir je begegnet sind. Seine Verwandten, die ebenfalls Christen waren, mussten sehr vorsichtig sein; es gelang ihnen schließlich, China zu verlassen.

Ich sollte noch mehrere Chinabesuche machen. Bei einer Reise in eine Stadt im Norden des Landes war mein Übersetzer ein Professor aus der Gegend. Als wir uns wieder verabschiedeten, sagte er zu mir: »Wissen Sie, Dr. Crocker, ich muss klug wie die Schlangen und sanft wie die Tauben sein.« Dieses Zitat aus Matthäus 10,16 zeigte mir deutlich, dass dieser Mann Christ war. Es war die einzige Bemerkung in der Richtung, die er im Laufe von mehreren Tagen machte; er wusste, dass ich Christ war – und dass er vorsichtig sein musste.

Bei einer anderen Gelegenheit nahm eine Professorin meine Hand und sagte: »Es war mir ein großes Vorrecht, mit Ihnen zu arbeiten.« Ich dankte ihr und sie fügte hinzu: »Sie verstehen nicht, Dr. Crocker. Ich bin Christ.« Und ihre Augen füllten sich mit Tränen.

Am Rande dieser Stadt gab es Anschlagtafeln mit Listen der Namen von Personen, die hingerichtet werden sollten. Nach erfolgter Hinrichtung kam ein großer roter Haken auf die Listen. Es war allgemein bekannt, dass der Begriff »Verbrecher« in diesem Land recht großzügig gefasst wurde. Viele Christen – vor allem die aus der Hauskirchenbewegung – verschwanden auf Nimmerwiedersehen.

In einer entlegenen Stadt, die wir später besuchten, gab es angeblich keine einzige christliche Gemeinde. Wir wären so gerne am Sonntag in einen Gottesdienst gegangen, aber es hieß, dass dies nicht möglich sei. Am Samstagnachmittag machte einer aus unserer Gruppe, der fließend Mandarin konnte, zusammen mit einem anderen einen Spaziergang, um die Kirche zu finden, die es in einem Gebiet von der Größe des Geschäftsviertels in der Innenstadt von Sydney doch irgendwo geben musste. Ein Mädchen auf einem Fahrrad hielt sie an und bedeutete ihnen mit einer Geste, ihm zu folgen. Es führte sie zu dem Schaufenster eines alten Ladens und verschwand. In dem Laden standen ein alter Mann und seine Frau hinter einer Theke und hinter ihnen, an der Wand, war ein offenes Kreuz. Dies war die Untergrundkirche der Stadt. Das Paar begrüßte meine Freunde herzlich und lud uns alle zum Gottesdienst am nächsten Tag ein.

Wir entschieden, dass es klüger war, wenn nur ein paar von uns gehen würden und sie zudem nicht den direkten Weg nahmen. Am Sonntagmorgen begegneten wir im Hinterzimmer des Ladens Menschen, die seit Beginn der »Kulturrevolution« vor dreißig Jahren keinerlei Kontakte mit Christen aus dem Ausland gehabt hatten. Sie hießen uns mit großer Freude willkommen und waren überwältigt, als sie hörten, dass es im Westen Christen gab, die für sie beteten. Sie sangen alte Lieder, die man in den Kirchen im Westen seit vielen Jahren nicht mehr gehört hatte.

In China lernte ich viel über meinen »stillen Teilhaber«. Zuallererst, dass wir viel mehr erreichen, wenn wir aufhören, uns auf unsere eigene Kraft zu verlassen, und stattdessen Gott das Ruder übergeben. Wir wollten so gerne unseren Glauben weitergeben und Ergebnisse sehen, am besten sofort. Aber es geschah wenig, bis wir die Situation in Gottes Hand abgaben.

Für mich war China auch eine Schule in Sachen geistlicher Kampf. Es ging dabei nicht nur um die chinesischen Gläubigen, sondern auch um uns als Besucher. Ich hatte nicht gewusst, dass allein die Tatsache, dass wir nach China reisten, uns und unsere Lieben zu Hause in Gefahr bringen würde. Aber auch hier war Gott, mein stiller Teilhaber, da, um uns und unsere Familien zu beschützen.

Eines Tages, als wir von einem Gottesdienst zurückkamen, hielt uns ein junger Mann auf einem Fahrrad an, um uns für den Nachmittag seine Dienste als Fremdenführer anzubieten. Dies war nichts Ungewöhnliches. Viele Chinesen suchten eine Gelegenheit, mit Ausländern ihr Englisch zu üben. Der junge Mann wollte sich nach dem Mittagessen mit uns zu einer Wanderung auf den Hausberg treffen.

»Aber zuerst«, sagte er, »stelle ich Sie meinem Professor vor.« Er führte uns auf das Universitätsgelände und in einen kleinen, spärlich erleuchteten Raum mit nackten Betonwänden, deren einzige Verzierung die Flecken der vielen Jahre waren. Hier trafen wir einen der bemerkenswertesten Männer, die ich je kennengelernt habe. Er war über achtzig, groß und hager, mit marineblauen Kleidern und pechschwarzem Haar. Zu unserem Erstaunen sprach er mit einem breiten amerikanischen Akzent, den er sich im Zweiten Weltkrieg als Übersetzer von General James »Jimmy« Doolittle zugelegt hatte. Als brillanter Kopf und inzwischen emeritierter Professor hatte man ihn während der Kulturrevolution auf das Land verbannt, um in der Landwirtschaft zu arbeiten. Jetzt wohnte er allein in diesem kleinen Raum, wo er Kaninchen züchtete. Während wir uns unterhielten, hielt er eines im Arm und streichelte es. Als er hörte, was wir für den Nachmittag vorhatten, ging er glatt mit und führte uns im Marschschritt den Pfad hoch, der von der Universität zum Gipfel führte. Auf einmal blieb er abrupt stehen und drehte sich zu uns um. »Ich bin Christ«, sagte er, »und ich habe keine Angst.« Er lebte ganz allein und wusste von keinen anderen Christen in dieser Gegend. Wir unterhielten uns lange. Ich schenkte ihm meine Bibel und konnte ihm Mut zusprechen. Was für ein Vorrecht, diesen Mann zu treffen![8]

Kapitel 6

Donald

Denn das Leben ist für mich Christus
und das Sterben Gewinn.

Philipper 1,21; ELB

Um in China zu überleben, braucht es unendliche Geduld, einen Sinn für Humor und Sprachkenntnisse. Zum Glück besaß Dr. Donald Dale alle drei.

Einmal, in Zentralchina, führte er uns eine alte, von Generationen verfleckte und zerkratzte Holztreppe hoch in ein großes Restaurant, das voll von Gästen war, die aßen, das örtliche Hunan-Bier tranken und sich angeregt unterhielten. Als wir eintraten, wurde es mäuschenstill. Aller Augen drehten sich zu uns hin, den einzigen Leuten aus dem Westen weit und breit. Eine nervöse junge Dame in grauen Hosen und weißer Bluse führte uns in ein Nebenzimmer, aber da machte Donald nicht mit. »Wir sitzen draußen bei den anderen«, sagte er ihr auf Mandarin.

Die Dame gab nach und wir bekamen einen Tisch im großen Saal. Donald überflog die englische Speisekarte und tauschte dann ein paar Sätze mit den Leuten am Nachbartisch aus. »Das sind ja die reinsten Wucherpreise«, sagte er. »Mindestens das Doppelte von dem, was die Einheimischen zahlen.« Donald konnte sich diese »Reiche-Touristen-Preise« nicht leisten; damals wohnte er mit seiner Frau, Penny, in einer Einzimmerwohnung auf dem Dach des anglikanischen Gemeindehauses in der Nathan Road in Hongkong.

Als die junge Dame wiederkam, um unsere Bestellung aufzunehmen, erklärte Donald ihr, dass wir arme Reisende waren und uns nur zwei Portionen leisten konnten. Er wusste natürlich, wie die Küche reagieren würde, ja müsste. Nur zwei Portionen für uns – das Haus wäre bis auf die Knochen blamiert gewesen. Man tischte uns ein Bankett auf, viel mehr, als wir essen konnten. Der Küchenchef persönlich servierte uns seine Spezialität, eine Pilzsuppe mit Honig und Mandarinen. Soweit ich mich erinnern kann, war die Rechnung minimal.

Bei einer anderen Gelegenheit waren wir mit zwei Ärzten aus der Stadt und dem allgegenwärtigen »Mr Wong« von der »Wissenschaftsbehörde« zu einem Dinner eingeladen. (Es gab immer einen »Mr Wong« aus der Partei, um die Situation im Auge zu behalten.) Mr Wong entschuldigte sich vielmals, dass seine Frau »unpässlich« war und daher nicht mitkommen konnte. Wir machten mehrere Anläufe, ihm eine kleine Schachtel mit Süßigkeiten zu schenken, zum Zeichen unserer Dankbarkeit. Doch jedes Mal lehnte er höflich ab; er war schlicht nicht befugt, das Geschenk anzunehmen.

Schließlich nahm Donald die Sache in die Hand. »Nein, nein, Mr Wong, das ist nicht für Sie. Das ist für Ihre arme Frau, die heute Abend nicht hier sein kann.«

Mr Wong nahm die Schachtel mit leuchtenden Augen entgegen.

»Ach ja«, fuhr Donald fort. »Und vielleicht gibt sie Ihnen auch etwas ab, Mr Wong.«

Mr Wong wurde knallrot.

Donald war ein Mann, der nicht lange zögerte, sondern handelte. Er ging so schnell und machte so lange Schritte, dass es nicht einfach war, mit ihm Schritt zu halten. Dabei war er Asthmatiker, der immer wieder sein Spray inhalieren musste. Oft sah man ihn, wie er im Sturmschritt davoneilte, sein Ventolin in der Hand, das er so dosierte, wie er es für sein Tempo brauchte. Doch trotz seiner ständigen Eile hatte er gelernt, auf Gottes Weisung zu warten und ihm ohne Wenn und Aber zu vertrauen.

Donald Dale machte einen unauslöschlichen Eindruck auf mein Leben. Nachdem ich ihn kennengelernt hatte, war ich nicht mehr derselbe. Er lud mich nicht nur auf meine erste medizinische Chinareise ein, er wurde eine Inspiration für mich – persönlich, beruflich und geistlich.

Er wurde am 18. Juli 1923 in Südchina geboren, in einer kleinen Stadt am Fuße der Berge, wo sein Vater Arzt am English Presbyterian Hospital war. Wenn man ihn nach seiner Nationalität fragte, antwortete er gewöhnlich: »Die Leute nennen mich einen weißen Chinesen.« Aber manchmal nannte er sich auch stolz einen Schotten (seine beiden Eltern waren Schotten). Er war ganze fünf Jahre alt, als seine Eltern vor den in Südchina wütenden Kommunisten nach Taiwan flohen.

Als Junge rebellierte Donald gegen den Glauben seiner Eltern. Er erinnert sich gut, wie er während einer Familienandacht seine Bibel auf den Fußboden schmiss und aus dem Zimmer stürmte. »Mein Problem war wohl, dass ich ein Missionarskind war«, erzählte er Moderator Kel Richards in einem Interview im australischen Fernsehen. »Ich musste erst an den Punkt kommen, an dem ich an mir selbst verzweifelte. Ich bildete mir ein, mich ganz gut zu kennen, bis ich eines Tages entdeckte, wie ich wirklich war.«

»Wie kann man sich Gott hingeben, wenn man meint, dass man nichts ist?«, fragte Kel.

»Nun, man bietet Gott einen kompletten Schrotthaufen und bittet ihn, etwas daraus zu machen«, sagte Donald. »Es ist erstaunlich, was Gott tun kann.«

»Warum fasziniert China Sie so?«, fuhr Kel fort.

»Das frage ich mich manchmal auch. Es ist etwas schwierig, das zu verstehen; ich habe ja praktisch keine Erinnerungen an meine Kleinkindjahre in China. Ich glaube, das kommt letztlich von Gott. Von dem Augenblick an, als ich ihn kennenlernte, wusste ich irgendwie, dass China meine Zukunft war.«

Während seiner Assistenzarztzeit in Großbritannien lernte er Penny kennen, die gerade ihre Krankenschwesterausbildung abschloss. Sie entdeckten, dass die Liebe zu China und den Chinesen sie verband. Mit der Vertiefung ihrer Beziehung wuchs in ihnen die Überzeugung, dass sie eines Tages zusammen in China dienen würden. Aber da war ein Problem: Mit seinem schweren Asthma wurde Donald von keiner Missionsgesellschaft angenommen.

Als sie heirateten, bekamen sie den folgenden Bibelvers: »Vertraue von ganzem Herzen auf den Herrn und verlass dich nicht auf deinen Verstand. Denke an ihn, was immer du tust, dann wird er dir den richtigen Weg zeigen« (Sprüche 3,5-6). In den folgenden Jahren sollten sie immer wieder die Weisheit und Wahrheit dieser Worte entdecken.

Eines Tages kam ein Brief des Bürgermeisters einer Kleinstadt in Westchina. Donald bat einen Freund, ihn zu übersetzen. »Das ist unsere Tür nach China«, sagte er. »Sag uns, wo wir hinsollen.«

Der Brief des Bürgermeisters der Stadt Beipei in der Provinz Sichuan enthielt das Angebot einer Stelle in dem neuen städtischen Krankenhaus für Donald. »Kommen Sie schnell. Sie dürfen gerne Ihren Glauben weitergeben, Sie bekommen eine Wohnung und Dr. Dale erhält ein Monatsgehalt von zehn Säcken Reis.« Dieses mager klingende Gehalt sollte sich als eine Fügung Gottes erweisen und inspirierte Penny zu dem Titel ihrer Lebensgeschichte: *Ten Sacks of Rice: Our Way to China* [Zehn Säcke Reis. Unser Weg nach China].[9]

Am Abend des 9. Oktober 1948 wurde die junge Familie von ihren Freunden mit Umarmungen und Gebet am Londoner Bahnhof Euston in den Zug gesetzt, um die 17 Wochen dauernde Reise nach Beipei anzutreten. Sie schiffte sich auf die *Rhexenor* ein, einen kleinen Frachter, der Platz für zwölf Passagiere hatte. Das Wetter war schlecht, die Nachrichten aus China noch schlechter. Die Kommunisten rückten auf Shanghai und Nanking vor, und den in China lebenden Amerikanern und Briten wurde geraten, das Land unverzüglich zu verlassen. Der Kapitän überlegte sich, ob er nicht lieber Hongkong anlaufen sollte. Er lief schließlich am Neujahrsmorgen 1949 in den Hafen von Shanghai ein, lud Fracht und Passagiere aus und lief am Abend wieder aus.

Drei Wochen später trat Staatspräsident General Chiang Kai-shek zurück und die politische Situation verschlechterte sich weiter. Mittlerweile war es zu gefährlich geworden, mit dem Schiff den Jangtse hinaufzufahren; die Kommunisten hatten das Nordufer erreicht und beschossen die flussaufwärts fahrenden Schiffe.

Mit Flugzeug und Bus konnten die Dales Beipei schließlich erreichen, wo man sie mit ihrem spärlichen Handgepäck in ihrem neuen Heim willkommen hieß. Die Bezahlung in Reis entpuppte sich schon bald als Gottesgeschenk; das Papiergeld war wertlos und die einzige stabile Währung war – Reis.

Es dauerte nicht lange und ihre beiden Jungen bekamen hohes Fieber. Dann fielen die kommunistischen Truppen in Sichuan ein. »Geht sofort, hier seid ihr nicht mehr sicher«, riet man den Dales. Sie waren erst dreieinhalb Monate in Beipei gewesen und hatten eigentlich vorgehabt, sieben Jahre zu bleiben.

Sie kehrten nach Chongqing zurück. Ihr großes Gepäck war endlich mit einem Dampfer von Shanghai angekommen. Donald verkaufte den Großteil gegen Silberdollars. In Shanghai hatte man ihnen gesagt: »Ihr könnt als Chinamissionare erst dann mitreden, wenn ihr mindestens ein Kind und dreimal euren ganzen Besitz verloren habt.« Sie antworteten auf diese ernüchternden Worte mit einem anderen Wort, das sie zu ihrer Hochzeit bekommen hatten: »Vertraue von ganzem Herzen auf den Herrn ...«

Sie beschlossen, nach Hongkong zu gehen, wo es medizinische Hilfe für die Jungen gab. Kaum waren sie angekommen, kam eine Frau aus Taiwan zu ihnen und sagte: »Bitte kommen Sie nach Taiwan. Sie werden dort dringend gebraucht.« Doch Donald und Penny zögerten. Sie hatten sich auf ein paar ruhige Monate in Hongkong gefreut, um nach den Strapazen in China Luft zu holen.

Aber es kamen weitere Einladungen nach Taiwan, die Jungen erholten sich von dem »Sichuan-Fieber« und schließlich gaben die Dales nach. Donald würde das von der Canadian Presbyterian Mission unterhaltene Mackay Memorial Hospital in Taipei leiten – als einziger Arzt für die rund 500 Personen zählende ausländische Bevölkerung in Taiwan. Die Klinik war in einem kläglichen Zustand. Medikamente waren Mangelware, Labortests nicht möglich. Donald trennte das eine Ende eines Flurs mit einem Vorhang ab und richtete dort, mithilfe seiner medizinischen Bücher, ein kleines Pathologielabor ein.

Als die Mitarbeiter aus dem Westen das Hospital verlassen mussten, blieben Donald und Penny in der Stadt und gründeten ihre eigene Ambulanz, die »Christian Clinic«, die 28 Jahre lang bestehen sollte. Sie hatte zwei Abteilungen: eine für die kostenlose Behandlung der ärmeren Patienten und eine Privatabteilung. Während die Patienten warteten, predigte Bruder Chang, ein guter Freund von Donald und Penny, das Evangelium. Viele wurden Christen.

Als ein lutherischer Evangelist Taipei besuchte, bat Donald ihn, für die Heilung seines Asthmas zu beten. Drei Monate lang war er frei von jeglichen Symptomen, doch nach einer schweren Bronchitis kamen sie wieder. Später sagte er, dass er sich, wenn er damals geistlich reifer gewesen wäre, nie mit diesem Rückfall, den er aus der Rückschau als geistlichen Angriff deutete, abgefunden hätte.

Ein anderes Mal war Donald der Hauptredner auf einer Konferenz für christliche Mitarbeiter in Zentraltaiwan. Am ersten Abend musste er feststellen, dass er keinen Übersetzer hatte. Er sprach Mandarin noch nicht fließend und bat Gott um Hilfe. An diesem Abend sprach er eine ganze Stunde lang auf Mandarin. Am nächsten Abend war sein Übersetzer da. Nach dem Vortrag fragten die Studenten ihn: »Warum haben Sie heute nicht auf Chinesisch gesprochen wie gestern Abend? Das war viel besser.« Von diesem Tag an traute Donald Gott alles in seinem Leben zu.

In den späten 1970er-Jahren spürten Donald und Penny, dass Gott wollte, dass sie zu neuen Ufern aufbrachen, obwohl sie nicht aus Taiwan wegwollten. Hongkong hatte damals den Massenzustrom der aus Vietnam geflüchteten »Boat People« zu verkraften. Zwei Jahre lang arbeitete Donald Seite an Seite mit vietnamesischen Gesundheitsfürsorgekräften, die unter seiner Aufsicht arbeiteten. Viele wurden Christen.

1981 traten drei chinesische Geschäftsleute an Donald heran, die eine neue gemeinnützige Stiftung gegründet hatten, die Jian Hua [China bauen] Foundation. Die Idee war, Christen nach China zu entsenden, um in dem 1978 von Deng Xiaoping gestarteten Programm der »Vier Modernisierungen« mitzuarbeiten. Es ging um die Modernisierung der Landwirtschaft, der Industrie, der Wissenschaft und des Militärs. Die Jian Hua-Mitarbeiter mussten sich verpflichten, die chinesische Verfassung zu achten, die das offene Missionieren verbot. Wurden sie dagegen im persönlichen Gespräch nach ihrem Glauben gefragt, durften sie antworten.

Donald wurde zum Jian Hua-Koordinator ernannt. Er hatte eine doppelte Aufgabe: weltweit nach Christen zu suchen, die bereit waren, in China zu arbeiten, und in China nach Aufgaben für diese Freiwilligen zu suchen.

Die Stiftung entsandte zuerst Lehrer, später auch medizinische Teams, um in China Fortbildungsveranstaltungen abzuhalten. Wir begannen in Changsha in der Provinz Hunan und ich war in dem ersten der medizinischen Teams dabei. Spätere Teams gingen nach Beijing, Tianjin, Ningsha und zahlreiche andere Städte. Auf die medizinischen Teams folgten Experten in Maschinenbau, Landwirtschaft und Computertechnologie. Wir gründeten Sommerlager, in denen junge chinesische Englischstudenten in den großen Ferien Seite an Seite mit jungen Leuten aus dem Westen leben konnten – eine gute Gelegenheit für viele von diesen, wertvolle Erfahrungen in der Arbeit als Teilzeitmissionar zu sammeln.

1992 ging Donald offiziell in den Ruhestand. Er war 69. Das Jian Hua-Personal in Hongkong war mittlerweile von einer (Donald selbst) auf sechs Personen gewachsen. 80 Erwachsene waren vollzeitlich in China tätig und es gab Vertreter der Stiftung in Australien, Großbritannien, Kanada und den USA.

Donald und Penny siedelten nach Austin (Texas) um, um in der Nähe ihrer Verwandten zu sein, und waren mehrere Jahre lang in aller Welt unterwegs, um Freunde zu besuchen,

Ermutigung zu bringen und für die Arbeit von Jian Hua zu werben. Im Februar 1998 bekam Donald Symptome, die die Ärzte als Verdauungsstörungen deuteten, dann starb er eines frühen Morgens friedlich im Schlaf. Kurz vor seinem Tod hatte Penny gespürt, wie Gott zu ihr sagte: »Donald ist wie Henoch viele Jahre mit mir gewandelt und jetzt ist er nicht mehr bei dir. Ich habe ihn zu mir geholt.« Donalds Verwandte und Freunde in aller Welt trauerten über seinen frühen Tod, aber fanden Trost in dem Wissen, dass Gott ihn nach seinem perfekten Zeitplan zu sich geholt hatte, ohne Schmerzen und Leiden.

Meine bleibendste Erinnerung an Dr. Donald Dale ist der Abend, als er in unserer Kirche in Baulkham Hills in Sydney über seine Erlebnisse und seine Vision für China sprach. Er sprach von der großen Not, dem religiösen Vakuum und der schreienden Armut in manchen der Provinzen. Er erzählte von den »Eine-Hose-Familien«, die so arm waren, dass es in ihnen nur ein Paar vorzeigbare Hosen gab. Der, der die Hose anhatte, ging arbeiten, während der andere schlief; kam er dann zurück, übernahm der Partner die Hose und ging seinerseits zur Arbeit.

Er erzählte auch von der jungen Dame, die ihr Leben auf die gottlose »Mao-Bibel« (*Das Rote Buch*) gegründet hatte und mit Tränen in den Augen erkannte, dass Mao die Kinder ihrer Generation während der Kulturrevolution zu Mördern gemacht hatte. Dr. Dale wurde während seines Vortrags so vom Mitleid überwältigt, dass er mehrere Minuten innehalten musste.

Am Ende einer Reise nach Südwestchina wurde Donald zum Flughafen gefahren, um zurück nach Hongkong zu fliegen. Als er ausgestiegen und außer Hörweite des Fahrers war, sagte ein chinesischer Freund zu ihm: »Könntest du mir bitte eine Bibel mitbringen, wenn du zurückkommst?« Leider war dies nicht möglich, und jedes Mal, wenn Donald sich an diese Szene erinnerte, betete er darum, dass jemand anderes diesem Mann eine Bibel schenken würde. Soweit ich weiß, ist das Gebet bis heute nicht erhört worden.

Kein Auge blieb trocken, als Holly berichtete,
was sie als sechsjähriges Mädchen in einem Waisenhaus
in Nordchina gedacht hatte.
»Wenn Gott mein himmlischer Vater ist«, sagte sie,
»dann wird er mir bestimmt auch eine irdische Mutter
und einen irdischen Vater geben.«

Kapitel 7

Chinasyndrom

Nähme ich die Flügel der Morgenröte
oder wohnte am äußersten Meer,
würde deine Hand mich auch dort führen
und dein starker Arm mich halten.

Psalm 139,9-10

Der Abend brach an, als die massige Dampflok keuchend und kreischend im Hauptbahnhof von Beijing zum Stehen kam. Die Personenwagen, müde von ihrer Last und der langen Reise, standen reglos in dem Meer aus Rauch und Dampf. Dann wurde der Bahnsteig lebendig, als sich der Strom der Reisenden hinaus aus den Türen wälzte und mit der Menge der Wartenden vermischte. Es war eine chaotische Szene, der Lärm ohrenbetäubend.

Rob, ein junger australischer Augenchirurg, seine Frau Jenny und ich waren, mit wenig Geld und begrenzten Sprachkenntnissen, mit dem Flugzeug von Hongkong nach Changsha geflogen und von dort aus mit dem Zug nach Beijing gefahren. Wir wollten an einem medizinischen Seminarprogramm teilnehmen. Aber wie dies so oft in China passiert, ging es mit unseren Plänen nicht, wie wir gehofft hatten, voran. Wir hatten die Wahl: Wollten wir zurückkehren oder weitermachen? Wir entschieden uns für das Weitermachen.

Die Menge riss uns in eine nahe gelegene Straße mit, in der wir stehen blieben, um zu uns zu kommen und in dem Dämmerlicht unser Gepäck zu zählen. Ungewaschen, müde und hungrig, waren wir nicht gerade ein erhebender Anblick. Ich hatte außerdem eine heftige Bronchitis.

Der Arzt in der australischen Botschaft, ein großer, freundlicher Herr aus Brisbane mit dichtem weißem Haar, bot uns Obdach an. Nach einer heißen Dusche und einem europäischen Abendessen legten wir uns schlafen. Ich schlief auf der Untersuchungsliege.

Der nächste Tag sollte ein neuer Tag in jeder Bedeutung des Wortes werden. Unser Aufenthalt in Beijing würde unsere kühnsten Erwartungen übertreffen – nicht so, wie wir gedacht hatten, sondern was die Begegnungen mit Kollegen und Christen vor Ort betraf.

Ich war schon einige Male in Beijing gewesen und es war immer ein Erlebnis. Der Besuch des Beijing Hotels mit seiner bizarren multinationalen Architektur, Gebetstreffen in Wohnungen, wo man keine Namen erwähnen durfte, weil »die Wände Ohren hatten«, und unbekannte Speisen, zu denen es Wasser gab, das in Ginflaschen serviert wurde (die alten Etiketten waren noch dran). Aber dieses Mal war etwas anderes außergewöhnlich, und das waren meine Reisegefährten.

Rob hatte Medizin studiert und sein Studium unterbrochen, um nach Hongkong zu reisen, wo er und Jenny beim Aufbau der dortigen Jugend mit einer Mission-Zentrale halfen. Sie merkten bald, dass sie mehr erreichen konnten, wenn sie eine abgeschlossene medizinische Qualifikation hatten. Sie kehrten also nach Hause zurück, damit Rob sein Medizinstudium abschließen und Jenny, die Krankenschwester war, ihr tropenmedizinisches Diplom erwerben konnte. Ich hatte Rob in Sydney kennengelernt, wo er Augenmedizin studierte, und unter anderem hatte er mir ein Herz für China gegeben. Es war seine leidenschaftliche Rede über die Not der Menschen in China, die er 1980 auf einer Konferenz der Medical Evangelical Union hielt, die mich dazu brachte, meine Dienste für die Arbeit in China zur Verfügung zu stellen. Im Laufe unserer Freundschaft hat er mir auch geholfen, das Geheimnis des heilenden Gottes besser zu verstehen.

Als er sein Diplom in der Tasche hatte, zog Rob mit Jenny und ihren beiden Söhnen zurück nach Hongkong, wo er eine augenchirurgische Praxis eröffnete mit dem Spezialgebiet Hornhautlaserchirurgie.

Obwohl seine Praxis gut besucht war, ging er oft nach China, um Kurse in Augenchirurgie zu geben. Einmal sollte er die Technik der Hornhauttransplantation demonstrieren. Als er sich vorbereitete, musste er feststellen, dass es für die auf den nächsten Vormittag angesetzte Demonstration keine Spender-Hornhäute gab. Er sagte dies der zuständigen Person, die ihm versicherte, dass dies kein Problem sei. Am folgenden Morgen hatte er vier Hornhäute zur Auswahl. Sie stammten von Häftlingen, die das Regime am Abend zuvor extra hatte hinrichten lassen. Rob hat sich nie mehr für solch eine Demonstration zur Verfügung gestellt.

Nach meiner ersten Chinareise lud ich Rob und Jenny ein, mich auf einer meiner nächsten Seminarreisen zu begleiten. Gemeinsam reisten wir nach Changsha und Beijing, worauf wir zusammen mit Donald Dale und anderen nach Tianjin und dann nordwestlich mit dem Zug durch die Mongolei nach Ningsha fuhren. Ningsha in Nordwest-China liegt nicht weit von der russischen Grenze (»mit dem Panzer vier Stunden«, wie ein Einheimischer mir sagte) entfernt. Die Reisen mit Rob und Jenny waren ein unvergessliches Erlebnis, nicht zuletzt wegen Robs Berichten über das Eingreifen Gottes in seinem ärztlichen Alltag.

Eine deutsche Dame, die in seine Praxis kam, hatte grauen

Star, der durch Einsetzen von künstlichen Linsen behandelt worden war. Zu Robs Schrecken waren beide Linsen nach unten gerutscht, sodass sie »wie aufgehende Sonnen« aussahen. Die einzige Therapie war die Korrektur durch eine weitere Operation. Rob erklärte der Dame dies und bat sie, sich mit ihren Verwandten zu besprechen und dann wiederzukommen. Als sie wiederkam, waren beide Linsen wieder in der normalen Position. Die Patientin erklärte ihm, dass sie Gott um Heilung gebeten hatte. Und er hatte sie geheilt.

Bei Rob wusste man nie, was als Nächstes passieren würde. Eines Morgens stand ich neben ihm in der Umkleidekabine eines Ladens an der Nathan Road; er betete für den buddhistischen Geschäftsinhaber, der eine chronische Leberkrankheit hatte. Der Mann weinte wie ein Kind vor Rührung.

Ein anderes Mal wurde ich auf eine große Rundfahrt durch die Victoria Harbour Bucht eingeladen, auf einem Schiff, das einer in Hongkong ansässigen Bank gehörte. Smarte junge Kellner in kurzen weißen Jacken servierten auf den blitzblank geschrubbten Decks in der Morgensonne krustenlose Gurkensandwiches und Pimms (eine Art Kräuterlikör). Am Nachmittag konnten wir segeln oder (für die Mutigeren) in den dunklen Wassern vor der Insel Lantau schwimmen. (Ich war nicht mutig.)

Bei einem anderen Besuch konnte ich auf Rob und Jennys Boot, der *Far Horizons*, übernachten, einer zwanzig Meter langen Barkasse, die in der Clearwater-Bucht vor Anker lag. Es war ihr neues Heim, seitdem sie kurz vor der Übernahme von Hongkong durch China (1997) ihr Haus verkauft hatten. Sie dachten, dass sie so leichter nach Australien zurückkonnten, falls sich die politische Situation verschlechterte.

Auf einem Schiff in der Clearwater-Bucht schlafen – das klang nicht schlecht. Ich wusste nicht, was mich tatsächlich

erwartete. Es zeigte sich, dass das Boot gerade im Trocken-
dock lag, zehn Meter über dem Boden und nur von ein paar
Bambusstangen gehalten. Offenbar war durch Osmose Salzwasser durch die Fiberglashülle des Bootes gedrungen. Um
auf das Boot zu gelangen, musste man eine Ausziehleiter
hochkraxeln. Ein einsames Stromkabel versorgte Lampen
und Kühlschrank. Klimaanlage – Fehlanzeige!

Am nächsten Morgen kam ein quicklebendiger Trupp
chinesischer Arbeiter, die unter viel Rufen und Schreien Se-
geltuchplanen um das Schiff herum anbrachten und große
Gasöfen unter den Rumpf stellten, um diesen zu trocknen.
Ich war mehr als dankbar für die Brise vom Südchinesischen
Meer, die in der Nacht durch mein Kabinenfenster strich.

Durch Rob und Jenny lernte ich weitere außergewöhnliche
Menschen kennen. Eine war Jackie Pullinger, eine junge Aus-
landsbritin, die in dem berüchtigten Stadtteil Walled City auf
der Halbinsel Kowloon eine Arbeit unter Heroinsüchtigen
und Mitgliedern der »Triaden« (der chinesischen Mafia) begonnen hatte. Im frühen 19. Jahrhundert ein Fort und Piraten-
Wachposten, war dieses winzige, neben dem alten Flughafen
gelegene Stück Land nach der Abtretung Hongkongs an die
Briten 1842 bei China geblieben. Auf ganzen 0,026 Quadratkilometern wohnten hier 50 000 Menschen, was die Walled
City (laut dem Artikel »Kowloon Walled City« in Wikipedia)
zu dem möglicherweise am dichtesten besiedelten Ort der
Erde machte – 1,9 Millionen Einwohner pro Quadratkilome-
ter. Nach dem 2. Weltkrieg von den Chinesen aufgegeben,
wurde sie ein von Triadenbanden kontrolliertes gesetzloses
Gebiet – ein sicherer Hafen für illegale Geschäfte und organisierte Kriminalität, in den die Polizei sich nur ungern begab.

Rob und Jenny arrangierten für mich einen Rundgang mit
Jackie durch die Walled City. Wir gingen eine in dem Mor-

genlicht völlig normal aussehende Straße entlang. Plötzlich führte Jackie uns mehrere Stufen hinunter in einen dunklen Durchgang, der nur durch ein paar nackte Glühbirnen erleuchtet wurde, die ihren Strom aus illegalen Leitungen bezogen, die sich von Haus zu Haus schlängelten. Über uns ragten die verdreckten Mauern alter Mietskasernen. Eine Ratte huschte vorbei, in den Türeingängen saßen gesichtslose Männer. Hinter Schaukästen mit grotesken künstlichen Gebissen, die wie sprungbereite Spinnen aussahen, gingen nicht zugelassene Zahnärzte ihrem Handwerk nach. Hinter verschlossenen Türen hörte man das Dröhnen und Rattern von Heimarbeitsmaschinen.

Während wir durch dieses Labyrinth gingen, stellte Jackie mir eine bunte Mischung von Menschen vor: Triadenmitglieder, Heroinsüchtige, den Türsteher einer Opiumhöhle. Sie kannte sie alle; es waren die Bewohner der »City«. Schließlich kamen wir in einen kleinen, schwach erleuchteten Raum, den Jackie und ihre »Mädchen« von den Oberen dieses Viertels gemietet hatten. Dies war *der Brunnen*, eine Oase in einer geistlichen Wüste, wo die Menschen Liebe, Annahme und Hilfe finden konnten. Und viele kamen.

An diesem Nachmittag aßen wir zusammen mit mehreren Menschen, denen Jackie geholfen hatte, aus einem hoffnungslosen Leben der Sucht und des Verbrechens herauszukommen und einen Neuanfang zu machen.

Danach besuchten wir ein Zimmer, das hoch in einem Apartmentblock lag, der auf die Victoria-Bucht hinausging. Hier hausten hinter verschlossenen Türen an die zehn junge Männer, die mit Jackies Hilfe erst kürzlich von ihrer Heroinsucht frei geworden waren oder sich im Entzug befanden. Ich musterte flüchtig die bleichen Gesichter und verfaulten Zähne – Narben der Sucht. Aber die Augen – die Augen waren anders. Klar und hoffnungsvoll. Nein, der erste Schein trog; diese Männer waren anders.

Und dann eröffnete man mir, dass ich in dieser Wohnung übernachten sollte. Mein anderes Quartier stand nicht mehr zur Verfügung, aber ich durfte gerne die Nacht bei Jackie und »den Jungs« verbringen. Die einzige Bedingung: Ich wäre bis zum frühen Morgen eingesperrt.

Als ich mich an diesem Abend hinlegte, Pass und Reiseschecks sicher unter meinem Kopfkissen, fragte ich mich allen Ernstes, ob ich die Nacht überleben würde. In den Stunden nach Mitternacht saß ich (schlafen konnte ich nicht) neben Jackie, die betend bei einem jungen Mann wachte, der durch die Hölle des Komplettentzugs ging.

Am Morgen gab es ein Frühstück aus *congee* (Reisbrei) und chinesischem Tee und danach eine Andacht, die von Jackie gehalten wurde. Am Ende der Andacht beteten die jungen Männer für mich – jawohl, für mich! Es war eines der außergewöhnlichsten und bewegendsten Erlebnisse, die ich je gehabt habe.

Durch ihren Kontakt zu *St. Stephens*, wie Jackies Hilfswerk hieß, lernten Rob und Jenny die große Not der benachteiligten Menschen in Hongkong, besonders der Kinder, aus erster Hand kennen. »Oft sagten wir, dass es doch viele Familien gab, die ein bedürftiges Kind aufnehmen konnten«, berichtete Jenny. »Und Gott hörte das.«

Man fragte die beiden, ob sie ein vierjähriges Mädchen in Pflege nehmen konnten, dessen heroinsüchtige Mutter komplett durchgedreht war. Aus zwei Wochen wurden sechs Monate. Jackies Team konnte die Mutter schließlich aufspüren, die jedoch nicht in der Lage war, ihr Kind zurückzunehmen und Jackie bat, es zu behalten.

Damals lernten Rob und Jenny mehrere Personen kennen,

die sie sehr nachdenklich werden ließen: zwei ältere japanische Herren, die 1946 auf ihre US-Staatsbürgerschaft verzichtet hatten, um 39 Kriegswaisen adoptieren zu können, und eine auf einer Müllhalde in Manila lebende Witwe mit zwei Kindern, die einen ausgesetzten Jungen fand und ihn ohne Umschweife bei sich aufnahm.

Rob und Jenny beschlossen, ihr kleines Mädchen, das inzwischen fast fünf war, zu adoptieren. Anfangs stellte das Sozialamt sich quer, doch mithilfe eines Anwalts vor Ort konnten sie die Adoption schließlich durchsetzen.

Ihre eigenen Jungen, Mitchell und Caleb, waren jetzt 17 beziehungsweise 15 Jahre alt. Ihr neues kleines Mädchen sollte ein Geschwisterteil haben, das mehr in seinem Alter war. Wieder gingen sie zur Adoptionsabteilung des Sozialamtes. Jenny berichtet: »Wir wollten eigentlich ein etwas älteres Kind, drei Jahre oder mehr, aber die Adoptionsabteilung wählte Peter, der sechs Monate alt war. Seine Mutter war ganze 16 Jahre alt; er hatte eine ausgeprägte einseitige Gaumenspalte und war taub. Das Amt wollte eine ›medizinische‹ Familie für ihn und wir kamen da gerade recht. Es fand auch, dass unser Mädchen, das recht hart im Nehmen war, gegenüber einem Kind, das hilfsbedürftig war, sanfter werden würde. Das funktionierte tatsächlich; sie nahm ihren neuen Bruder sofort unter ihren Schutz und verkündete, dass sie den, ›der das gemacht hatte‹ (sie meinte das große Loch in seinem Gesicht) am liebsten ›verhauen‹ wollte. (Mit ihren fünf Jahren konnte sie angeborene Missbildungen noch nicht richtig einordnen.)«

In der Kinderklinik von Hongkong wurde Peter umfassend am Gesicht operiert. Es folgte eine Sprachtherapie. Heute ist er ein gesunder junger Mann; 2010 begann er in Tasmanien sein Ingenieurstudium.

1992 besuchte Nancy Steinkamp, die die Adoptionsagentur »Crown« leitete, Rob und Jenny, nachdem sie diverse Waisenhäuser in China besucht hatte. Sie berichtete von den Massen ungewollter Kinder in chinesischen Waisenhäusern – hauptsächlich eine Folge der staatlichen Ein-Kind-Politik. Jenny berichtet: »Was sie uns erzählte, erschütterte uns, und wir gründeten eine Crown-Filiale in Hongkong, um die Adoption von Kindern aus China zu erleichtern.« Im Laufe der nächsten sechs Jahre fanden sie ein neues Heim für etwa 60 chinesische Waisen, von denen viele eine Behinderung hatten.

1995 lud eine Provinz in Nordchina Jenny zur Zusammenarbeit mit ihrem Sozialamt ein. Sie besuchte dort ein Waisenhaus in Changun, einer Stadt mit bitterkalten Wintern (bis zu minus 40 Grad) und ebenso bitterer Armut. Sie erinnert sich, wie sie ein Paar sah, das auf einem Esel ritt, der gegen die beißende Kälte in Decken gehüllt war.

In diesem Waisenhaus lernte Jenny ein sechsjähriges Mädchen kennen. »Dieses Kind müssen Sie adoptieren«, sagte ihr eine Mitarbeiterin. Das Mädchen, das kein Englisch sprach, war vor fünf Jahren von einem Wanderarbeiter am Bahnhof der Stadt in einem Karton gefunden worden. Offenbar hatte man es ausgesetzt, nachdem bei einem leichten Unfall sein linkes Schienbein gebrochen war. Damals wusste noch niemand, dass das Mädchen an Typ-I-Neurofibromatose (Morbus Recklinghausen) litt, einer genetischen Störung, die zu Tumoren im Nervengewebe führt, die hässliche Beulen auf der Haut erzeugen, aber auch zum Beispiel auf benachbartes Knochengewebe drücken können, mit möglichen Missbildungen als Folge. Der Schienbeinbruch war nicht verheilt, sondern hatte ein Scheingelenk im Bein gebildet.

Jenny nannte das Mädchen »Holly«. Offenbar war Holly in dem Waisenhaus durch ein anderes Kind zu Christus geführt worden. Sie nannte Gott ihren »himmlischen Vater« und hatte begonnen, ihn um »eine irdische Mutter und einen irdischen Vater« zu bitten.

Das Adoptionsverfahren war kompliziert, aber letztlich erfolgreich. Hollys Bein konnte durch eine Operation sehr erfolgreich verlängert und stabilisiert werden. Heute ist sie eine wunderbare junge Dame, die in Sydney ein Hotelfachstudium macht.

1997 adoptierten Rob und Jenny ein weiteres Kind, die vier Jahre alte Esther, die aufgrund von Misshandlung und Vernachlässigung weder sprechen noch richtig laufen konnte. »Heute ist sie eine ganz gute Sportlerin«, sagt Jenny. »Und sie redet wie ein Wasserfall.«

Tiefe Wasser und stürmische Meere waren dieser jungen Familie nicht fremd. Aber nichts war so stürmisch wie das, was sie im Januar 2001 vor der Küste von Costa Rica erlebten.

Die *Bobby*, ein kanadischer Trawler mit Stahlrumpf, war der Nachfolger ihres Fiberglas-Hausboots *Far Horizons*. Jenny flog mit ihren vier kleinen Kindern nach Kanada, um das Boot zu übernehmen. Sie hatte ein Hochseepatent und wollte mit einer kleinen Mannschaft aus Freiwilligen das Schiff selbst nach Hongkong überführen. Auf dem Weg von Havanna (Kuba) nach Panama, pünktlich zu Beginn des neuen Jahrtausends um Mitternacht, fielen die Motoren aus.

»Die See war sehr rau, mit fünf bis sechs Meter hohen Wellen und 20 Knoten Windgeschwindigkeit«, berichtet Jenny. »Das Boot rollte heftig. Ein Mitglied der Besatzung schickte einen Alarmruf an die Schiffe in der Nähe ab, und wir drehten so bei, dass der Bug des Schiffes etwa 40 Grad zum Wind und den Wellen stand. Wir waren ungefähr 60 Seemeilen von der Isla de Providencia entfernt, einer traumhaft schönen Vulkaninsel vor der Küste von Costa Rica. Wir trieben mit dem Wind; als wir noch etwa 45 Seemeilen von der Insel entfernt waren, sprangen die Motoren wieder an. Im gleichen Augenblick gesellten sich zwei Delfine zu uns, die in Höhe der Ruderhausfenster auf der gleichen Welle ritten. Wir deuteten dies als Wink Gottes, dass wir in Sicherheit waren.«

Mithilfe eines anderen Schiffes kamen sie sicher an den Riffen vorbei und konnten im Schutz dieser schönen kleinen Insel vor Anker gehen. Die vier Kinder schliefen die ganze Zeit ungerührt oder sahen sich Filme an. Jenny wörtlich: »Wir beteten und dankten Gott für die Bewahrung auf der Reise.«

Einige Monate später wurden Holly, ihre beiden Schwestern Grace und Esther und ihr Bruder Peter in einer kleinen Kirche in West-Hongkong getauft. Eine Stunde vor der Taufe schrieben sie die »Sünden«, die ihnen bewusst waren, auf je ein Blatt Papier, das sie anschließend verbrannten; die Asche streuten sie vom Pier aus in das stille, klare Wasser der Clearwater-Bucht. Kein Auge blieb trocken, als Holly berichtete, was sie als sechsjähriges Mädchen in einem Waisenhaus in Nordchina gedacht hatte. »Wenn Gott mein himmlischer Vater ist«, sagte sie, »dann wird er mir bestimmt auch eine irdische Mutter und einen irdischen Vater geben.«

Diese vier Adoptivkinder waren alle unter den ungewöhnlichsten Umständen adoptiert worden. Alle wurden sie geliebt, alle hatten sie eine Zukunft.

Kürzlich habe ich Rob und Jenny, die heute in Australien wohnen, wieder einmal besucht. »Für mich«, sagte Jenny, »ist eine ganz wichtige Bibelstelle Sprüche 16,9: ›Ein Mensch kann seinen Weg planen, seine Schritte aber lenkt der Herr.‹ Man weiß nie, was als Nächstes kommen wird, und muss einfach bereit sein, sich ›mitnehmen zu lassen‹. Gott ändert sich nie;

er ist das einzig Konstante. Wenn ich das nicht wüsste, würde ich verrückt werden. Ich staune nur so, wie unsere Kinder eine Familie gegründet haben, als sie niemand hatten, und wie viel ich von ihnen gelernt habe. Ich glaube, ich habe ein so reiches Leben gehabt wie kaum ein Mensch, und oft frage ich mich, warum Gott das alles so geführt hat.«

»Gott ist nicht unser kosmischer Butler«, fügte Rob hinzu. »Er steht über allem und hat seine eigenen Pläne, die er durchzieht. Er lässt es zu, dass uns im Leben Böses geschieht, aber er hat immer ein Ziel dabei, auch wenn wir dies nicht sofort sehen können.«

Ich fragte Rob, was die größte Lektion war, die er von Gott gelernt hatte. Er erwiderte: »Dass ich mich nicht zu zersorgen brauche. Was er will, das *tut* er, ob mit oder ohne meine Hilfe.«[10]

Kapitel 8

Raus aus dem Alltag!

Meine Seele ist in diesem Augenblick tief traurig. Soll ich beten:
»Vater, bewahre mich vor dem, was vor mir liegt«?
Doch eben deshalb bin ich ja gekommen!
Vater, verherrliche deinen Namen.

Johannes 12,27-28

Ich begann allmählich zu begreifen, dass das Eingreifen Gottes in unser Leben aus unserem Alltag ein Abenteuer macht. Und dass wir uns entscheiden müssen, was wir wollen: Wollen wir weiter unseren eigenen Weg gehen oder wollen wir uns Gottes Willen öffnen und so seine Kraft in unserem Leben freisetzen?

In dem Film *August Rush* sagt ein junges Musikgenie, das alleine in New York lebt, dass die Musik überall um uns herum ist; wir müssen uns ihr nur öffnen ... und lauschen. So ist das auch mit Gott. Wir können ihn ignorieren oder wir können uns ihm und dem Plan, den er für unser Leben hat, öffnen. In der Hektik des heutigen Lebens ist es nur zu leicht wegzuhören, wenn Gott redet. Oder ihn gar nicht erst zu Wort kommen zu lassen.

Während meiner Ausbildung im Royal Prince Alfred Hospital war einer meiner Supervisoren Dr. Russell Clark. Russell machte keinen Hehl aus seinem christlichen Glauben – und lebte ihn im Alltag. Als sein Vertrag mit dem Royal Prince Alfred Hospital auslief, wurde er Chefarzt am United Christian Hospital in Kwan Tung (Hongkong).

Auf dem Weg nach China schaute ich oft bei Russell und seiner Frau, Kay, vorbei. Bei einem dieser Besuche hielt ich einen Vortrag vor seinen Klinikärzten. Anschließend aßen wir zu Mittag in einem nahe gelegenen Restaurant, wo ich die Spezialität der Region kennenlernte: ein großer Teller mit »Phoenix feet« (Hühnerfüßen) und frittierten ganzen Tauben. »Die Köpfe musst du ganz essen«, sagten meine Gastgeber. Während dieses Essens erzählte Russell eine Geschichte, die ich nicht mehr vergessen sollte. Bei den Vorarbeiten für dieses Buch bat ich ihn, sie noch einmal zu erzählen.

Russell berichtet: »Einmal brachte man eine junge Frau in unsere Notaufnahme, die schwanger und sehr elend war. Sie war die Frau eines meiner burmesischen Ärzte. Ihr Blut war sehr schlecht; sie hatte Anämie und Thrombozytenmangel. Dann bekam sie Brustschmerzen. Wir machten ein EKG; laut diesem EKG hatte sie einen Herzinfarkt. Wie um alles in der Welt bekam eine junge schwangere Asiatin einen Herzinfarkt?« Aber es kam noch schlimmer. Als Nächstes bekam die Patientin eine tiefe Venenthrombose, dann Blut im Urin. Russell diagnostizierte eine Thrombotisch-thrombozytopenische Purpura – eine vor allem bei jungen Frauen auftretende Krankheit, bei der es zu einer Verminderung der Zahl der Thrombozyten (Blutplättchen), zu Blutgerinnseln und zu Nervenschädigungen kommt.

»Wir bereiteten ihre Verlegung in die Uniklinik vor«, berichtet Russell weiter. »Aber bevor es so weit war, gab Gott mir einen Gedanken ein: Ich sollte für die völlige Genesung der Patientin beten.«

Das Leben dieser Frau war ohne Zweifel in Gefahr, aber Russell ging durch seine eigene – berufliche und religiöse – Krise. »Diese Patientin nahm mich innerlich sehr mit. Klar wollte ich, dass sie wieder gesund wurde. Aber einfach beten und glauben? Wir machten uns über die Heilungschancen von Schwangeren mit Thrombotisch-thrombozytopenischer Purpura kundig. Bis jetzt hatte es keine einzige Heilung gegeben.«

Gott sprach wieder zu Russell: »Ich will, dass du ihr sagst, dass sie gesund wird.« Russell wehrte sich. »Ich sagte Gott: ›Ich weiß nicht, ob ich das kann. Ich bin ein Arzt, und die Prognose ist nicht Heilung, sondern das Gegenteil. Ich muss an meine Berufsethik denken!‹«

Doch schließlich gehorchte Russell. »Am Samstagnachmittag ging ich zu der Patientin und sagte ihr: ›Ich muss Ihnen etwas sagen. Ich glaube, dass Gott Sie heilen wird. Ich bete dafür, und ich glaube, Gott wird mein Gebet erhören.‹ Und ich fing an zu glauben, dass die Frau wieder gesund würde. Als sie in der Uniklinik das Kind abtrieben, dachte ich: ›Wie können die nur? Die Frau wird doch gesund werden!‹«

Und sie wurde gesund. »Zum maßlosen Erstaunen aller«, berichtet Russell, »kam es zur vollständigen Genesung. Die Frau hat dann später mehrere gesunde Kinder bekommen.«

Heute ist Russell Arzt am Kilimanjaro Christian Medical Centre (KCMC) in Nordtansania. Bei einem Besuch in Sydney gab er mir bereitwillig Auskunft über sein Leben dort. Er lehnte sich in seinem Sessel zurück, nahm einen Schluck von seinem Earl Grey und überlegte. Dann holte er tief Luft und erzählte mir die Geschichte der Frauen, die er auf Station 2 behandelt. »Sehr viele von ihnen haben Aids und du sagst unwillkürlich: ›Gott, das ist nicht fair!‹ Da sind liebe Frauen, die Christinnen sind; sie sind ihren Ehemännern treu und führen ihr Leben ganz nach der Bibel. Doch dann macht der Mann einen Seitensprung und infiziert anschließend seine eigene Frau mit dem HI-Virus. Sie werden krank und sterben, und du stehst da und bist wütend, aber du kannst nichts machen.« Viele von Russells Patientinnen haben Aids in einem bereits fortgeschrittenen Stadium. Es ist ihnen irgendwie gelungen, das Geld für die Medikamente zusammenzusparen, aber es ist zu spät.

Er erzählte mir auch von einem jungen Mann namens Francis, der mit fortgeschrittenem Nierenversagen in die Klinik kam. »Er war ein netter junger Mann, ein Sozialarbeiter in einem Waisenhaus.« Francis war dem Tode nahe. Der Kreatininspiegel in seinem Blut, der bei Nierenversagen in die Höhe schießt, hatte einen extrem hohen Wert erreicht. Das Ärzteteam empfahl eine Bauchfelldialyse; hierbei wird eine Flüssigkeit in den Bauchraum geleitet, die die Giftstoffe aufnimmt, und anschließend wieder ausgeleitet. Russell musste improvisieren. »Der Kollege in der Klinik, der diese Art Dialyse macht, war gerade nicht da. Ich habe schließlich eine normale Kochsalzlösung mit 5 Prozent Dextrose verwendet. Wir haben ihm das Leben gerettet!«

Aber das war keine Dauerlösung. »Er bekam eine Bauchfellentzündung«, fuhr Russell fort, »und die Situation war dramatisch. Eine reiche Dame aus Moshi ließ ihn nach Nairobi verlegen.« Bei der Ankunft in dem Krankenhaus in Nairobi bekam Francis einen Herzstillstand. Die Ärzte konnten ihn reanimieren und nahmen eine Dialyse vor. Die Klinik stellte Francis daraufhin auf die sogenannte ambulante Bauchfelldialyse ein, die der Patient bei sich zu Hause machen kann, und schickte ihn zurück nach Moshi. Sein Bruder spendete eine Niere für eine Nierentransplantation; die Operation war erfolgreich und Francis erholte sich gut.

»Und dann haben sie ihn letzte Woche wieder eingeliefert ... tot!«, sagte Russell. »Wir haben mit Gott gekämpft. Warum hat Gott das zugelassen?«

Es war Russell gewesen, der mir 35 Jahre zuvor meinen Glauben an die Praxis der Medizin als anständigen Beruf, ja als eine Kunst, wiedergegeben hatte. Als blutbefleckter Assistenzarzt, der sich noch nicht ganz von den Strapazen eines allgemeinen chirurgischen Semesters erholt hatte, war ich unter seine Supervision gekommen. Ich hatte allen Ernstes vorgehabt, Chirurg zu werden, aber die drei Monate, in denen ich mit dem Wundspreizer gekämpft, Sterbende mit Antibiotika vollgepumpt und Eiter aus Dränagen gesaugt hatte, hatten mich umdenken lassen. Nein, die innere Medizin war eine viel attraktivere Alternative; Russell, als junger Arzt und Vertreter dieses Gebiets, verkörperte all das, was mich an der Medizin so anzog. Er war informiert und kompetent. Er war geduldig mit seinen Assistenzärzten und freundlich zu Patienten und Personal. Er hatte immer eine Anekdote parat und war erfrischend avantgardistisch – ein Renaissancemann der 1970er-Jahre.

Nach meiner Krankenhausausbildung hatte ich ihn aus den Augen verloren, bis auf eine kurze Begegnung in den 80er-Jahren während seiner Zeit in Hongkong als Chefarzt am United Christian Hospital. Dann hatte ich mitbekommen, dass er nach Sydney zurückgekehrt war, als er die Position des Leiters der geriatrischen Abteilung am St. Vincent Hospital übernahm. Ich weiß noch, wie er nach neuen Ufern strebte und mich fragte: »Was macht man als Missionar im Ruhestand?«

Jetzt war er also praktischer Arzt und Ausbildungsarzt am KCMC in Nordtansania. »Wie kommst du so zurecht?«, fragte ich ihn.

»Zurechtkommen? Ich muss Gott jeden Morgen sagen: ›Die Afrikaner wollen mich eigentlich nicht, ich bin ihnen lästig. Und sonst will mich auch keiner hier. Aber du, Gott, hast hier offensichtlich Arbeit für mich; bitte hilf mir.‹ Es gibt immer wieder Enttäuschungen. Patienten sterben plötzlich oder ich mache Fehler. Ja, manchmal mache ich Fehler! In der letzten Zeit bitte ich Gott darum, die richtige Balance zu finden zwischen Mitleid für die Leidenden und Professionalität.«

Dies war ein anderer Russell als der, den ich gekannt hatte. Nicht weniger kompetent und fähig, aber viel erfahrener und mit den Härten des wirklichen Lebens vertraut. Er hatte sich weit aus seiner Komfortzone hinausbegeben und erlebte tagtäglich die schwierigsten Situationen. Manchmal gab es Erfolgserlebnisse, manchmal nicht. Manchmal gab es klare Gebetserhörungen, manchmal nicht. Aber immer gab es Hoffnung.

Er nahm den nächsten Schluck von seinem Earl Grey und fuhr fort: »Ich möchte dir eine Geschichte erzählen, die es in sich hat. Wir haben jede Menge Patienten mit Herzklappenerkrankungen. Wir tun für sie, was wir können, aber viele brauchen eine Operation. Vor fünf Jahren beschloss die Regierung, solche Patienten nach Indien zu schicken, wo es gute chirurgische Teams gab. Ein junger Mann brauchte sehr dringend eine Herzklappenoperation. Er ging nach Daressalam (der zweitgrößten Stadt in Tansania) und sprach dort in dem Krankenhaus vor, einen Monat lang jeden Tag. Aber niemand setzte ihn auf die ›Indien-Liste‹.«

»Es war fast unerklärlich«, sagte Russell. »Er kam schließlich zu dem Schluss, dass er (er war Christ) eben früher zu Gott kommen sollte als die anderen. Anders ausgedrückt: Er würde vor seiner Zeit sterben.«

Doch dann wurde plötzlich alles anders. Man zitierte den jungen Mann ins KCMC und eröffnete ihm, dass er nächste Woche operiert wurde. Russell: »Offenbar hatte vor einem Jahr ein Herzchirurg, dessen Frau aus einer Missionarsfamilie in Tansania kam, unsere Klinik besucht und beschlossen, für einen zeitlich begrenzten Sondereinsatz ein zehn Personen starkes Herzoperations-Team aus Leesville (Florida) zu schicken. Das Team kam, zusammen mit einem ganzen Container an Geräten und Instrumenten, und führte zwei volle Wochen Herzoperationen durch. Die Gäste bezahlten alles selbst, die Klinik musste nichts zuschießen. Es war eine einzigartige Spende!«

Als ich Russell zuhörte, staunte ich immer mehr. Vor mir saß ein Mann, dessen Stärke immer das Planen, Prognostizieren und Kontrollieren gewesen war, die Entwicklung und Durchführung bewährter Strategien. Russell war ein Rationalist. Aber welchen Platz hatte der Rationalismus in seiner augenblicklichen Situation?

»Ich frage mich, ob meine größte Aufgabe darin besteht, die Studenten und Ärzte zu Rationalität aufzufordern«, sinnierte er. »Der Rationalismus ist ein Gottesgeschenk. Die Wissenschaft ist ein Gottesgeschenk. Wir sollten uns über diese Geschenke freuen und sie dankbar nutzen.« Russell hält nichts von reinen Vermutungen. »Wir brauchen für unser Handeln belegbare Gründe. Die jüngeren Ärzte sind aufgeschlossen, und das ist gut. Einige der älteren fühlen sich angegriffen. Es hat Enttäuschungen gegeben, aber ich scheine es gelernt zu haben, mit diesen Dingen richtig umzugehen.«

In Tansania trifft Russell auf Patienten mit neurologischen Konversionsstörungen (manchmal auch »hysterische Anfälle« genannt), wo solche Symptome wie Lähmungen ohne jegliche körperlichen Ursachen auftreten.

»Manchmal kommt es zu Schüttelkrämpfen. Wenn der Patient bewusstlos ist und auf keinerlei Schmerzstimulation reagiert, wird es heftig. Du untersuchst ihn – und findest nichts. Wir machen natürlich eine Lumbalpunktion und, wenn der

Patient das nötige Kleingeld hat, eine Computertomografie für rund 80 US-Dollar. Du ernährst ihn über eine Nasen-Magen-Sonde und irgendwann kommt er wieder zu sich. Eine junge Dame starb. Ihre Verwandten sagten, dass sie verflucht war. Aber ›Hysteriepatienten‹ sterben eigentlich nicht. Vielleicht hatte sie auch etwas ganz anderes gehabt. Sie war noch jung und es war wirklich hart.«

Die kulturellen Eigenarten machen die Diagnose nicht einfacher. Russell: »Die Menschen in unserer Gegend kennen sich in Gesundheitsfragen nur wenig aus. Sie wissen nicht, ob etwas ernst oder harmlos ist. Etwa zehn Symptome können sie richtig einordnen, dann ist Schluss. Eines dieser Symptome heißt ›Allgemeine Schwäche‹. Bei uns ist jeder schwach, vom Tetraplegiker, der an allen vier Gliedmaßen gelähmt ist, bis zu dem, der eben eine Woche im Bett gelegen hat. Der Zeitfaktor ist ein hoffnungsloses Unterfangen; jeder Patient ist seit etwa zwei Wochen krank. Die Leute können auch schwer sagen, wie stark oder milde ein Symptom – zum Beispiel Schmerzen oder Kurzatmigkeit – ist. Dafür kennen sie sich mit Herzklopfen aus. Ich nehme keine Krankengeschichten auf, aber ich muss die, die meine Ärzte mir liefern, durchgehen. Analytik ist nicht ihre Stärke und sie liefern bemerkenswert ähnliche Anamnesen. Bei uns hat praktisch jeder ›Schwäche und Herzklopfen‹, und das seit zwei Wochen.«

Ich verstand allmählich überhaupt nichts mehr. Was hatte Russell in diese Urwaldklinik geführt? Warum hatte er in Sydney eine sichere Stelle mit akademischem Niveau, die ihn hoch befriedigte, gegen diesen Job im Hinterland von Tansania, der ihm jeden Tag die nächste Dosis Frust und Gefahr brachte, getauscht? Die aggressivste Variante von Malaria war eine ständige Gefahr, nicht zu vergessen Aids und zahlreiche andere Infektionskrankheiten, die hier grassierten.

Zwei Wochen vergingen, bevor ich Russell wiedersah. Ich verbrachte die Zeit damit, über seine Worte nachzudenken und darüber zu beten, wo unser nächstes Gespräch uns hinführen würde. Was war der »Schlüssel« zu diesem Mann? Ich versuchte, möglichst unvoreingenommen in unser nächstes Treffen zu gehen. Was wollte Gott mir durch Russell sagen? Ich hatte absolut keine Ahnung.

Es war ein kühler, nieseliger Herbstabend, der Dienstag vor Ostern, als wir uns wieder trafen. Russell ließ sich in den alten Ledersessel fallen und begann. Möglicherweise spürte er meine Frustration, aber heute Abend hatte er etwas anderes auf Lager. Er nahm mich mit in sein letztes Jahr als Medizinstudent.

»Ich spürte, wie Gott mir sagte: ›Ich möchte nicht, dass du sonntags büffelst.‹ Aber ich hatte Ehrgeiz. Ich mache meinen Job gerne gut. Dies war mein letztes Studienjahr und ich musste auch sonntags lernen. ›Okay‹, sagte ich zu Gott, ›wenn du's nicht willst, lasse ich es eben.‹ Ich wurde der Zweitbeste im Studienjahr und der Sechste in Chirurgie.« Er zeigte mir sein Jahrbuch. »Das war echt ein Ding! So gut war ich noch nie gewesen ...«

»Und was hast du daraus gelernt?«, fragte ich.

»Dass man dann, wenn man den Eindruck hat, dass Gott zu einem redet, gehorchen sollte.«

1970 wurde Russell als junger Assistenzarzt in die verschiedenen Abteilungen des Royal Prince Alfred Hospitals (RPA) in Sydney geschickt. Im September machte er sein Royal Australasian College of Physicians-Examen. Da er sich angesichts seiner vielen Pflichten nicht hatte vorbereiten können, fiel er durch. Das bedeutete: keine Anstellung in der Gastroenterologie (Abteilung für Magen- und Darmkrankheiten) am RPA. Nachdem er das Examen nachgeholt hatte, entschied er sich nach Rücksprache mit seinem Mentor, Professor John Reid, für eine andere, bessere Lösung. Zusammen mit seiner Frau Kay ging er nach Großbritannien, um bei Dr. Roger Williams in der Leberabteilung des King's College Hospitals in London zu arbeiten.

Sein letzter Einsatz am RPA, bevor er nach London flog, war die psychiatrische Station. Er berichtet: »Niemand sagt dir, was du machen sollst. Du verbringst viel Zeit damit, einfach mit den Patienten zu reden. Ich hatte eine Hysteriepatientin mit Torticollis (schmerzhaften Nackenkrämpfen). Ich sollte herausfinden, was für psychiatrische Probleme die Ursache waren, aber ich konnte nichts finden! Dann – ich erinnere mich noch gut – merkte ich, wie Gott mir sagte: ›Ich will, dass du für die Genesung dieser Frau betest. Du sollst laut dafür beten, dass sie gesund wird, bevor sie am Montag wieder zu dir kommt. Und du sollst fest glauben, dass das auch geschehen wird, wenn du das betest.‹ Ich antwortete Gott: ›Aber das ist doch keine richtige Krankheit. Das ist ein dummes Gebet, das will ich nicht!‹ Den ganzen Freitagabend und Samstag kämpfte ich mit Gott. Am Samstagabend gegen 21.00 Uhr kapitulierte ich und sagte: ›Okay, Gott.‹ Und ich betete.«

Als die Frau am Montagmorgen in seine Sprechstunde kam, war ihr Nacken gerade! »Ich fragte sie, wann er gerade geworden war, und sie antwortete: ›Samstagabend.‹ Was sollte ich hier lernen? Ich glaube, Gott wollte mir sagen, dass ich ihm vertrauen konnte. Dass ich das Examen nicht sofort bestanden und nicht den Posten am RPA bekommen hatte, bedeutete nicht, dass Gott mich nicht führte. Er gab mir neue Anweisungen.«

In den 1980er-Jahren griff Gott erneut in Russells Leben ein, während er am United Christian Hospital in Hongkong tätig war. Das Leben war gut. Russells dienstliche Pflichten waren eine glückliche Kombination aus Lehre und klinischer Medizin. Für Patienten mit Nierenversagen hatte er die ambulante Bauchfelldialyse eingeführt, die diese zu Hause selbst durchführen konnten. Viele dieser Menschen gehörten zu den Armen von Hongkong – Lastwagenfahrer, einfache Arbeiter, Arbeitslose. Mit der Bauchfelldialyse konnten sie wieder leben und ihr Brot verdienen.

»Es ging mir bestens«, erzählt Russell. »Aber Kay und ich fanden, dass wir wegen der Schulausbildung der Kinder zurück nach Australien sollten. Die Oberen in Sydney interessierten sich für mich, aber versprachen nichts. Gab es offene Stellen? Nein, sie waren sogar dabei, Kliniken zu schließen. Es war mir nur zu klar, dass ich ein Allgemeinarzt ohne Erfahrungen in Verwaltungstätigkeiten war.«

Irgendjemand empfahl Russell die Geriatrie als Disziplin, die Zukunft hatte. Nun, in Geriatrie hatte er einige Erfahrung, wenn auch keine formelle Ausbildung. Als er in Hongkong angekommen war, hatte das United Christian Hospital gerade eine geriatrische Abteilung eingerichtet. »Gott fügte es so, dass ein englischer Arzt, der eine Woche vor mir eingetroffen war, in der Geriatrie gearbeitet hatte«, berichtet Russell. »Gemeinsam bauten wir die erste geriatrische Station im Fernen Osten auf, die ich zehn Jahre lang leitete.«

Aber dass seine Familie ein Heim in Australien bekam, wurde immer dringender. »Es war mein ernstes Gebet, dass Gott uns eine Lösung schenken sollte.«

Etwa um diese Zeit wurde die schwangere junge Frau mit Thrombotisch-thrombozytopenischer Purpura eingeliefert, einer Diagnose, die noch keine Schwangere überlebt hatte. Gott brachte Russell damals nicht nur dazu, für die Heilung der

Patientin zu beten, er sagte ihm auch: »Dies wird ein Zeichen sein, dass es für dich eine Stelle in Sydney gibt.« Die beiden Dinge waren miteinander verbunden: Wenn Russell betete und glaubte, würde er eine Arbeit in Sydney bekommen. Was im Umkehrschluss bedeutete: keine Heilung – keine Stelle.

Russell gehorchte Gott und die Patientin wurde, zur Überraschung und Freude aller, völlig gesund.

Russell weiter: »Danach machten wir einen Familienurlaub auf der Insel Lantau. Ich musste für einen Tag zurück, um einen meiner Ärzte zu verabschieden.« In der Klinik fand Russell einen Brief aus Sydney vor. Der Inhalt: Die Anzeigenseiten des Medical Journal of Australia und ein Zettel mit der Notiz: »Wäre das etwas für dich?«

»Ich schlug die Anzeigen auf und da war es: Sie suchten einen Leiter für die Geriatrie am St. Vincent Hospital in Sydney.« Der Einsendeschluss für Bewerbungen war noch in derselben Woche, aber um 5.00 Uhr am nächsten Morgen sollte Russell nach Lantau zurückkehren. »Ich hatte nicht die Zeit, einen kompletten Lebenslauf zu verfassen. Ich schrieb also einen kurzen Brief, dass ich mich für die Stelle interessierte und die nötigen Unterlagen gerne nachreichen würde. Der Rest ist Geschichte.«

Russell wurde Leiter der Geriatrie am St. Vincent Hospital. Er behielt diese Position zehn Jahre lang. Im September 1995 dachten er und Kay wieder an eine Arbeit in der Mission – ein Traum, den sie durch die Schulausbildung ihrer vier Kinder lange hatten auf Eis legen müssen. »Aber am schwierigsten war Kays Brustkrebs«, sagt Russell. »Zwei Jahre lang habe ich praktisch nur gebetet. Was ich auch gerade machte, ich betete und machte mir Sorgen.«

Im Januar 1996 sprach Gott erneut zu Russell. »Er sagte mir innerlich: ›Vertraue mir. Wenn Kay in fünf Jahren noch lebt, wird dies das Zeichen sein, dass ihr wieder aufs Missionsfeld sollt. Vertraue mir!‹ Ich war da nicht so sicher. Ich hatte die innere Überzeugung gehabt, dass Gott die Patientin mit der Thrombotisch-thrombozytopenischen Purpura heilen würde. Aber Kay? Aber ich glaubte, dass, was auch geschehen würde, Gott es richtig machen würde.«

Kay rechnete damit zu sterben. »Sie sagte gerne: ›Wenn wir uns jetzt nicht die Olympischen Spiele ansehen, wann dann? Bei den nächsten werde ich nicht mehr hier sein.‹ Ihre Krebsstrategie war, dass sie sich auf den Tod vorbereitete. Ihr half das, mir weniger.«

Fünf Jahre vergingen und es ging Kay gut. Sie und Russell erinnerten sich an Gottes Worte: »Dies wird das Zeichen sein, dass ihr wieder aufs Missionsfeld sollt.« Es dämmerte Russell, was dies konkret bedeutete. Er würde seine Stelle kündigen müssen. »In meinem Alter würde ich nicht noch einmal eine Facharztstelle in einem Krankenhaus bekommen; der Typ für eine Privatpraxis bin ich nicht. Und was, wenn Kays Krebs zurückkam? Aber Gott hatte ›fünf Jahre‹ gesagt und ich vertraute ihm. Ich musste also meine Kündigung einreichen, was ich auch tat.«

Russell wie Kay waren Akademiker. Sie brauchten eine Lösung, bei der beide einer sinnvollen Tätigkeit nachgingen. »Das war kein kleines Problem!«, sagte Russell. »Ein Geriatriker und eine ordinierte Diakonin!« Aber er hatte über die Geriatrie Beziehungen zu China und war bereits zweimal in Beijing gewesen. Gemeinsam suchten sie nach einer Tätigkeit, bei der sie von Hongkong aus missionarisch in China tätig sein konnten. Sie fühlten sich in Hongkong wohl.

Sie bekamen eine Stelle und eine Wohnung in Hongkong. Aber dann gab es Probleme mit den Visa. »Die Behörden wollten keine vollzeittätigen Ärzte aus dem Ausland. Teilzeit ging, aber damit hätten wir uns die Wohnung nicht leisten können. Und die Anglikanische Kirche von Hongkong, die Kay eigentlich hatte einstellen wollen, machte einen Rückzieher. Damit waren alle Türen zu und wir dachten: ›Gott, was machst du da mit uns?‹«

Dann kam eine Besucherin aus Südwestchina nach Sydney. »Sie war eine chinesisch-amerikanische Untergrundchristin, die in Kunming wohnte. Sie fragte bei der Church Missionary Society an, ob sie Leute kannte, die bereit waren, nach China zu gehen. Sie wollte, dass ich ging. Ich bekam es mit der Angst zu tun. Mein Chinesisch war nicht das beste, und ich konnte mir nicht vorstellen, ohne eine ›richtige‹ christliche Gemeinde über die Runden zu kommen. Was sollte ich dort in China überhaupt machen? Krankenhausarzt sein sicher nicht. Und was sollte Kay machen? Doch andererseits: China war dabei, anders zu werden, die Regierung bemühte sich, prowestlich zu sein. War dies nicht eine Gelegenheit, der wachsenden Kirche in China zu helfen?«

Für Russell war dies eine sehr schwierige Zeit. »Gott zeigte mir, wie es dort in China wirklich sein würde. Ich musste erkennen, dass die Pläne, die ich da für mich hatte, wahrscheinlich nicht seine waren. Schließlich sagte die Chinesin: ›Ich glaube, wir haben keinen Posten für Sie.‹ Damit war für uns das Kapitel China beendet und Gott konnte uns neue Wege führen.«

Diese Schlüsselereignisse und Weichenstellungen in Russells Leben hatte er sich nicht ausgesucht, sie waren einfach da. Wenn wir Christen werden, treten wir in eine Beziehung zu Gott ein, und diese Beziehung ist keine Einbahnstraße. Wir haben unsere Pläne und Ziele, aber Gott hat auch seine Pläne und Ziele. Gott hat etwas mit uns vor. Wenn er in unser Leben eingreift, erweitert er oft unseren Horizont.

Gott stellte Russell auf den Gebieten infrage, die er als seine persönlichen Stärken betrachtete: sein Kampfgeist, sein klinisches Know-how, seine Professionalität und seine Sicherheit. Jeder von uns hat bestimmte Stärken, natürliche Gaben und erlernte Fähigkeiten – »Talente«, wenn wir so wollen. Und es ist richtig, dass wir diese Talente einsetzen und praktizieren. Aber sie können nicht nur Stärken sein; sie können auch zu Hemmschuhen werden.

Wir können uns so sehr auf diese Gaben und Talente verlassen, dass sie unser Fortkommen und Wachsen behindern. Ihr wahres Potenzial verwirklichen können wir erst dann, wenn wir sie Gott in einem Akt des glaubenden Vertrauens hinlegen. Ich habe in meinem Leben erfahren, dass dies der Punkt ist, wo Gott handelt und unsere Gaben durch seine Kraft ergänzt und vergrößert, sodass aus uns, aus unseren Verwandten und (noch wichtiger) aus unseren Mitmenschen mehr werden kann. Gott fragt nicht so sehr danach, wie »gut« wir sind, sondern wie bereit wir sind.

Russell und Kay sind zurück nach Tansania geflogen, zu ihrem vielleicht letzten Diensteinsatz dort. Russell wird seine Pflichten als Arzt am KCMC wiederaufnehmen, Kay ihre Lehrtätigkeit am Munguishi Christian Training Centre, wo sie junge Pastoren und Evangelisten ausbildet. Ja, Gott hatte einen Platz für einen Geriatriker und eine ordinierte Diakonin ...

Ihre gegenwärtige Tätigkeit ist die, auf die sie sich ihr ganzes Leben lang vorbereitet haben. Es gibt viel zu lernen und eine Menge zu tun. Russell hat Pläne für ein Ausbildungskrankenhaus und würde gerne die vielen Patienten mit chronischem Nierenversagen, die sonst elend sterben würden, zu erschwinglichen Preisen mit der ambulanten

Bauchfelldialyse versorgen. Er und Kay haben die feste Gewissheit, dass man ein dreifaches Seil kaum zerreißen kann (Prediger 4,12). Mit Gott als Partner werden sie es schaffen.

Kapitel 9

Neue Horizonte, tiefere Wasser

Das nächste Land ist sieben Kilometer entfernt ... nach unten.

Der Kapitän der Marina Svetaeva

1986 trat ich nach langem Überlegen von meinem Posten als Leiter der Abteilung für Nuklearmedizin und Ultraschall am Westmead Hospital, den ich zehn Jahre lang ausgefüllt hatte, zurück. Freunde fragten mich, ob ich wusste, was ich da tat. »Hier kannst du doch den Rest deines Lebens bleiben«, sagten sie. »Warum willst du das alles einfach aufgeben: das Gehalt, den Kündigungsschutz, die exzellenten Aussichten, die angesparten Überstunden?«

Aber Gott sagte mir, dass es Zeit für etwas Neues war. Ich war ein Bauarbeiter und kein Grundbesitzer. Mein Projekt in Westmead war fertig. Entweder würde ich den Rest meines Berufslebens damit verbringen, es zu verteidigen, oder zu neuen Ufern aufbrechen. Siebzig Fachartikel in Zeitschriften hatte ich geschrieben. Brauchte ich wirklich noch einmal siebzig?

Mein Plan war, das öffentliche Gesundheitssystem zu verlassen und eine Privatpraxis zu eröffnen. Das würde mir mehr Freiheit für die Arbeit in China geben. Meine Entscheidung wurde dadurch beschleunigt, dass unser Krankenhaus mit der sprunghaft ansteigenden Zahl von Patienten aus West-Sydney nicht mehr fertig wurde. Gelder zur Vergrößerung der Abteilung waren im Budget nicht vorgesehen und von einer Kooperation mit einer Privatpraxis wollte die damals stramm pro Labour Party eingestellte Klinikleitung nichts wissen. So beschloss ich, zusammen mit meinem Geschäftspartner in dem Ärztehaus direkt gegenüber dem Westmead Hospital, auf der anderen Straßenseite, eine Praxis zu eröffnen.

An meinem letzten Tag im Westmead bekam ich im Sitzungszimmer von Vorstand und Kollegen eine Goldmedaille überreicht, nach einem Glas trockenem Weißwein und den in der Klinik bei Feierlichkeiten aller Art obligatorischen »reitenden Teufeln« (in Schinkenspeck gewickelte Dörrpflaumen). Danach ging ich ein letztes Mal in mein Büro, schaute, ob ich auch keine persönlichen Sachen liegen gelassen hatte, und ging, die schwere Tür hinter mir schließend. Ich musste an die Worte eines Freundes denken, der Bauer war: »Junge, was macht ein Bauer, wenn er ein Feld verlässt? Er schließt das Tor.« Jetzt gab es kein Zurück mehr.

Am nächsten Tag saß ich in diversen Wartezimmern, blätterte in zerlesenen Illustrierten und wartete darauf, dem nächsten Kollegen die Hand zu schütteln und ihm zu erklären, dass ich eine neue Praxis eröffnet hatte und er gerne Patienten an mich überweisen durfte. Schon bald merkte ich, dass ich mehr als meine Position im Westmead Hospital verloren hatte. Ich hatte keinen Titel, konnte nicht mehr kommen und gehen, wann ich das wollte; anstatt eines Budgets hatte ich mein Bankkonto. Was mich besonders überraschte (und ärgerte), war, dass ich plötzlich viel weniger zu Vorträgen eingeladen wurde. Meine berufliche Identität schien sich über Nacht in Luft aufgelöst zu haben. Gott war dabei, mir eine der wichtigsten Lektionen meines Lebens zu erteilen.

Nach der ersten Woche fragte ich mich ernsthaft, ob es richtig gewesen war, in der Klinik zu kündigen. Die Vergangenheit lag hinter mir, die Zukunft lag im Nebel und die Gegenwart im Argen (unser Haus war in Gefahr). Ich hatte alle Sicherheit der Welt gehabt – und jetzt hatte sich mein Sicherheitsnetz innerhalb weniger Tage in nichts aufgelöst.

Dann hörte ich, dass ein christlicher Vortragsredner aus Amerika, Jack Hayford, ein paar Tage in Sydney wäre. Etwas in mir sagte mir, dass ich mir diesen Mann anhören musste.

Jahrelang hatte ich Gott gebeten, mir geistliche Augen und Ohren zu geben, um seinen Willen zu erkennen. An diesem Abend sagte Jack: »Ich möchte, dass ihr seht, dass wir als Christen bereits geistliche Augen und Ohren *haben*. Was wir heute Abend machen wollen, ist, Gott zu bitten, sie zu öffnen.« Auf seine Einladung hin stand ich zusammen mit etlichen anderen auf und stimmte stumm in ein gemeinsames Gebet ein. Dann geschah etwas Wunderbares. Plötzlich sprach Gott innerlich zu mir. Ich wusste, dass es Gott war. Und was er mir sagte, war ganz einfach: »Du bist Ernest Crocker, das sehr geliebte Kind Gottes des Vaters.«

Diese einfache, aber tiefe Wahrheit wurde von diesem Abend an zu einer Realität in meinem Leben. Sie ersetzte all die Nebenidentitäten, die Menschen mir gegeben und auf die ich mich selbst berufen hatte. Sie hat mich durch 25 Jahre der Privatpraxisarbeit wunderbar hindurchgetragen und mir glasklar gezeigt, wer und wo ich bin: in einer fortdauernden Beziehung zu Gott, dem Vater.

Diese Identität ließ in mir ein tieferes Verständnis des Wesens Gottes wachsen. Als Kind hatte ich ihn als Jesus gekannt. Als junger Arzt hatte ich seine Gegenwart als den Heiligen Geist erfahren, der Macht hatte zu heilen und der mein Fürsprecher und Helfer war. Jetzt lernte ich ihn auch als Vater kennen. Dies führte in meinem persönlichen und beruflichen Leben zu einer neuen Beziehung zu Gott. Gott wurde mein stiller Teilhaber, der in jeder dienstlichen Besprechung und in meiner kompletten ärztlichen Arbeit dabei war. Wenn ich Erfolge erlebte, freute ich mich mit ihm. Wenn Entscheidungen zu treffen waren, war er mein Ratgeber. Wenn ein Tag schlecht war, gab er mir Kraft.

Und es gab manche schlechte Tage ...

»Ich hoffe, du sitzt im Moment«, sagte die Stimme meines Partners. »Ich muss dir etwas mitteilen.«

Ich setzte mich auf das Bett, das hinter mir stand, und drückte das Telefon an mein Ohr. Was würde jetzt kommen?

»In unserer Praxis hat es einen Mord gegeben. Aber mach dir keine Sorgen, es ist alles unter Kontrolle.«

Es war im November 1992. Ich machte nach einer Konferenz in Innsbruck in London Station und hatte beschlossen, in meinem Hotelzimmer meinen Partner anzurufen, um zu hören, was es Neues gab.

Einer unserer Psychiater war im Wartezimmer von einem seiner Patienten angesprochen worden. Es war zu einem Wortwechsel gekommen. Dann hatte der Patient eine selbst gebastelte Machete aus seiner Jacke gezogen und den Arzt vor den Augen der Patienten und des Personals getötet, worauf er hinaus zu seinem Auto spazierte und nach Hause an die Küste von New South Wales gefahren war. Ein geistesgegenwärtiger Patient hatte seine Autonummer aufgeschrieben und er war kurz darauf verhaftet worden.

Als ich zurück nach Hause kam, herrschte in der Praxis das Chaos. Patienten erschienen nicht zu ihrem Termin, die Mitarbeiter machten bedrückte Mienen. Jeden Abend kam im Fernsehen das Neueste über den Mordfall. Die Passanten draußen zeigten flüsternd zu unseren Fenstern hoch. Die ganze Atmosphäre in der Praxis war anders geworden. Über den Räumen schien eine schwarze Dunstwolke zu liegen. Niemand mochte in ihnen allein sein, vor allem früh am Morgen und nach Einbruch der Dunkelheit. Mehrere Mitarbeiter bekamen Gürtelrose und eine grippeähnliche Krankheit plagte sie bis weit ins Jahr 1993 hinein.

Weder Putzen noch ein neuer Teppich, weder Mitarbeiteressen noch Aussprachen schienen zu helfen. Ich kam schließlich zu dem Schluss, dass es sich hier vielleicht um ein geistliches Problem handelte. Ich rief zwei Freunde an. Peter Irvine ist ein alter Freund von mir und Mitgründer von Gloria Jeans Coffees International. Zahir Ahmed, ein Pastor aus unserer Gegend, ist ein bekehrter Muslim. Wir nahmen uns vor, uns an einem Abend nach Dienstschluss in der Praxis zu treffen und für die Räume in ihr zu beten.

Es war gegen 19.00 Uhr an einem Mittwochabend im Winter 1993, als Peter und ich uns auf der Straße vor der Praxis trafen. Die Fenster waren dunkel und ich hatte ein denkbar ungutes Gefühl. Wir gingen hinein und blieben in dem leeren Wartezimmer stehen, wo der Mord geschehen war. Es war still und die Dunkelheit in den Fluren und Räumen war irgendwie unheimlich. Dann klopfte es an die Tür. Es war Zahir. Aber er war nicht allein; er hatte seinen kompletten Filipino-Hausbibelkreis mitgebracht, der sich mittwochabends traf. Das hatten wir nicht ausgemacht!

Sie strömten herein, Babys und Gitarren in den Armen. Bald spielten Kleinkinder dort, wo die Leiche gelegen hatte, unbekümmert miteinander, während die Erwachsenen zum Klang der Gitarren laut sangen und klatschten. Die Gebete waren spontan, nicht vorformuliert-feierlich. Und dann ... geschah es. Ich spürte, wie die Kälte und Schwere sich hob und verschwand und an ihre Stelle eine geradezu spürbare Wärme kam, ein Gefühl des Friedens und Wohlbehagens.

Wir alle merkten, was da geschah. Die Leute aus dem Bibel-kreis begannen, Gott zu loben und zu preisen. Sie gingen in die verschiedenen Räume der Praxis, dann gingen sie nach draußen und zogen vor den erstaunten Nachbarn betend und dankend um das Gebäude herum.

Die Praxis war wie umgewandelt. Es kamen mehr Patien-ten, die Mitarbeiter blieben gesund, und die lähmende At-mosphäre der Angst, die das Haus buchstäblich heimgesucht hatte, kam nie wieder.

Es passiert uns nicht selten im Leben, dass das Wasser tief wird. Wie auf einer Antarktis-Kreuzfahrt vor Kurzem. Wir hatten gerade Kap Adare verlassen und fuhren nach Süden in das Ross-Meer hinein, als ich hörte, wie eine Passagierin den russischen Kapitän fragte, wie weit wir gerade vom Land entfernt waren. »Sieben Kilometer, Madame«, knurrte er. »Von hier aus nach unten.«

Nur wenige Tage später befanden wir uns in einem Sturm der Windstärke 10. Die gefrorene Gischt legte sich wie ein Eispanzer auf das Schiff. Eisige Wasserberge krachten auf die Brücke herab, große Eisstücke polterten gegen den Rumpf. Zwei australische Piloten versuchten hektisch, die beiden Hubschrauber festzuzurren. Gegen den Rat der Besatzung stand ich auf der Leeseite, die Reling fest umklammert. Es war seltsam, aber ich hatte keine Angst, obwohl das Meerwasser minus 2 Grad hatte und ein Sturz über Bord tödlich gewesen wäre. Aber dieses Naturspektakel hatte seine eigene wilde Schönheit und ich wollte keine Sekunde davon missen.

Oft finden wir die größten Schätze im tiefsten Wasser.

»Fahre hinaus, wo es tief ist, und werft eure Netze zum Fang aus!«, befahl Jesus Simon Petrus (Lukas 5,4; LUT) – und sie machten einen Fang, dass die Netze reißen wollten. Wir verbringen einen Großteil unseres Lebens im flachen Wasser, planschen nach Antworten herum, und alles, was geschieht, ist, dass wir nass werden. Aber wenn wir uns (ob nun absichtlich oder weil es sich so ergibt) ins tiefe Wasser hinauswagen, finden wir uns in einer Lage wieder, wo wir uns jemandem anvertrauen müssen. Wenn dieser Jemand Gott ist, wird er uns nicht nur bewahren, sondern wir werden auch einen Reichtum im Leben entdecken, den wir uns nicht im Traum hätten vorstellen können.

Wenn wir Christus in unser Leben einladen, gibt Gott uns so viel Glauben, wie wir benötigen, um unser zielloses Umherirren aufzugeben und seine Gegenwart und den wunderbaren Plan, den er für unser Leben hat, zu erfahren.

Es kann sein, dass Gott uns Wege führt, die wir uns nie ausgesucht hätten und die uns in Situationen versetzen, die unseren Glauben auf die Probe stellen, aber die uns letztlich seinen Frieden erleben lassen. Oder Gott errettet uns von gefährlichen Wegen, auf die wir aus freien Stücken oder aufgrund der Umstände geraten sind und die uns, wären wir sie weitergegangen, in schlimme Situationen geführt hätten. Er kann uns leiten, lehren und helfen, unsere Last zu tragen.

Ob wir uns auf den Plan einlassen können, den Gott für unser Leben hat, hängt davon ab, ob wir seine Einladung annehmen. Ob wir seinen Frieden erfahren, hängt davon ab, ob wir bereit sind, uns vollständig in seine Hand zu geben und ihn in und durch uns leben zu lassen. Dieser *Friede* bedeutet, wohlgemerkt, nicht Rückzug oder Resignation, auch nicht die Abwesenheit von äußeren Gefahren oder inneren Konflikten, sondern er bedeutet, dass wir jeder Situation gewachsen sind, weil Gott in uns wohnt.

So ist es bei etlichen meiner Freunde gewesen, die Mediziner und Christen sind. In jeder Situation hat Gott ihnen genau das gegeben, was sie brauchten. Er war ihnen eine feste Burg, in deren Schutz sie fröhlich sein konnten. In dem jetzt folgenden Teil dieses Buches finden Sie Berichte von Ärzten, die Situationen erlebten, die sie nie erwartet, geschweige denn gesucht hätten. Viele von ihnen waren in Lebensgefahr. Aber jedes Mal war Gott treu. Jedes Mal führte er den Betreffenden weiter, Schritt für Schritt – manchmal aus den absoluten Tiefen der Entmutigung und Verzweiflung zu dem festen Felsengrund seines Friedens.

Ich injizierte das Dipyridamol in den Arm des Patienten.
Sein Blutdruck sank und sein Herzschlag wurde schneller,
ganz wie erwartet.
»Sie wissen, dass ich vor zwei Wochen
einen Infarkt gehabt habe?«
»Ja«, sagte ich.
Er fuhr fort: »Als ich in der Notaufnahme lag,
ist Christus zu mir gekommen und hat die Arme um mich gelegt.
In diesem Augenblick wusste ich, dass er mich liebt.«
Er hielt inne. Seine Augen wurden voll von Tränen.
»Herr Doktor, früher hab ich an ihn geglaubt.
Jetzt kenne ich ihn.«

Kapitel 10

Jesus kennenlernen

Doch ich vertraue auf dich, Herr, und sage:
»Du bist mein Gott!«
Meine Zukunft liegt in deinen Händen.

Psalm 31,15-16a

Hier war es passiert. Die Sonne fiel zwischen den Wänden der Wohnhochhäuser hinab auf ein einsames Polizeiauto, das entlang der Hochwasserlinie seinen Weg fuhr. Schilder warnten davor, das Wasser zu betreten: *Stechquallen! Schwimmen verboten!* Mehrere Jogger kamen vorbei, als ich den nassen Sand entlangwanderte und an das zurückdachte, was gerade hier im Sommer 1972 passiert war.

Dr. Bob Batey hatte das jährliche Wissenschaftlertreffen der Australian Society for Medical Research (Australische Gesellschaft für medizinische Forschung) an der australischen Goldküste besucht. Ich war damals sein Assistenzarzt in der Abteilung für klinische Forschung des Royal Prince Alfred Hospitals.

Es war die Nacht des Konferenzdinners. Der Abend war gut gewesen, und irgendjemand schlug vor, eine Runde im Meer zu schwimmen. Als sie zum Strand hinuntergingen, sagte Marcus, einer von Bobs Kollegen: »Kann bitte jemand meine Sachen morgen früh mit in das Flugzeug nach Sydney nehmen, falls ich nicht zurückkomme?« Es war ein seltsamer Satz. Und ein fatal prophetischer.

22.30 Uhr. Die Luft war warm, das Wasser einladend. Eigentlich eine ganz normale Nacht. Kein Wind, die See ruhig. Bob stand bis zu den Knien im Wasser, die Wellen umspielten seine Beine. Dann war urplötzlich der Sand unter seinen Füßen weg, er war im tiefen Wasser und konnte nicht mehr zurück. Eine Strömung hatte die Sandbank weggespült. Bob und seine Freunde waren dabei, ins offene Meer hinausgetragen zu werden.

Bob wusste, dass es falsch war, gegen den Strom zu schwimmen. Aber was sollte er machen? Er musste zurück ans Ufer! Doch je fester er schwamm, desto weiter riss die Strömung ihn hinaus. Es war stockdunkel, bis auf die kleiner werdenden Lichter von Surfers Paradise.

Der Tod durch Ertrinken schien unvermeidlich. Bob betete verzweifelt um Hilfe, aber nichts geschah. Er merkte, wie er vor Kälte zitterte und seine Kräfte erlahmten. »So ist das also, wenn man ertrinkt«, dachte er. Er erinnert sich, wie er gleichsam probeweise kurz den Kopf in das dunkle Wasser steckte. »Ich wusste, dass es sich nur noch um Minuten handeln konnte.«

Dann, als alles verloren erschien, hörte er, wie von irgendwo ein Mann auf einem Surfbrett rief. Es war ein Kollege vom Royal Prince Alfred Hospital – der Stationsarzt für Neurologie –, dem es gerade gelungen war, ein anderes Mitglied der Abendgesellschaft, eine junge Frau, auf sein Brett zu ziehen. Aber es war kein Platz für noch jemand. Der Kollege packte Bob mit der einen Hand und konnte ihn so Richtung Strand ziehen. Doch zum Schluss musste er ihn loslassen. »Jetzt bist du dran, Bob! Schwimm!« Mithilfe mehrerer großer Wellen konnte Bob den Strand erreichen, wo er unsanft auf den Sand prallte. Einer der Professoren, die das Drama mitverfolgt hatten, kam ihm zu Hilfe. »Beinahe wie beim alten Lazarus, Bob!«, sagte er.

Zusammen mit anderen versuchten sie, die junge Frau wiederzubeleben – ohne Erfolg. Bob rief zu Hause an: »Es geht mir gut, macht euch keine Sorgen!« Seine Lieben wussten nicht, wovon er sprach. Die Nachricht des Dramas war noch nicht bis nach Sydney gedrungen.

Dr. Claire Campion starb eine Woche später im Princess Alexandra Hospital, ohne das Bewusstsein nochmals wiedererlangt zu haben. Einige Tage danach fand man die Leiche von Dr. Marcus Ma.

Als ich dort den Strand entlangspazierte, wusste ich, dass dies nicht das einzige Mal war, als Gott eingegriffen hatte, um Bobs Leben zu retten. Fast dreißig Jahre später hatten Bob und seine Frau, Adrienne, sich in einer Pension in den Blue Mountains westlich von Sydney eingemietet. Sie liebten den Charme dieses schönen alten Hauses mit seinen Himmelbetten, warmen Zimmern und freundlichen Besitzern. Es war eines ihrer Lieblingsplätzchen. Aber heute wollten sie zu dem Bergdorf Blackheath fahren.

Sie packten ihr Auto und fuhren Richtung Westen los. Aber das Wetter verschlechterte sich zusehends. Der Wind heulte, der Schnee schlug gegen die Windschutzscheibe. Nach einem kurzen Spaziergang in dem wirbelnden Schnee, kurz hinter Blackheath, wendeten sie und fuhren zurück zu »ihrem« Katoomba.

Es war fast Mittag, als sie auf die Hauptstraße des Ortes einbogen. Sie erstanden zwei frische Portionen Fisch und Chips, fuhren weiter zu dem beliebten romantischen Aussichtspunkt Echo Point und parkten den Wagen gleich neben dem alten Pavillon. Der Wind rüttelte an dem Wagen, bald waren alle Fenster beschlagen. Schneeregen, Tannennadeln und kleine Zweigstücke peitschten gegen die Windschutzscheibe.

Dann, ohne jede Vorwarnung, ein gewaltiges Krachen. Bob schaute erschreckt zu Adrienne hin. Er konnte sie nicht mehr auf dem Beifahrersitz sehen. Sie sagte nichts. Er fürchtete das Schlimmste.

»Ist dir was passiert?«

Sie antwortete irgendetwas, aber ihre Stimme war merkwürdig gedämpft.

»Kannst du deine Beine bewegen?«

Sie erwiderte, dass das ging. Bob, der immer noch nicht wusste, was passiert war, drückte die Hupe, um auf sich aufmerksam zu machen.

Dann ertönten Sirenen. Insgesamt sieben Kranken- und Rettungsfahrzeuge kamen. Ein unbekanntes Gesicht erschien an dem Fahrerfenster.

»Mensch, da brauchen wir 'ne Kettensäge!«, sagte der Fremde.

Und dann erfuhr Bob, was passiert war. Eine 30 Meter hohe Montereykiefer war direkt auf das Auto gestürzt und ein dicker Ast hatte genau zwischen Fahrer und Beifahrerin das Dach zerschlagen. Der Aufprall war so heftig gewesen, dass die vorderen Fenster des Wagens nach außen geflogen waren.

Adrienne war am Kopf getroffen worden. Sie war bei Bewusstsein, aber hatte Brustschmerzen. Es dauerte fast eine Stunde, bis die Rettungskräfte Bob durch die hintere Tür auf der Fahrerseite nach draußen ziehen konnten, und noch einmal vierzig Minuten, bis sie Adrienne aus dem Beifahrersitz herausgeschält hatten. Sie hatte Unterkühlungen; die Diagnose im Krankenhaus ergab, dass der vierte Brustwirbel zerschmettert und die erste Rippe gebrochen war.

Adrienne kam wieder ganz auf die Beine, wenn auch um einen Wirbel kürzer. Bob war nichts geschehen. Aber der

Unfall prägte sich ihnen unauslöschlich ein. Und nicht nur ihnen, sondern auch dem örtlichen Gemeinderat. Der heutige Besucher von Echo Point wird keine höheren Montereykiefern mehr vorfinden und der ganze Parkplatz ist neu gestaltet.

Bob und Adrienne wussten, dass Gott ihnen das Leben gerettet hatte. Was eine Katastrophe hätte werden können, wurde zu einem Anlass, Gott zu danken und sich an seine Bewahrung damals zu erinnern. So kaufen sie jedes Jahr am 24. Juni, dem Jahrestag des Unfalls, zum Mittagessen Fisch und Chips und danken zusammen mit ihren Lieben Gott für seine Gnade und Bewahrung.

Solche Ereignisse können das Leben verändern. Aber wie der Einzelne reagiert, hängt von seinen Werten, seinen Erwartungen und seinem Glauben ab. Der eine kauft ein großes Lotterielos, der andere beginnt ein Leben der guten Werke. Doch wohl die meisten geraten eine Zeit lang ins Grübeln; sie prüfen sich und ihr Leben, fragen sich (vielleicht zum allererstem Mal), welchen Sinn es hat.

Ist es erstaunlich, dass Bob diese beiden Situationen überlebte? Ja – besonders wenn man bedenkt, dass andere Menschen starben. Warum überlebte er? War es Glück, war es Schicksal? Es war keines von beidem. Bob war seit vielen Jahren praktizierender Christ gewesen. Er wusste, dass Gott einen Plan für sein Leben hatte und dass er so lange leben würde, wie Gott es vorhatte, um diesen Plan zu erfüllen.

Aber was war Gottes Plan für Bob? Seine vierzig Jahre umfassende Karriere war von Anfang an überdurchschnittlich gewesen. Er hatte ein Prädikatsexamen an der Universität Sydney abgelegt und war Klinischer Leiter am Royal Prince Alfred Hospital gewesen. Als junger Gastroenterologe (Spezialist für Magen-Darm-Krankheiten) hatte er am Royal Free

Hospital in London mit der mittlerweile verstorbenen Sheila Sherlock, der Altmeisterin der Hepatologie, zusammengearbeitet. Nach Erlangung des Doktorgrades an der Universität Sydney wurde er an der medizinischen Fakultät des Westmead Hospitals zum Leiter der Drogen- und Alkoholberatung ernannt.

Später wurde Bob Professor für Gastroenterologie und Hepatologie an der Universität Newcastle, Stellvertretender Dekan der Fakultät für Gesundheitswissenschaften an der gleichen Universität und Leiter der Gastroenterologie am John Hunter Hospital. Zurzeit ist er Professor und Dekan an der University of New South Wales und arbeitet im Bankstown Hospital.

Seine bisherigen Publikationen umfassen 150 Zusammenfassungen von Vorträgen, die er auf nationalen und internationalen Konferenzen gehalten hat, dazu 130 Artikel in namhaften Fachzeitschriften und zahlreiche Kapitel in Fachbüchern. Bob hat in zahlreichen Ausschüssen der nationalen und teilstaatlichen Gesundheitsministerien in Australien mitgewirkt und ist zurzeit Vorsitzender des Hepatitis-C-Unterausschusses für den Beratenden Ministerialausschuss zu Aids, sexueller Gesundheit und Hepatitis – eine Funktion, die er seit sechs Jahren innehat.

Man möchte meinen, dass dies für ein sinnerfülltes Leben reicht. Doch Gott hatte andere Pläne. Was bisher geschehen war, war nur die Vorbereitung für das, was jetzt kommen würde.

Eines der ganz großen Projekte in Bobs Leben lautet: »Gott kennenlernen«. Als junger Arzt in Großbritannien hatte er einmal einen guten Freund, der später der Präsident der Baptist Union von Großbritannien und Nordirland wurde, gefragt: »Was bedeutet das – Jesus kennenlernen?« Sein

Freund hatte geantwortet: »Bob, ich glaube, das ist eine Realität, die von Tag zu Tag größer wird. Aber es ist eine Reise und eines Tages werden wir da sein und ihm begegnen.«

Bobs Leben ist in der Tat eine Reise gewesen. Oft war das Ziel unbekannt, aber die Richtung stimmte immer. Sein Gottvertrauen hat ihn immer den Weg gehen lassen, den Gott ihm gezeigt hat.

Ich fragte ihn, wie Gott ihn im Laufe der Jahre geführt hatte. Seine Antwort: »Als junger Mann war ich ziemlich gehemmt. Es fiel mir schwer, in der Öffentlichkeit zu reden. Aber dann sagte Gott zu mir: ›Hör auf, auf dich selbst zu starren, und versuche es mit mir!‹« Was Bob dann auch getan hat. Ob es der Verlust eines Elternteils war, schwierige berufliche Entscheidungen und persönliche Situationen – Gott hat ihm geholfen. »Gott gibt mir die Kraft, jeden Morgen aufzustehen und den Tag zu bewältigen.«

Aus dieser Einstellung des Vertrauens und der Dankbarkeit heraus haben Bob und Adrienne sich kürzlich überlegt, wie sie Gott ganz praktisch für seine Güte danken konnten. Es konnte nur ein kleines, symbolisches Zeichen sein, aber es sollte demonstrieren, dass sie für Gottes gnädiges Eingreifen in das Leben ihrer Familie dankbar waren. Bob wusste, wie leicht es war, in das Einerlei des Alltags zurückzufallen. Genau das wollte er vermeiden.

Seit Jahren schon hatte ihn Indien fasziniert. Er war bereits zweimal dort gewesen. Er hatte bei der Gründung einer gastroenterologischen Abteilung im Baptist Christian Hospital in Nellore geholfen und Ärzte beim Training für Magen- und Darmspiegelungen unterstützt. Bei seinem zweiten Besuch in Vellore war er als Vertreter der Australian Academy of Science beim Indian Institute of Science zu Gast gewesen und hatte in Bangalore und Vellore Vorträge über Hepatitis C gehalten.

Ende 2003 gab es die nächste Gelegenheit zu einem Besuch in Nellore, das im südlichsten Teil der Küstenregion von Andhra Pradesh liegt. Dieses große landwirtschaftliche Zentrum liegt drei Autostunden nördlich der blühenden Industriestadt Chennai. Es war lange Jahre ein Hort der Bildung und Wissenschaft in der Region. Hier wurde der berühmte indische Dichter Tikkana Somayaji geboren; während der britischen Herrschaft in Indien war es das einzige Bildungszentrum in ganz Andhra Pradesh. Im baptistischen Krankenhaus in Nellore gab es Probleme und Bob beschloss zu helfen. Bob und Adrienne buchten ihren Flug und im Februar 2004 ging es nach Indien.

Bob konnte einige der finanziellen und administrativen Probleme angehen. Danach begannen er und Adrienne, zusammen mit einem ebenfalls gläubigen Freund, eine kleine Tour durch acht der umliegenden Dörfer und Städte, von kleinen Lehmziegeldörfern bis zu blühenden Städten mit Tausenden von Einwohnern. Sie sprachen in Kirchen und Kapellen und waren fast überwältigt, wie bereitwillig die Menschen sie und das Evangelium aufnahmen. Sie durften miterleben, wie Menschen Christus als ihren Herrn und Erlöser annahmen, wie Familien versöhnt und Menschenleben verändert wurden.

Indien war Bob eine große Ermutigung und Herausforderung. Er erlebte dort aus erster Hand mit, wie ein Gott der Liebe sich über Menschen in größter Not erbarmte. Und wie Gott ihn, Bob, ganz neu gebrauchen konnte, wenn er sich ihm zur Verfügung stellte.

Seit seiner Rückkehr aus Indien ist Bob auch als Berater für nationale und bundesstaatliche Gesundheitsministerien tätig, wo seine Meinung sehr geschätzt wird. Eines ist sicher: Bob wird jeden Tag leben, den Gott für ihn geplant hat, und er wird dies in der Gewissheit tun, dass Gott immer und überall bei ihm ist.

Kapitel 11

Feuer in der Nacht

Ich war im fünften Monat schwanger und konnte nicht mehr.
Ich hatte gearbeitet wie eine Verrückte und wollte
nur noch nach Hause ...
Aber ich war an diesem Tag die Botschaftsärztin und
ich musste da einfach durch.

Anna

Es war der Morgen des 9. September 2004, und die Straßen von Jakarta, der quirligen 12-Millionen-Einwohner-Hauptstadt von Indonesien, waren wie immer voller Leben. Anna saß in ihrer Praxis, die gleich gegenüber der Australischen Botschaft lag, und unterhielt sich mit dem Klinikmanager. Spätere Geschichtsbücher würden schreiben, dass um 10.15 Uhr Ortszeit eine gewaltige Explosion das Gebäude erschütterte, dass die Fenster zerbarsten und ein Regen von Glasscherben niederging. Draußen auf der Straße vor der Botschaft war eine in einem Daihatsu-Lieferwagen versteckte eine Tonne schwere Autobombe detoniert; die Terrorgruppe »Jemaah Islamiah« hatte die Verantwortung für den Anschlag übernommen.[11]

»Wir wussten gar nicht, wo die Bombe war«, berichtet Anna. »Wir rannten hinaus auf die Straße, was natürlich falsch war. Die Menschen schrien und rannten um ihr Leben. Überall war Rauch; es war das totale Chaos.«

Die Explosion hatte in mindestens zehn Bürotürmen um die Botschaft herum bis zum 30. Stockwerk die Fensterscheiben zerstört und in einem Radius von 500 Metern weitere Gebäude beschädigt.[12] Überall lag Glas. Die Bäume in der Mitte der Straße hatten kein Laub mehr. »Wir rannten zu dem kleinen Krankenhaus hinter unserer Poliklinik, aber dann kam ein Anruf: ›Gehen Sie zur Botschaft! Die Bombe ist vor der Botschaft explodiert!‹«

Auf der Straße vor der Botschaft lagen die Toten und Verletzten. Der schmiedeeiserne Zaun war umgeknickt, und vor dem Tor, wo kurz zuvor noch eine Warteschlange gewesen war, gähnte ein großer Krater im Boden.

Da das Gebäude stark gesichert war, war drinnen niemand ernsthaft zu Schaden gekommen. Das Personal, das erst vor wenigen Wochen für Notfälle geschult worden war, hatte prompt und exzellent reagiert. Anna musste sich um einige Leichtverletzte kümmern. Doch die meisten Verletzten waren bereits nach dem Schweregrad der Verletzung eingeteilt und ins Krankenhaus gebracht worden.

Draußen auf der Straße war die Situation anders. Neun Menschen (darunter zwei Indonesier vom Wachpersonal) waren tot, weitere 139 schwer verletzt.

Den Rest des Tages und bis spät in die Nacht war Anna pausenlos in den Notaufnahmen und Intensivstationen der örtlichen Krankenhäuser eingesetzt. Ihre australische Ausbildung erlaubte es ihr zwar, im Auftrag der Australischen Botschaft Ausländer zu behandeln, aber ohne die indonesische Zulassung konnte sie keine Einheimischen behandeln. Aber sie konnte beratend tätig sein und die Verlegung mehrerer Patienten nach Singapur in die Wege leiten.

Auf einer Intensivstation hatte sie sich unter anderem um Manny zu kümmern, ein fünfjähriges Mädchen, dessen Mutter sofort tot gewesen war. Das Mädchen lag mit Verletzungen an Gehirn, Unterleib und der rechten Körperseite im Koma,[13] und Anna musste ihren Zustand prüfen und entscheiden, ob sie nach Singapur verlegt werden konnte. Die Mutter hatte in der Botschaft einen Pass für ihre Tochter beantragt, deren biologischer Vater australischer Staatsbürger war. Doch der derzeitige Partner der Mutter war italienischer Staatsbürger, was zwischen der australischen und italienischen Botschaft zu einigem Hin und Her über die Zukunft dieses Mädchens führte. Manny überlebte und wurde später nach Italien zurückgebracht.

»Mit meiner eigenen Kraft hätte ich diesen Tag nicht geschafft«, erinnert Anna sich. »Ich hatte echt Angst. Ich war im fünften Monat schwanger und konnte nicht mehr. Ich hatte gearbeitet wie eine Verrückte und wollte nur noch nach Hause. Ich hatte den ganzen Tag nichts gegessen und vielleicht zwei Flaschen Wasser getrunken. Aber ich war an diesem Tag die Botschaftsärztin und vertrat den regulären Botschaftsarzt, der gerade freihatte. Ich musste da durch.«

Was für eine Verkettung von Ereignissen hatte Anna in diese bizarre Situation geführt? Wie kam es, dass eine junge Ärztin im fünften Schwangerschaftsmonat plötzlich die Opfer eines Terroranschlages versorgen musste? Noch vor 18 Monaten hatte sie in dem grünen Hills-Distrikt in Nordwest-Sydney als Allgemeinärztin mit Schwerpunkt Frauengesundheit gearbeitet. Sie war gerne in Sydney. Aber aus der Rückschau erkennt sie, wie Gottes Hand damals in ihr Leben eingriff. Irgendwie wusste sie, dass es Zeit war, zu neuen Ufern aufzubrechen. »Es war so ähnlich wie bei den Israeliten in der Wüste, denen Gott am Tag in einer Wolkensäule und nachts in einer Feuersäule voranging (2. Mose 13,21). Ich merkte, wie meine Wolkensäule sich bewegte.«

In Sydney lernte sie Peter kennen, einen jungen Manager, der gerade von Jakarta nach Sydney zurückgekehrt war, um seinem Vorstand über den Terroranschlag zu berichten, bei dem 2002 auf der Insel Bali 202 Menschen (darunter 88 Australier) getötet worden waren. Anna und Peter beschlossen zu heiraten. Da Peter einen Arbeitsvertrag für Indonesien hatte und bald dorthin zurückmusste, stand Anna vor einer schwierigen Entscheidung: War sie bereit, in Indonesien zu leben?

Das war sie absolut. Der Umzug nach Indonesien war für Anna wie die Rückkehr nach Hause. Als Kind eines Missionarsehepaars in den USA geboren, hatte sie einen Großteil ihrer Kindheit in Indonesien verbracht – vier Jahre in Java und sechs Jahre in der Provinz Nordsulawesi, in die ihre Eltern 1969 zogen. Dies war eine abgelegene Gegend mit wenigen Europäern und fremdartigen Sitten. Annas Vater war Fremdenführer für Reporterteams der Zeitschrift *National Geographic* gewesen, die die ausgeklügelten Begräbnisriten der einheimischen Stämme dokumentieren wollten. Anna sprach die indonesische Sprache fließend und betrachtete Indonesien als ihr Zuhause. Die wenigen Male, wo sie als Kind Australien besucht hatte, hatte sie dieses Land als fremd empfunden.

Doch die Kindheit in Indonesien hatte auch ihre Probleme mit sich gebracht. »Es gab keine Ärzte und sehr wenig Medikamente«, erzählt Anna. »Alles, was wir hatten, war das Gebet. Meinem Bruder passierten viele Unfälle. Einmal fiel er mit dem Gesicht voran drei Meter tief auf eine Betonplatte. Er sah furchtbar aus, aber überlebte, und Gott heilte ihn. Ich erinnere mich auch an Blinde, die wieder sehen konnten, nachdem man für sie gebetet hatte. Aber damals war ich noch sehr klein.«

Im März 2003 heirateten Anna und Peter in Sydney und zogen voller Erwartung nach Jakarta. Dort erfuhr Anna, dass sie nur nach umständlichen Umschulungen und neuen Prüfungen als niedergelassene Ärztin arbeiten dürfte. Aber die traditionelle Rolle der Auslandsaustralier-Ehefrau gefiel ihr auch nicht. »Es kann ein schönes Leben sein, aber auch furchtbar langweilig.« Peter machte ihr Mut, eine Arbeit zu suchen. Es gab damals keine weiblichen Ärzte für Ausländer in Jakarta und sie bekam drei Angebote.

Frauengesundheit war immer schon Annas Spezialgebiet gewesen und sie hatte eine Vision: die Gründung des ersten auf Frauen spezialisierten Gesundheitszentrums in Jakarta. Ohne die indonesische Zulassung konnte sie nicht selbst praktizieren; sie verlegte sich also auf die Tätigkeit als Fachberaterin. Sie machte Gesundheitsberatung für westliche Frauen und machte die Supervision der indonesischen Ärzte, die die einheimischen Patientinnen behandelten. Sie hatte auch Erfahrungen in Palliativmedizin, was ihr bei der Beratung der Patientinnen sehr zugute kam.

Im Übrigen hielt sie Vorträge, schrieb Artikel für Zeitungen und Medien und arrangierte Überweisungen aus entlegenen Gegenden des Landes. Sie führte auch den neuen Abstrichtest nach Papanicolaou in Jakarta ein. Dies war eine neue, verbesserte Methode der Gebärmutterhalskrebsdiagnostik, die ohne die übliche Biopsieentnahme mit all seinen praktischen Problemen auskam. Die Proben der Patientinnen wurden in Indonesien genommen und dann zur Auswertung nach Singapur geschickt.

Anna, die Christin war, konnte im persönlichen Gespräch über ihren Glauben sprechen. Regelrechtes Missionieren war in Indonesien verboten. Sie berichtet: »Die Muslime können für sich selbst beten, aber nicht für jemand anders. Aber sie wissen, dass die Christen das können. Wenn sie ein krankes Kind haben, können sie nicht direkt zu Allah für dieses Kind beten, aber sie wissen, dass ich im Namen von Nabi Isa (der Prophet Jesus) für das Kind beten kann, und sie lieben das. Das zählt dann auch nicht als Missionieren, sondern man zeigt halt, dass man die Menschen liebt und für sie da ist.«

Einmal wurde in einem abgelegenen Krankenhaus ein christliches Ehepaar gebeten, für ein Kind zu beten, das sehr hohes Fieber hatte. Anna berichtet: »Das Kind wurde auf der Stelle gesund. Darauf rief die Patientin in dem Bett daneben, die mit großem Interesse zugeschaut hatte, das Paar zu sich. ›Könnt ihr auch für mich beten?‹« Das Ende vom Lied war, dass das Paar den ganzen Tag in der Klinik verbrachte und für einen Patienten nach dem anderen betete.

»Die Welt der Geister ist in Indonesien sehr real«, sagt Anna. »Jeder glaubt an sie, ob es nun gute oder böse sind. Ich weiß noch, wie mein Vater manchmal Dämonen austrieb. Dabei gab es schreckliche Szenen; manche der Besessenen erbrachen Nägel. Bei uns in Australien neigt man dazu, diese geistliche Dimension der Dinge außen vor zu lassen. Aber ich glaube, dass dies nur eine Verharmlosungsstrategie des Satans ist. Der Bibelvers ›Hört nicht auf zu beten‹ (1. Thessalonicher 5,17) ist mir sehr wichtig geworden. In Indonesien ist es leichter, ständig mit Gott in Verbindung zu bleiben, weil die geistliche Dimension immer präsent ist. Und so spreche ich ständig mit Gott.«

Wir erinnern uns an die »Wolkensäule« und »Feuersäule«, die Anna aus ihrem Alltag in Sydney nach Indonesien führte. Diese Säule erfüllte bei den Israeliten noch andere Funktionen. So auch bei Anna. Sie führte sie durch die geistliche Nacht und brachte ihr in Zeiten der Verwirrung Weisheit und Einsicht. Und sie schützte sie in Augenblicken großer Gefahr: »So stand die Wolkensäule zwischen dem Heer der Israeliten und dem Heer der Ägypter. Während sie die Ägypter in Dunkelheit hüllte, erhellte sie jedoch auf der Seite der Israeliten die Nacht. Deshalb konnte das ägyptische Heer die Israeliten nicht angreifen« (2. Mose 14,20).

Obwohl Anna bei dem Bombenanschlag auf die Australische Botschaft gefährlich nah dran gewesen war und sich keine zwei Kilometer von dem Anschlag auf das Hotel Marriott entfernt befunden hatte, wurde ihr kein Haar gekrümmt, und auch ihrem Kind passierte nichts.

Das letzte Mal, als ich mit Anna sprach, war sie in Sydney, zur Geburt ihres ersten Kindes. Nach ein paar Wochen wollte sie wieder zurück nach Indonesien – zu Peter und zu ihren beruflichen Aufgaben. Es waren schwierige Zeiten, ganze sechs Wochen nach dem verheerenden Tsunami 2004, der 232 000 Indonesiern das Leben gekostet hatte. Es lag viel Arbeit vor ihr nach dieser Katastrophe.

Aber Anna weiß, dass Gott sie nie über ihre Kräfte belasten wird. Er wird sie nie an einen Ort schicken, wo er nicht schon selbst gewesen ist, und er wird sie nie im Stich lassen. Ihre »Säule« wird ein ständiges Zeugnis für ihre Mitmenschen sein: »Sie haben gehört, dass du, Herr, mit diesem Volk bist ... Sie wissen, dass deine Wolke über ihnen steht ...« (4. Mose 14,14). Sie wird auch ein Zeichen für andere Christen sein und ein Grund zur Anbetung und zur Freude darüber, dass unser Gott ein persönlicher Gott ist, der in der Not zu uns kommt: »Und das ganze Volk sah die Wolkensäule am Eingang des Zeltes stehen. Und das ganze Volk erhob sich, und sie warfen sich nieder, jeder am Eingang seines Zeltes« (2. Mose 33,10; ELB).

Kapitel 12

Ein besseres Opfer

Der unglücklichste Mann in der Welt ist der,
der auf dem Löwen reitet oder den Jemen regiert.

Altes jemenitisches Sprichwort

Ein beißend kalter Südwind fegte von der Hauptstadt hoch, als die Reifen meines Autos mit Allradantrieb den Kies des Parkplatzes zerfurchten. Ich schaute um mich, ob meine Gäste schon da waren. Es war im August 2004. Ken Clezy, ein australischer Chirurg, und seine Frau, Gwen, waren gerade aus dem Jemen zurückgekehrt. Lynne und ich wollten uns mit ihnen im historischen Café Lynwood in der Buschranger-Stadt Collector in New South Wales zum Lunch treffen.[14]

Dies war eine Geschichte, die erzählt werden musste. Seit fast zwei Jahren lag sie mir auf der Seele. Aber jedes Mal, wenn ich sie anpacken wollte, schlossen sich die Türen. Ich schrieb einen Entwurf – und ließ ihn neun Monate liegen. Dann nichts, nur weitere verschlossene Türen. Aber dann kam eines Abends Ken im Fernsehen, in der Sendung *Foreign Correspondent*[15], und sofort wusste ich: Das war mein Mann!

Ken war bereits drinnen, in die Speisekarte vertieft. »Essen vom Feinsten«, hatte ich ihm vor ein paar Tagen am Telefon vorgeschwärmt, »besonders das Brathähnchen.« Er ging ohne Umschweife daran, meine Empfehlung zu testen.

Wir stellten einander vor. Hier war ein Mann, der mir nach fünf Minuten schon wie ein alter Freund vorkam, als ob ich ihn mein ganzes Leben lang gekannt hatte. Trotz seiner Jahre im Ausland war Ken ein rechter »Aussie« (Australier) im besten Sinne des Wortes geblieben. 74 Jahre alt, hochgewachsen, der Rücken eine Spur krumm, das Gesicht zerfurcht, aber sanft und jene Liebe und den Frieden ausstrahlend, die diese Welt einfach nicht versteht. Seine Stimme war tief und rau, sein Akzent breit australisch; man hatte den Eindruck, dass er jedes Wort abwog.

»Wenn drei gute Freunde von dir erschossen werden, während du beim Frühstück sitzt – noch größer kann ein Schock nicht sein«, begann er. Am 30. Dezember 2002 um 8.15 Uhr morgens spazierte ein muslimischer fundamentalistischer Extremist in die Verwaltung des Baptistischen Krankenhauses in Jibla (Jemen), erschoss die Ärztin Martha Myers, den Krankenhausverwalter Bill Koehn und die Disponentin Kathy Gariety, verwundete Krankenhausapotheker Don Caswell und schoss auf mehrere andere. Dann richtete er den Lauf der Waffe auf den Röntgentechniker und drückte wieder ab. Es klickte, aber es kam kein Schuss; das Gewehr blockierte. Der Mann ließ es fallen und ergab sich dem herbeigeeilten Sicherheitspersonal.

Ken war in der Frühandacht gewesen und hatte dann bei einigen Patienten vorbeigeschaut, aber jetzt saß er gerade mit Gwen beim Frühstück. Und dann kam der Anruf.

Die Ermittlungen ergaben, dass ein Mann, der ein paar Kilometer entfernt wohnte, für seine Frau einen Termin zur Nachuntersuchung bei Dr. Martha Myers bekommen hatte. Er wartete bis 8.00 Uhr, dann ging er in den Verwaltungstrakt, wo Dr. Myers gerade war. Er tat so, als ob er seine Brieftasche hervorholen wollte. Stattdessen zog er seine Kalaschnikow hervor, die er wie ein Baby in einer Decke vor seiner Brust getragen hatte, und schoss Dr. Myers in den Kopf. Darauf marschierte er in das Büro von Bill Koehn, wo er diesen und Kathy Gariety vorfand. Er schoss beiden ebenfalls in den Kopf, Bill wohl in dem Augenblick, als er von seinem Stuhl aufstand.[16] Als Nächstes feuerte er zwei Kugeln in den Bauch des Apothekers. (Er traf keine wichtigen Organe und der Apotheker erholte sich rasch.) Als er die Waffe fallen ließ, rief er aus: »Jetzt fühle ich mich reiner! Ich habe diesen Ort gereinigt.«

In dem Artikel über den Vorfall in der Eastern Edition vom 31. Dezember 2002 bezeichnete das *Wall Street Journal* den Mörder, Abed Abdul Razzak Kamel, als Komplizen und Schüler von Ali Mohammed Jar Allah, einem islamischen Hassprediger, der erst zwei Tage vorher den Stellvertretenden Generalsekretär der säkularistischen Sozialistischen Partei im Jemen erschossen hatte. Die Zeitung berichtete auch, dass dies innerhalb von zwei Wochen bereits der zweite Mordanschlag auf christliche Missionare im Nahen Osten war.

Vier Monate später berichtete die *New York Times* in ihrer Ostküsten-Spätausgabe vom 22. April 2003, dass der Täter vor Gericht angegeben hatte, von Sana circa 200 Kilometer nach Jibla im Norden gezogen zu sein, nachdem er erfahren hatte, dass dort im Southern Baptist Hospital christliche Missionare arbeiteten. Zu Beginn des Verfahrens sagte er aus, dass sein Motiv die religiöse Pflicht der Rache an Menschen, die Muslime von ihrem Glauben abbrachten, gewesen war. Er wurde schließlich zum Tode verurteilt und erschossen.[17] Sein Verteidiger wird zitiert, dass er sagte, dass man doch niemanden erhängen könne, weil er Ungläubige getötet hatte.[18]

Vor dem Vorfall war die Krankenhausleitung dabei gewesen, die Klinik unter jemenitische Verwaltung zu stellen. Erst zwei Wochen zuvor hatte Bill Koehn auf dem Schild »Southern Baptist Hospital« das Wort »Baptist« übermalt. (Nach dem Vorfall bezeichneten jemenitische Zeitungen das

Krankenhaus als das »Hospital of Peace«.) Die scheidenden Mitarbeiter hatten beschlossen, ihre letzten sechs Monatsgehälter den 160 Festangestellten, die bleiben würden, zu spenden. Das Geld war aufgeteilt und in Umschläge gesteckt worden und sollte an diesem Morgen ausgehändigt werden.

Dr. Myers wurde am Tag nach der Tat beigesetzt. Schätzungsweise 40 000 Jemeniten standen an den Straßen Spalier, um ihr die letzte Ehre zu erweisen. Die Menschen hatten sie geliebt. Sie war eine Gynäkologin und Geburtshelferin gewesen, die 24 Jahre lang alles für die Jemeniten gegeben hatte. Nach einem ersten Einsatz in der Klinik als Medizinstudentin im Jahre 1971 war sie 1978 zurückgekommen, um für immer dort zu arbeiten.

Der Nachruf in der medizinischen Fachzeitschrift *The Lancet* vom 29. März 2003 bescheinigte ihr ein unerschöpfliches Mitgefühl für die Menschen, vor allem für Menschen in Not. Und das christliche Magazin *Christianity Today* brachte das Zeugnis einer ihrer Patientinnen: Wie Martha Myers sie während ihrer Problemschwangerschaft täglich zu Hause besuchte, so lange, bis sie wieder aufstehen und laufen konnte, ohne das Kind zu gefährden. Sie gab an, dass sie ohne Martha ihr Kind nicht bekommen hätte und dass sie mehr wie eine Freundin als wie eine Ärztin gewesen war.[19] Ken kommentierte ihren unermüdlichen Einsatz für ihre Patienten mit der Bemerkung, dass Martha kein Gefühl für die Zeit gehabt hatte, dafür aber ein tiefes Gespür für die Ewigkeit. Auf ihrem Grab brachte man ein handgemaltes Schild in englischer und arabischer Schrift an. Die englische Inschrift lautete schlicht: »Sie liebte Gott.«

Das Hähnchen war hervorragend, der Espresso danach perfekt. An den Nachtisch erinnere ich mich nicht mehr, so sehr fesselte mich das, was Ken uns da an diesem Nachmittag erzählte. Warum öffnete er mit 74 Jahren, in einem Alter, in dem die meisten Ärzte ihren Ruhestand mit Heim und Hobby genießen, in einem Missionsspital im Jemen anderer Leute Brustkörbe? Erst kurz bevor er den Jemen im Juni verließ, hatte er einen sechs Tage alten Jungen operiert, der eine Luft-Speiseröhren-Fistel hatte, eine angeborene Missbildung, bei der durch eine Öffnung Nahrung aus der Speise- in die Luftröhre gelangen kann. Ich fragte mich unwillkürlich, wie so große Hände einem solchen Winzling hatten Heilung bringen können. Was war das Geheimnis dieses Mannes? Wie schaffte Ken das alles? Ich fragte ihn.

»Wenn man Chirurg ist und die richtigen Bücher hat, dann kann man das«, sagte er. »Ich war in Jibla und ich hatte Verantwortung für diese Menschen. Was sein musste, musste sein. Ich habe Patienten operieren müssen, die eine misslungene Gallenoperation hinter sich hatten. In Australien schickt man solche Patienten zu Leber-Galle-Spezialisten. Aber wenn man das eben machen muss und sich ranhält, dann kann man das.«

Ich begann, Ken nach seiner Jugend zu fragen. Er war der Sohn eines Farmers in Südaustralien gewesen und wusste alsbald zwei Dinge. Erstens, dass er nie selbst ein Farmer werden würde. »Die Felder interessierten mich überhaupt nicht«, erklärte er, »und mein Vater, der klug war, merkte das bald und versuchte überhaupt nicht erst, mich dahinzubekommen.«

Das Zweite, was Ken wusste, war, dass er ein Kind Gottes war. »Als ich zwölf war, begriff ich, wie das mit dem Evangelium war und dass dies Konsequenzen für mein Leben haben musste. An der Wand unseres Wohnzimmers hing ein Gemälde einer berühmten Dame aus Ballarat und darunter prangten die Worte: ›Gedenke an ihn in allen deinen Wegen, so wird er dich recht führen‹«.

In seinem letzten Schuljahr ging Ken auf eine Konferenz des südaustralischen EC, auf der unter anderem Ben Butcher sprach. Butcher hatte eine Missionsarbeit auf der Insel Goaribari im Westen von Papua-Neuguinea gegründet, nachdem der schottische Missionar James Chalmers dort ermordet worden war. Chalmers (man nannte ihn »Das große Herz von Neuguinea«) war am Ostermontag 1901 zusammen mit seinen Kollegen am Fliegenfluss von Kannibalen totgeschlagen, geköpft und verzehrt worden. Chalmers war ein Mann gewesen, der einiges bewegt hatte. Sein Reisegefährte, der Schriftsteller Robert Louis Stevenson, schrieb einmal an Chalmers' Frau:

Er ist den Fliegenfluss hinauf. Ein waghalsiges Unternehmen, aber er ist ein zweiter Livingstone! Er ist ein grober Klotz, aber ein heldenhafter. Ich werde dieses Mannes nicht müde. Er ist so groß wie ein Haus und viel größer als jede Kirche. Er hat mich im Sturm erobert, als der anziehendste, schlichteste, mutigste und interessanteste Mann im ganzen Pazifik. Ich frage mich, ob selbst Sie wissen, was es bedeutet, ein Mann wie ich zu sein – ein recht kritischer Mann, ein Mann der Welt – und dann jemand kennenzulernen, der für das Wesentliche steht und der so frei ist von dem Formalen, von der Grimasse.[20]

Das Leben, die Leidenschaft und das Opfer Chalmers' hinterließen einen bleibenden Eindruck auf den jungen Ken; sie waren wie ein Leuchtfeuer, das seine unsicheren Schritte auf dem Weg führte, der vor ihm lag.

Gwens Onkel, ein Südamerikamissionar, riet Ken zum Studium der Medizin. »Er war Pastor, aber er konnte auch

Zähne ziehen und andere einfachere Eingriffe vornehmen.« Kens bisherige Erfahrungen mit Ärzten waren »begrenzt und alle negativ« gewesen, aber er »spürte den Ruf Gottes in den Beruf des Mediziners«.

Als Medizinstudent absolvierte er im Sommer 1952/53 ein freiwilliges Semester in Papua-Neuguinea. Das Land faszinierte ihn von der ersten Minute an, aber er merkte auch, vor was für Problemen man dort als Allgemeinmediziner stehen würde. Gleichzeitig gab es viel zu wenig ausgebildete Chirurgen. So beschloss Ken, Chirurg zu werden – etwas, woran er bisher nicht gedacht hatte.

1959 besuchte er eine Konferenz der Church Missionary Fellowship in Großbritannien. Der Gastredner war Dr. Paul Brand, der britische Chirurg am Vellore Medical College in Indien, der das Verständnis und die Behandlung der Lepra revolutioniert hatte. Ken war tief beeindruckt von Brands Leben und Werk. Nach viel Gebet und Selbstprüfung bewarb er sich um ein weiterführendes Studium an der Seite dieses großen Mannes.

1963 gewährte die Weltgesundheitsorganisation Ken ein Stipendium, das es ihm ermöglichte, mit Dr. Brand in Vellore zu arbeiten. Er und Gwen packten ihre Koffer und begaben sich mit ihren vier Kindern nach Indien, um unter den Leprakranken zu arbeiten. Dass er bei den letzten Seminaren von Dr. Brand zugegen sein konnte, empfand Ken als ein Vorrecht, das er nie vergessen hat. Brand hatte zur Therapie der »Klauenhände«, die die Leprakranken schon von Weitem stigmatisierten und aus der Gesellschaft ausschlossen, ein chirurgisches Verfahren entwickelt, das mit Sehnenverpflanzungen arbeitete. Er verbesserte auch bereits vorhandene Techniken zur Behandlung von Gesichtslähmungen und Verformungen an den Füßen. Doch was noch wichtiger war: Brand fand heraus, dass die Geschwürbildung und der Gewebeverlust an Händen und Füßen dadurch entstanden, dass die Patienten die befallenen, gefühllos gewordenen Körperteile weiter benutzten. »Er entwickelte spezielle Einlegesohlen aus Gummi, die lange Zeit die einzige Möglichkeit waren, gefühllos gewordene Füße vor Verletzungen zu schützen«, erinnert sich Ken.

Laut Ken ist Brand sein Leben lang ein freundlicher, demütiger Christ geblieben. »Als wir in Indien waren, leitete er monatelang den wöchentlichen Bibelkreis für die Mitarbeiter. Auf der Leprakonferenz in Orlando 1993 hielt er für alle Teilnehmer eine Morgenandacht.«

Später war Ken fünf Jahre lang Chirurg in Madang; einen Großteil seiner Arbeit dort machten plastische Operationen bei Leprakranken aus. In Neuguinea war er insgesamt 28 Jahre als Chirurg tätig. Als einer seiner Trainees so weit war, dass er seine Aufgaben übernehmen konnte, kehrte er in seinen Heimatort Burnie in Tasmanien zurück. Dort praktizierte er weitere zehn Jahre als Chirurg, bis er die Praxis an einen Nachfolger übergab.

1999 bewarb Ken sich bei dem Missionswerk Interserve um eine Anstellung als Allgemeinchirurg. Man bot ihm eine Tätigkeit in Jibla (Jemen) an, wo er einen der Chirurgen, der gerade einen Sprachkurs machte, vertreten sollte. Ursprünglich war die Stelle auf sechs Monate begrenzt, aber bei dem Massaker im Dezember 2002 war Ken immer noch in diesem Hospital.

Zwei Dinge sind Ken besonders wichtig. »Das Erste ist: Wenn du bereit bist, Gottes Willen zu tun, wird er dich nicht in die Irre gehen lassen; er öffnet Türen und schließt sie.« Dies ist etwas, was viele der Ärzte, die ich für dieses Buch interviewt habe, bestätigen können. Viele haben mir berichtet, dass sie in ihrem Leben durch Situationen gegangen sind, die ihnen verrückt oder auch sinnlos und irrelevant vorkamen. Viele haben sich gefragt, was Gott da mit ihnen vorhatte, und haben ihn um Klarheit und ein Signal gebeten. Manchmal konnten sie erst im Nachhinein Gottes Plan und Weisheit, die so viel höher ist als die unsere, erkennen. Ken wuchs auf dem Land auf, wo er früh das Improvisieren lernte – eine Lebensschule, die ihm später auf dem Missionsfeld und vor allem im Mittleren Osten sehr zugutekommen sollte. Sein Studiensemester in Papua-Neuguinea zeigte ihm, wie wichtig die Chirurgie war – und als Chirurgen hat Gott ihn in dann später wunderbar gebraucht.

Das Zweite, was Ken wichtig ist, »ist eine der großen Lektionen des Lebens. Wenn du deinen Glauben nicht konsequent auslebst, brauchst du überhaupt nicht erst über ihn zu reden. Alles, was ich tun kann, ist, den Leuten freundlich zu begegnen und Frieden auszustrahlen. Sie sagen: ›Entweder Clezy ist echt oder nicht.‹ Sie sind imstande, die Bibel aus dem Internet runterzuladen, um zu wissen, was man sich unter einem Christen vorzustellen hat. Wir hatten mal eine Patientin, eine arme Witwe, deren Kind eine Operation benötigte. Wir behandelten sie wie eine Dame. Das hatte noch niemand gemacht. Die Operation ihres Sohnes war erfolgreich ... Dies ist die beste Methode, in einem muslimischen Land Christus zu bezeugen.«

Aber warum geschah jenes tragische Massaker in Jibla? Die Frage stellt sich: Wo war da Gott?

An dem Morgen jenes Tages war Ken an der Reihe gewesen, die Morgenandacht zu halten. Der entsprechende Dienstplan hatte seit einem Monat ausgehangen. Ken hatte als Text mit Bedacht Hebräer 11,4 gewählt: »Und obwohl Abel schon lange tot ist, spricht er so noch immer zu uns.« Abel hatte

Gott ein besseres Opfer dargebracht als sein Bruder Kain, der ihn darauf aus Eifersucht erschlug.

Ken hatte es sich nicht leicht gemacht mit der Vorbereitung der Andacht. Am folgenden Tag sollte die Klinik schließen. Was sollte er all den bedrückten Kollegen sagen?

»Wir wissen nicht viel über Abel«, sagte er der Gemeinde, die sich an diesem Morgen versammelt hatte. »Aber er gab Gott das Beste, was er hatte. Und er spricht heute noch. Wenn du Gott dein Bestes gegeben hast, dann lass dich nicht entmutigen.«

Die Worte aus dem Hebräerbrief waren prophetisch. Sie passten auf das bevorstehende Ende der Klinik und auch auf die umfassendere Rolle, die sie in Zukunft für die Menschen in dieser Gegend, aber auch im Leben der Mitarbeiter, die weiter in ihr tätig sein würden, spielen sollte. Aber die Worte sollten auch auf die Menschen passen, die dann eine Stunde später sterben würden, und auf ihre Freunde und Lieben. Der Same ihres »besseren Opfers« würde eine Ernte hervorbringen, die viel größer war, als irgendjemand sich hätte vorstellen können.

An dem Tag nach dem Massaker schloss die Klinik praktisch. Viele Mitarbeiter, darunter auch Ken und Gwen, fuhren nach Hause. Ken berichtet: »Ich dachte: ›Das Krankenhaus ist erledigt.‹ Die Leute aus der Botschaft und das FBI konnten uns nicht schnell genug außer Landes bringen.« Aber es war doch nicht das Ende. Die jemenitische Regierung war so betroffen und beschämt, dass sie die Klinik übernahm. Nur ein paar Wochen später, am 1. Februar, wurde sie wieder eröffnet; für die Finanzierung sorgte ein Dekret des Präsidenten.

Einige Mitarbeiter blieben, es wurden neue Ärzte aus der Region eingestellt. Trotz des drohenden Irakkrieges kamen Ken und Gwen zurück. »Es war offensichtlich, dass wir gebraucht wurden«, sagt Ken. »Ich bin kein Held, aber ich weiß, dass Gott ständig über mir wacht. Wir waren gegangen, ohne uns auch nur von unseren Freunden verabschieden zu können. Sie mussten den Eindruck haben, dass wir geflüchtet waren.« Und er fügte hinzu: »So viele Leute in der arabischen Welt halten die Christen für weiße Ungeheuer, die einen bombardieren, wenn man Muslim ist. Da war es wichtig zu demonstrieren, dass das nicht stimmt.«

In der Klinik fanden Ken und Gwen Bill Koehns Witwe vor sowie den Apotheker, der die Schüsse in seinen Bauch überlebt hatte. Ken berichtet: »Wir waren gemeinsam durch das Feuer gegangen. Zwischen vielen alten Bekannten entwickelte sich eine neue Beziehungswärme. Es wurde deutlich, dass Gott aus der scheinbar kompletten Katastrophe etwas Gutes kommen ließ. Wir sahen sozusagen nur die Trümmer, aber wenn du glaubst, dass Gott im Regiment sitzt, dann muss auch aus Bösem Gutes kommen.«

Heute ist das Krankenhaus eine Einrichtung der jemenitischen Regierung. »Jetzt kann es keiner mehr eine amerikanische Enklave nennen«, sagt Ken. »Jetzt ist es multikulturell und angesichts des Irakkrieges ist dies akzeptabler. Wir haben jetzt Amerikaner, Neuseeländer und Inder im Personal. Insgesamt wohnen auf dem Krankenhausgelände mehr Jemeniten als Ausländer. Der neue Chefarzt ist ein Mann aus der Gegend, der in Bagdad Medizin und danach Chirurgie studiert hat. An seiner Seite hat er einen weiteren einheimischen Chirurgen, der in Syrien ausgebildet ist.«

Auch die Arbeit der Klinik in den Städten und Dörfern in der Umgebung geht weiter; so unterstützt sie ein Mutter Teresa-Hospiz und ist in einem nahe gelegenen Frauengefängnis tätig. Das Evangelisieren geschieht jetzt durch das stumme Zeugnis der Christen, die dort sind.

Warum hat Gott damals den Mörder nicht gestoppt? Hat er überhaupt eine Rolle gespielt an jenem Tag? Hat er seinen Ablauf geändert?

Nun, offenbar sollte es an diesem Tag (dem 30. Dezember) um 10.00 Uhr ein Treffen zwischen Vertretern der jemenitischen Regierung und der Krankenhausleitung geben. Die Klinik hatte die Regierung um finanzielle Unterstützung gebeten. Kurz zuvor hatte ein amerikanisches Flugzeug einen al-Qaida-Transport bombardiert; sechs Menschen waren getötet worden. Ken: »Die Regierung machte nicht viel Worte, aber froh war sie nicht.« Man kann nur spekulieren, wie negativ die Haltung der jemenitischen Regierung damals möglicherweise gegenüber diesem Projekt war.

Ken weiter: »Eigentlich sollte Al Lindholm von der Jemen Baptist Mission sich mit uns um 8.00 Uhr treffen, zwei Stunden vor dem Treffen mit der Regierung. Aber er hatte auf dem Weg eine Autopanne; ein Rad ging kaputt. Wenn er pünktlich gekommen wäre, wäre er vielleicht auch umgekommen. Auch eine Mitarbeiterin, die mit der Verteilung der gespendeten Gelder an das verbleibende Personal zu tun hatte, hatte eigentlich um 8.00 Uhr da sein wollen. Ein ›zufälliger‹ Anruf einer Freundin, bei dem es um irgendetwas Privates ging, sorgte dafür, dass sie nicht da war.«

Kürzlich konnte ich mit einem anderen Arzt dieses Krankenhauses sprechen, der an dem Tag des Massakers dort gewesen war. Er trauerte nach wie vor über den Tod seiner Freunde. Aber sein Einsatz und seine Hingabe waren unvermindert. Er sprach voller Liebe von den Menschen im Jemen, die so dringend Hilfe brauchten. Es war eine vorfreudige Erwartung in seiner Stimme, als er darüber sinnierte, wie der Einsatz für die Menschen im Nahen Osten weitergehen würde.

Wenn wir uns dem himmlischen Vater hingeben, geht die Liebe, die er uns schenkt, auf uns über. Sie wird ein Teil unserer Persönlichkeit, die es Gott ermöglicht, die Menschen in unserer Umgebung zu erreichen. Diese Liebe ist nicht die Liebe, wie die Welt sie kennt. Sie ist die »Agape«-Liebe Gottes, die es uns ermöglicht, mit anderen, die uns vorangegangen sind, zu sagen: »Er mag mich töten, ich harre auf ihn« (Hiob 13,15; EU).

Am 10. Februar 2001 wurde Ken Clezy in Tasmanien die Internationale Medaille des Royal Australasian College of Surgery für außergewöhnliche Beiträge zur Chirurgie in Ländern der Dritten Welt verliehen.

> *Ich stehe, Herr:*
> *Ein Nebel blendet meine Augen.*
> *Überall Felsen, steil, zerfurcht,*
> *finstere Riesen in der Nacht.*
> *Wo ist der Weg?*

> *Ich stehe, Herr:*
> *Seit du zu mir geredet hast, weiß ich:*
> *Was mich umzingelt, bist du selbst!*
> *Und weil du liebend mich umgibst,*
> *stehe ich und singe!*

Verfasst von Betty Stam, die mit 27 Jahren zusammen mit ihrem Ehemann John (28) wegen ihres christlichen Glaubens im Dezember 1934 auf einem kalten Berg in China von den Kommunisten hingerichtet wurde.

Kapitel 13

Äußerst willkommene Hilfe

Ich lernte es, Gottes Gesicht zu suchen und nicht seine Hand –
ihn selbst und nicht seine Heilung. Ich musste mich fragen:
Will ich mich von ihm führen lassen? Will ich ihm vertrauen?

Linda, Allgemeinärztin

Sie steckte ganz unten im Loch. Alles war schwarz. Ein kurzer Ausflug zum »Gap«[21] und das Elend wäre vorbei.

Schon seit einiger Zeit ging es in Lindas Leben überhaupt nicht gut. Sie war völlig verzweifelt. Der Gerichtsprozess machte die Sache nicht besser. »Ich wäre vom Gap hinuntergesprungen«, sagte sie mir. »Wenn jemand mich dort hingefahren hätte, hätte ich es gemacht.« Aber so kam es dann doch nicht. Linda wurde gerettet. Ein Psychiater (der noch nicht einmal Christ war) half ihr, ihre Selbstmordpläne aufzugeben. »Danach bekam ich viel Hilfe von verschiedenen Psychiatern. Aber diese Schuldgefühle verfolgten mich Tag und Nacht.«

Ich saß in Lindas Praxis, als sie mir ihre Geschichte erzählte. Es war an einem Freitagabend um sechs. Der letzte Patient war gegangen und die Helferin hatte die Eingangstür für die Nacht verschlossen.

Zwölf Monate, nachdem sie von dem Abgrund des Selbstmordes zurückgetreten war, 1997, machte Linda wieder einmal ihre Hausbesuche, darunter auch bei Margaret, einer älteren Patientin, die an fortgeschrittener Herzschwäche litt.

Margaret war trotz ihrer 88 Jahre sehr gepflegt. »Sie war eine richtige Dame«, sagte Linda. Ihr Mann war vor einigen Jahren verstorben, nachdem er sich von einem Autounfall nicht mehr richtig erholt und schließlich Depressionen und Demenz bekommen hatte. In diesen Jahren hatte Margaret viel Hilfe in den Heilungsgottesdiensten in der anglikanischen St. Andrew's Cathedral in Sydney bekommen, in die sie viele Jahre treu ging. Sie verstand Linda gut und wollte ihr helfen.

»Linda«, sagte sie, »du musst dir von dem Problem die Lösung zeigen lassen. Hör auf, daran zu denken, was du Gott angetan hast. Denke lieber daran, was er für dich getan hat.« Es war erstaunlich: Eine todkranke Patientin wurde zur Seelsorgerin ihrer Ärztin. »Ich bete für dich, Linda«, sagte sie. Nicht lange danach ist Margaret gestorben.

Von Margarets Beispiel angezogen, fing Linda an, in die Heilungsgottesdienste in der St. Andrew's Cathedral zu gehen. Dort lernte sie Kanonikus Jim Glennon kennen. Alles war neu für sie. »Ich war ein anglikanischer Namenschrist und hatte noch nie von ›Heilung‹ gehört.«

Im Mai des gleichen Jahres fuhr sie zu einer Kirche im südlichen Bergland von New South Wales, um einen Gastprediger zu hören, der die Gabe der Heilung haben sollte. Als sie an diesem Abend im Gottesdienst saß, merkte sie auf einmal, dass ihr im Nacken warm wurde. Sie drehte sich um, sah aber keinen Heizkörper. Sie hatte Skoliose, eine seitliche Verkrümmung der Wirbelsäule, und litt seit Jahren an chronischen Nacken- und Brustschmerzen. Als sie an diesem Abend zurück nach Sydney fuhr, merkte sie, dass die Schmerzen wie weggeblasen waren. Zum ersten Mal in 32 Jahren war sie schmerzfrei. »Ich konnte es fast nicht glauben! Ich war ein stinknormaler Namenschrist. So etwas hatte ich noch nie erlebt!«

Linda hatte eine Freundin, Jess, die Allgemeinmedizinerin und vor zehn Jahren in einen schweren Verkehrsunfall verwickelt gewesen war. Ihr Brustbein war dabei so schwer verletzt worden, dass sie ins Krankenhaus musste. Was die Ärzte damals nicht merkten: Auch ihre untere Wirbelsäule war in Mitleidenschaft gezogen worden. Einige Wochen nach dem Unfall bekam sie in ihrem linken Bein Schmerzen und einen Spitzfuß. Sie wurde dreimal operiert, aber das Ergebnis war ein halb verkümmertes Bein mit permanenten Schmerzen. Ihr linkes Bein war »tot«, und das jetzt seit zehn Jahren. Die Ärzte machten Jess keine Hoffnung.

Durch ihre eigene Heilung ermutigt, machte Linda ihre Freundin mit dem Prediger bekannt, den sie in den Bergen gehört hatte, und bat ihn, für sie zu beten. Er tat es, während Linda in einer Ecke des Raumes saß und dachte: »Was für eine Zeitverschwendung! Ich hätte sie nicht hierherschleppen und ihr falsche Hoffnungen machen sollen. Das Bein ist seit zehn Jahren kaputt ...«

Um 2.00 Uhr nachts wachte Jess auf. In den Zehen ihres kranken Beins kribbelte und stach es. Ein paar Tage danach demonstrierte sie ihrem Arzt, dass sie zum ersten Mal seit vielen Jahren mit den Zehen wackeln konnte.

Ich habe mich später mit Jess getroffen, um mich zu vergewissern, dass ihr Bein auch wirklich geheilt ist. Sie praktiziert nicht mehr als Ärztin, sondern arbeitet als Krankenhausseelsorgerin. »Jetzt muss ich die Leute nicht mehr fragen, ob ich ihnen etwas über Gott erzählen darf; jetzt erwarten sie's von mir.«

Wir saßen in dem hinteren Zimmer ihrer Wohnung, im Hintergrund lief leise Vivaldis *Vier Jahreszeiten*, als sie mir ihre Geschichte erzählte. An einem regnerischen Nachmittag im April 1988 saß sie im Auto und fuhr von ihrer Praxis nach Hause, an The Kings School in Nord-Parramatta vorbei.

»Plötzlich sah ich direkt in die Scheinwerfer eines entgegenkommenden Wagens und dann krachte es auch schon. Frontalzusammenstoß. Mein Brustbein war kaputt und ich hatte furchtbare Brustschmerzen.« Sie hatte Angst, dass jede Bewegung die Knochen in die Lunge treiben konnte, und blieb reglos sitzen, bis der Krankenwagen kam und sie in die Klinik fuhr.

Nach zwei Wochen wurde sie entlassen.

»Ich hatte mich so sehr auf meine Atmung konzentriert«, fuhr Jess fort, »dass ich zunächst nicht merkte, dass ich noch mehr Probleme hatte. Aber dann bemerkte ich den Schmerz in meinem linken Bein und dass ich den linken Fuß nachzog.« Die Untersuchung mit Computertomografie und Kernspin ergab, dass der Rückstoß am linken Oberschenkelknochen eine der Bandscheiben zerschmettert und mehrere Splitter nach oben gedrückt hatte. (Bei meinem Besuch konnte ich mir die CT- und Kernspinbilder anschauen und kann die Verletzungen nur bestätigen.) Zweimal wurde Jess an der Wirbelsäule operiert, aber der Schmerz und die Fußbeschwerden blieben und der Muskelschwund am linken Unterschenkel wurde immer stärker. Jess hinkte stark und konnte nur am Stock laufen. »Ich konnte den linken Fuß kaum bewegen und er war furchtbar empfindlich. Schon über eine Teppichkante zu gehen, war die Hölle.« Nach diversen Besuchen bei Spezialisten ließ Jess schließlich eine Wirbelsäulenversteifung vornehmen, aber der Spitzfuß, die Schmerzen und der Muskelschwund blieben. »Ich konnte nur kurze Zeit sitzen. Wenn ich in die Kirche ging, nahm ich einen Liegestuhl mit und legte mich hinten hin.«

1998 lud ihre Freundin Linda sie auf ein Heilungsseminar in Golden Grove in Sydney ein, wo Lindas Freund Tom sprechen würde. Aber es waren so viele Menschen da und der

Schmerz behinderte sie so, dass Jess beschloss, nicht über sich beten zu lassen.

Nach dem Seminar lud Linda Tom und Jess zu sich zum Dinner ein. Als sie aßen, fragte Linda Tom, ob er etwas dagegen hätte, für ihre Freundin zu beten. Er ging mit ihr ins Nebenzimmer und fing an.

Jess berichtet: »Es hatten schon viele für mich gebetet, aber diesmal spürte ich, dass Gott mich heilen würde.« Sie merkte, wie ihr krankes Bein warm wurde. Tom sagte ihr, dass er glaubte, dass Gott sie heilen würde, aber nach seinem eigenen Zeitplan. Und er warnte sie: »Der Satan wird versuchen, die Heilung wieder wegzunehmen.«

Jess fuhr fort: »Normalerweise nahm ich abends hoch dosiertes Paracetamol mit Codein, um schlafen zu können. An diesem Abend machte ich das nicht.« Als sie im Bett lag, kam ihr ein Gedanke: »Was, wenn Gott mich schon geheilt hat?« Sie stieg aus dem Bett und stellte voller Erstaunen fest, dass sie zum ersten Mal in zehn Jahren ihre Zehen nach oben krümmen und auf den Zehenspitzen stehen konnte. Sie hatte die volle Kraft in ihrem Bein, und das, obwohl der Muskelschwund noch vorhanden war. »Ich konnte auf den Zehenspitzen durch das Zimmer gehen.« Und sie lief, ja sprang durch das Zimmer, um ihre neue Kraft und Freiheit auszuprobieren.

Am Morgen fühlte das Bein sich nach wie vor gesund an. Im Laufe der folgenden Wochen wurden die Muskeln wieder stärker, bis der Muskelschwund völlig verschwunden war – und das ohne Reha oder Physiotherapie, allein durch die alltägliche normale Bewegung. Jess' Arzt, der Atheist war, staunte nicht schlecht und pflichtete ihr schließlich bei, dass dies ein Wunder war, verursacht durch die Überlegenheit des Geistes über die Materie.

Ich konnte mich persönlich davon überzeugen, dass das Bein vollständig gesund war, ohne Muskelschwund oder neurologische Defizite, und dass Jess völlig normal ging, ohne zu humpeln.

Als ich nach meinem Besuch bei Jess durch den Regen nach Hause fuhr, erinnerte ich mich daran, dass heute ja der 11. September war, genau fünf Jahre nach dem Terroranschlag auf die Twin Towers in New York. Ich musste daran denken (und habe noch öfter daran denken müssen), dass der Mensch irdische Gebäude wiederaufbauen kann, aber dass nur Gott seine kostbare Schöpfung heilen und wiederherstellen kann. »Ernest, erst wenn du nur noch Gott hast, merkst du, dass Gott genug ist ...«

Trotz der Heilung von Jess' Bein und der anderen positiven Dinge in ihrem Leben hatte Linda Ende des Jahres 2000 große Probleme. Täglich kämpfte sie mit Schuldgefühlen und Depressionen. »Äußerlich war ich in Ordnung, aber drinnen nicht«, berichtet sie.

Eine ihrer Patientinnen besuchte sie. »Linda, du brauchst innere Befreiung«, sagte sie. »Aber du musst das wollen.«

Lindas Problem war nichts Außergewöhnliches. Es gibt heute unter Medizinern erschreckend viele Fälle von Angststörungen und Depressionen. Eine im Jahre 2000 veröffentlichte Untersuchung über psychische Gesundheit und Selbstmordgefährdung unter australischen Medizinern ergab, dass 27 Prozent der Allgemeinärzte unter Depressionen und Borderline-Depressionen litten und 55 Prozent unter Angststörungen und Borderline-Angststörungen.[22] Die Studie stellte auch fest, dass die Häufigkeit von Depressionen und Angststörungen unter Allgemeinärzten allgemein höher war als im Durchschnitt der Bevölkerung.

Das New South Wales Medical Board zählte für die 1997 endende Fünfjahresperiode 21 Selbstmorde unter Ärzten; dies entspricht 19,1 von 100 000[23] zugelassenen Ärzten; die Rate in der Allgemeinbevölkerung betrug im gleichen Zeitraum nur 12 von 100 000. In der 1997 endenden Vierjahresperiode hatten in Australien neun Anästhesisten Selbstmord begangen.[24]

Als Reaktion auf diese Horrorstatistiken wurde die *Doctors' Mental Health Working Group* [Arbeitsgruppe psychische Gesundheit der Ärzteschaft] eingerichtet, um das Problem und seine Ursachen zu untersuchen und Strategien zu Prävention und Behandlung zu erarbeiten. Zu der von Professor Beverley Raphael (Leiter des Centre for Mental Health) geleiteten Arbeitsgruppe gehörten Vertreter aus Regierung, Ärzteverbänden und zahlreichen anderen Gruppen, die die Interessen von Krankenhäusern, Krankenhausärzten und Fachärzten vertraten. Laut der Arbeitsgruppe war die Selbstmordrate unter Ärzten deutlich höher als die der Allgemeinbevölkerung sowie anderer akademischer Berufe. Mit dem 2,5- bis 2,7-Fachen der Norm besonders hoch war das Risiko unter Ärztinnen.

Doch trotz aller Bemühungen von Regierungsstellen und Ärzteschaft sind Stress, Angststörungen, Depression, Selbstmord und versuchter Selbstmord nach wie vor große Probleme unter den Medizinern in Australien.

Als das Jahr 2001 kam, hatte Linda den Punkt erreicht, wo sie ernsthaft daran dachte, ihren Beruf an den Nagel zu hängen. »Meine Patienten sahen ein Wrack vor sich.« Sie fühlte sich von den Menschen, ja – schlimmer noch – von Gott abgelehnt. Eine Freundin schenkte ihr ein Buch über das Thema[25], das ihr eine große Hilfe war, aber sie hatte noch einen weiten Weg vor sich.

»Ich glaubte nicht, dass Gott auch heute redet.« Doch der 26. März 2001, ein Sonntag, sollte Linda eines anderen belehren. Als sie am Morgen zur Kirche fuhr, musste sie feststellen, dass sie eine Stunde zu früh da war. Die Winterzeit hatte begonnen, und sie hatte vergessen, ihre Uhr zurückzustellen. Sie beschloss, im Auto sitzen zu bleiben und in der Bibel zu lesen, um sich die Zeit zu vertreiben.

Sie schlug Jesaja 12 auf und begann, laut zu lesen. Sie hörte, wie drinnen in der Kirche der Chor probte. Als sie an den 4. Vers kam, merkte sie, dass der Chor gerade genau dieselben Worte sang, nach derselben Bibelübersetzung: »Dankt dem Herrn! Ruft seinen Namen an! Sagt der ganzen Welt, was er getan hat. Erzählt allen, wie groß sein Name ist!«

Ganz verblüfft rief sie aus: »Gott, bin damit ich gemeint?« Sie las das Kapitel noch einmal und ihre Augen hefteten sich an die ersten beiden Verse: »Ich danke dir, Herr! Du warst über mich zornig, doch dein Zorn hat sich gelegt und nun tröstest du mich. Siehe, Gott ist meine Rettung. Ich vertraue ihm und habe keine Angst. Gott, der Herr, ist meine Stärke und ich lobe ihn; er wurde mein Retter.«

In diesem Augenblick öffneten sich die Tore ihres Gefängnisses, und Linda trat hinaus in eine Freiheit, die sie noch nie gekannt hatte. Sie suchte die Fürbitte anderer Christen und konnte mit Gottes Hilfe die geistlichen Probleme, die sie jahrelang so gelähmt hatten, durcharbeiten. Sie war voll Freude über ihre neue Freiheit. »Ich weiß, wie es ist, ›Tschüs, Gott‹ zu sagen und den Weg der Toten zu gehen«, sagt Linda. Ihre Situation erinnerte sie an eine uralte hebräische Sitte: »Wenn ihr euch einen hebräischen Sklaven kauft, soll er euch nur sechs Jahre lang dienen. Im siebten Jahr sollt ihr ihn freilassen; er muss euch für seine Freiheit nichts bezahlen« (2. Mose 21,2). Linda: »Der Hebräer verkaufte sich für sechs Jahre in die Sklaverei; im siebten kam er wieder frei. Meine Sklaverei dauerte genau sechs Jahre und sechs Tage.«

Im Jahr 2002 lud Linda ihre Patienten in ihre Praxis ein. »75 Personen kamen. Es gab ein Mittagessen und ein Gastprediger betete für die Patienten. Ich sah mit meinen eigenen Augen, wie eine Frau aus ihrem Rollstuhl aufstand und normal gehen konnte.«

Doch Lindas eigene Probleme waren noch nicht vorbei. Im November diagnostizierten ihre Kollegen bei ihr eine chronische Nervenentzündung. Seit einiger Zeit schon hatte sie Taubheitsgefühle in den Beinen und Füßen; jetzt kamen schwere Symptome in den Händen und Armen dazu: Taubheit, Zittern und ein Schwächegefühl. »Ich befand mich im freien Fall.« Sie rieten mir, Steroide einzunehmen, und eine Plasmapherese[26] durchführen zu lassen. Auch das noch! Linda wusste nicht mehr, was sie machen sollte.

Wieder rief sie den Pastor an, den sie im Bergland von New South Wales kennengelernt hatte und der ihr Freund geworden war. Sein Rat war ebenso ernüchternd wie ermutigend: »Linda, wenn du es entgegennimmst, hast du es.« Linda erzählt: »Dann betete er für mich und es war wie ein Feuerregen – so stark. Ich lernte es, Gottes Gesicht zu suchen und nicht seine Hand – ihn selbst und nicht seine Heilung. Ich musste mich fragen: Will ich mich von ihm führen lassen? Will ich ihm vertrauen?«

Im Kampf gegen die Depression ist für Ärzte die solidarische Unterstützung durch Kollegen ein wichtiger Faktor, der ihnen hilft, sich zu öffnen und über ihre Probleme zu reden (und hoffentlich auch Hilfe zu bekommen). Doch der Rattenkäfig des Praxisalltags lässt manchen Arzt sehr einsam werden – oft selbst dann, wenn er in einer Gemeinschaftspraxis arbeitet. Oft sind die Probleme so persönlich und in die Tiefe gehend, dass man nicht leicht über sie reden kann.

Der Arzt, der Christ ist, ist hier in der glücklichen Lage, noch einen anderen Partner zu haben, einen »stillen Teilhaber«, der sein Dilemma voll und ganz versteht und in den Stunden, wenn weit und breit keine Hilfe zu sein scheint, nur zu bereit ist zu helfen – wirklich zu helfen. Doch dazu muss der Arzt bereit sein, vor Gott zu treten und ihm zu vertrauen. Diese Begegnung mit Gott als solche wird bereits Heilung bringen; sie kann uns aber auch zu anderen Menschen führen, die uns helfen können.

Es war spät geworden und ich wollte gehen, da sagte Linda zu mir: »Da ist noch etwas, das ich Ihnen sagen muss.« Sie zeigte auf ihre Brust. »Hier drinnen, zwischen meinem Herzen und meinem Kopf, war früher eine undurchdringliche Panzerplatte aus Stahl. Im Mai 2005, nach Gebet und Seelsorge, verschwand diese Platte.« Sie erklärte mir, dass bis dahin ihr christlicher Glaube ein reines Kopfwissen, eine Sache des Intellekts gewesen war. Doch jetzt wurden ihr Wissen über Gott, ihre Liebe zu ihm und ihre Erfahrungen mit ihm zu einer lebendigen Realität, die ihr Leben prägte.

Ich hatte noch eine Frage. Es war eine schwere Frage, aber ich musste sie stellen: »Warum Sie, Linda? Warum hat Gott Sie gerettet, wenn so viele andere umgekommen sind?«

Schweigen. Sie lächelte. Dann sagte sie: »Das weiß ich auch nicht. Verdient habe ich es sicher nicht, aber er hat es trotzdem getan. Wissen Sie, Gott ist sehr gnädig. Ich war eine reine Namenschristin, seit vielen Jahren schon. Ich war getauft und als Studentin war ich sogar einmal in einem Missionskrankenhaus in China. Aber ich wusste nicht, was Gnade ist. Ich habe es nicht verdient, aber Gott hat mich gerettet.«

Später rief sie mich zu Hause an: »Mein Lieblingsvers ist Jesaja 12,2: ›Gott, der Herr, ist meine Stärke und ich lobe ihn; er wurde mein Retter.‹«

Diese Depressionen waren ja so was Sinnloses.
Ich fragte mich damals:
Wo ist jetzt Gott? Aber Gott hat mich
aus meinem Trott rausgeholt.
Das war echt gnädig von ihm. Es brauchte meine ganzen
Probleme damals, um mich aus meiner
Komfortzone herauszuholen ...
Ich bin depressiv, und es braucht nicht viel,
um mich umzuwerfen.
Aber ich habe gelernt:
»Wenn ich schwach bin, bin ich stark.«
Es kommt nicht auf mein Rückgrat an,
sondern auf Gottes Rückgrat. Früher wusste ich nicht,
ob ich alles für Gott opfern könnte.
Jetzt hab ich das hinter mir. Ich weiß, wie es ist,
alles zu verlieren.

Michael, Allgemeinchirurg

Kapitel 14

Hab keine Angst

Indem ich die Vergangenheit vergesse und auf das schaue,
was vor mir liegt, versuche ich, das Rennen bis zum Ende
durchzuhalten und den Preis zu gewinnen, für den Gott
uns durch Christus Jesus bestimmt hat.

Philipper 3,13b-14

»Also, ich gehe dort hin«, sagte er. »Am 3. Februar. Ein Team von 37 Leuten – sieben Ärzte, Schwestern, ein Techniker und mehrere Fotografen.«

»Und wo ist das?«, fragte ich. Was würde er antworten? Banda Aceh? Phuket? Phi Phi? Oder vielleicht Sri Lanka?

»Direkt an der Grenze zwischen Thailand und Burma.«

»Na, hoffentlich kennst du dich mit Amputationen aus. Ich habe gehört, dass dies zurzeit die Hälfte vom Geschäft ist.«

»Ich weiß nicht«, erwiderte er. »Wir werden vor allem Kriegsflüchtlinge behandeln, die meisten Burmesen.«

Jahrelang war Michael ein viel beschäftigter Allgemeinchirurg in den westlichen Vororten von Sydney gewesen. 24 Stunden am Tag und sieben Tage in der Woche musste er erreichbar sein; eine ganze Nacht Schlaf war die Ausnahme. Oft verbrachte er die halbe Nacht mit der Versorgung von Messer- und Schusswunden im städtischen Krankenhaus. Am nächsten Morgen warteten die regulären Patienten in den diversen Praxen und Ärztehäusern, einschließlich der Nachuntersuchungen der frisch Operierten. Dazu natürlich noch Familie, Gemeinde und

Ehrenämter. Aber Michael war stark und gesund und irgendwie schaffte er alles.

Bis wie ein Schatten aus der Nacht ein ungebetener Besucher kam. Der schwarze, einschüchternd knurrende Hund der Depression schlich sich in sein Leben ein. Erst merkte Michael nicht, wie ernst die Lage war, doch nach und nach verließ ihn seine Energie, bis er seinen Alltag fast nicht mehr bewältigte. Drei Jahre kämpfte er mit diesem unsichtbaren Gegner, dann beschloss er, so lange eine Pause einzulegen, bis er wieder gesund war.

»Ein ganzes Jahr lang drehte ich Däumchen«, berichtet er, »und in dieser Zeit entdeckte ich, dass die Welt auch ganz gut ohne mich auskam.« Mehrere Male dachte er ernsthaft an Selbstmord. Was ihn letztlich davon abhielt, war die persönliche Erfahrung des Elends, das der Selbstmord eines Freundes von ihm für dessen Familie gebracht hatte.

Viele aus seinem Bekanntenkreis weigerten sich, ihm zu helfen, einige stellten sich sogar offen gegen ihn; sie begriffen seine Not nicht. Aber es gab auch Menschen, die zu ihm standen. Und die für ihn beteten.

Wo es in unserem Leben ein Problem gibt, gibt es immer auch eine Verheißung Gottes. Wie es in Hebräer 13,5 heißt: »Ich werde dich nie verlassen und dich nicht im Stich lassen.« Es war dieses unfehlbare Gespür der Gegenwart Gottes, das Michael durchgetragen hat.

Konkret wurde diese Verheißung Gottes im Können medizinischer Experten, in der Unterstützung durch Freunde, aber auch aus einer ganz unerwarteten Ecke. Hatte Michael Lust, nach Jordanien zu fliegen, um dort ein Krankenhaus zu besuchen? Nein, er würde dort nicht selbst praktizieren, sondern sein Wissen an die Ärzte vor Ort weitergeben und ihnen als Christ und Facharzt beratend zur Seite stehen. Er nahm die Einladung zögernd an. Es war ein teures Projekt, vor allem da er ja ein Jahr nicht gearbeitet hatte. Aber er spürte, dass es wichtig war.

Michael genoss seinen Aufenthalt in Jordanien, der seinen Horizont weitete und ihm neue Perspektiven für sein Leben eröffnete. Dann kam der verheerende Tsunami von Weihnachten 2004. Allein in Indonesien starben über 200 000 Menschen; wie viele es genau waren, würde man nie wissen. Michaels Freunde schlugen eine Spendenaktion vor. Aber Michael wusste, was jetzt für ihn dran war. Als versierter Allgemeinchirurg spürte er den Ruf, sich mit seinem beruflichen Können zur Verfügung zu stellen. Die akuten Fälle waren versorgt, doch dafür waren Wundinfektionen, Wundbrand und Aspirationspneumonien (durch Fremdkörper in den Bronchien verursachte Lungenentzündungen) ein wachsendes Problem.

Dann entdeckte Michael noch etwas: Die medizinische Not in Südostasien beschränkte sich nicht auf die Tsunamiopfer. Ehe er sich's versah, fuhr er als Teil eines medizinischen Hilfsteams in eine entlegene Gegend an der Grenze zwischen Thailand und Burma, wo es immer wieder zu Unruhen und Grenzzwischenfällen kam.

»Die Anreise wird interessant sein«, sagte er. »Mit dem Flugzeug nach Bangkok, dann ein Bus mit Klimaanlage, weiter mit einem Bus ohne Klimaanlage und zum Schluss per Elefant. Den Elefanten macht das nichts, aber die Leute obendrauf müssen sich mit dem Laub der Bäume abplagen. Auf dem letzten Trip soll ein Passagier gegen einen Ast gestoßen sein, auf dem eine ganze Feuerameisenkolonie war. Der Elefant war die Ruhe selbst.«

»Hast du Angst?«, fragte ich.

Er strich sich über sein Kinn. »Na ja, es heißt, es könnte ge-

fährlich werden. Viele der Patienten werden Opfer der Grenz-
kämpfe sein. An der Grenze ist ein Fluss, der mal auf der einen, mal auf der anderen Seite verläuft und sich so schlängelt,
dass man manchmal nicht weiß, ob man noch in Thailand
oder schon in Burma ist. Aber ich weiß, wie es ist, dem Tod
ins Auge zu sehen, und ich sehe das eher gelassen.«

Wir beteten noch miteinander für Michael und das ganze
Team und dann ging er. Sein erstes Lebenszeichen, per Han-
dy aus Bangkok, war optimistisch. Sie waren gut angekommen, er hatte in mehreren Gemeinden vor Ort gesprochen
und sie bereiteten sich auf die Weiterreise vor. Ich wartete
geduldig auf weitere Nachrichten, aber mehrere Tage lang
kam nichts, bis auf das, was ich über Michaels Frau Glenda
erfuhr, die zu Hause geblieben war, um nach seiner Praxis
zu sehen.

Nach zwei Tagen in Bangkok waren sie nach Maesot an der
burmesischen Grenze gefahren, einer strategisch günstig gelegenen 45 000-Einwohner-Stadt, die auf vielen Karten nicht
erscheint. Hier richteten sie ihr »Basislager« ein und begaben
sich dann weiter nach Umpan.

Die Einladung in diese Stadt war von einem einheimischen
Geschäftsmann gekommen, der offenbar mit der Leitung
des örtlichen Krankenhauses im Clinch lag. Das Ergebnis
war, dass das Team die Klinikräumlichkeiten nicht benutzen
durfte. Es richtete unverdrossen eine provisorische Praxis in
dem buddhistischen Tempel ein, wo die Ärzte auf einer von
den Mönchen benutzten Holzbank kleinere Eingriffe wie das
Versorgen von Wunden und die Entfernung von Geschwuls-
ten vornahmen. Laboruntersuchungen waren nicht möglich.
»Aber wenigstens konnte ich die Patienten auf Tuberkulose-
knoten untersuchen«, berichtete Michael. »In dieser Gegend
grassiert die Tuberkulose.«

153

Michael weiter: »Ich glaube nicht, dass ich Leben rettete; ich verlängerte sie höchstens. Aber wir konnten diesen Patienten ja viel mehr bieten als körperliche Gesundheit. Gut, Evangelisationen abhalten konnten wir nicht gerade; das wäre etwas heftig gewesen. Aber wir beteten für jeden Patienten.«

Viele der Patienten verstanden ihre Sprache nicht, aber es zeigte sich bald, dass dies kein Hindernis für die Macht der Gebete sein musste. Die Patienten waren so beeindruckt von der Liebe, die das Team ausstrahlte, dass sie Bekannte schickten, die sich erkundigten, was die Gebete bedeuteten. Das Ergebnis war, dass sich drei Menschen bekehrten.

Dass das Team in einem buddhistischen Tempel arbeitete, beunruhigte mich etwas. Ich selbst war in China oft in heidnische Tempel eingeladen worden, und meistens hatte ich es nicht fertiggebracht, sie zu betreten. Diese Häuser waren Stützpunkte der Finsternis und keine Orte für den Dienst von Christen ... Aber dann erinnerte ich mich daran, wie Elia Gott gebeten hatte, seine Macht auf einem Altar zu demonstrieren, der direkt neben einem der Baalspropheten stand, und wie Feuer vom Himmel fiel und den Altar samt Opfer verzehrte (1. Könige 18). Ich dachte auch daran, wie John Wesley, als er nicht in der Kirche predigen durfte, vom Grab seines eigenen Vaters aus zu Tausenden gesprochen hatte. Mit Sicherheit würde Gott dieses Team als sein Werkzeug benutzen, egal, wie die äußeren Umstände waren.

Von Umpan zogen sie zurück nach Maesot, wo sie wieder eine chirurgische Praxis einrichteten. »Wir nutzten jede Gelegenheit, um mit den Menschen über Gott zu sprechen«, sagte Michael. Wegen der vielen Dialekte in der Gegend war dies schwierig und oft benötigten sie gleich zwei oder drei Übersetzer gleichzeitig.

In Maesot war der geistliche Widerstand stark. Es war

Schwerarbeit, den Menschen Gottes Liebe zu bringen. Die Barriere zwischen den Einheimischen und dem Team war fast greifbar. Aber dies war nur zu den Praxiszeiten zwischen 9.00 und 17.00 Uhr so. Punkt 17.00 Uhr war die Barriere weg. Es war unerklärlich – bis einer der Freunde des Teams sagte: »Habt ihr den Schamanen gesehen? Habt ihr den Schamanen gesehen?« Es zeigte sich, dass exakt von 9.00 bis 17.00 Uhr ein einheimischer Medizinmann draußen vor dem Gebäude stand, seine Sprechgesänge rezitierte und seine Schelle schwang. Sobald er nach Hause gegangen war, war die Luft wieder rein.

Einmal kam eine ältere Frau zu dem chinesischen Arzt in diesem Team. Sie war Analphabetin und schien geistig etwas langsam zu sein. Der Arzt fand, dass es zu schwierig wäre, sie auf Gott anzusprechen, und beließ es bei der medizinischen Behandlung. In ihren Patientenunterlagen gab er ihr Alter an sowie, mit dem üblichen Symbol, ihr Geschlecht. Als er mit ihr fertig war, schickte er sie weiter in die Gebetsgruppe. Die Leute in der Gebetsgruppe, die nicht medizinisch geschult waren, deuteten das »Weiblich«-Symbol als Kreuz mit einem Heiligenschein darüber und als Zeichen, dass die Frau Christin war. Worauf sie so begeistert für sie beteten, dass sie eine Übersetzung haben wollte. Der Übersetzer war neckischerweise der besagte chinesische Arzt. Er erklärte der Frau das Evangelium mit solch einer Überzeugungskraft, dass sie beschloss, Christin zu werden. Das Team schenkte ihr eine Bibel, die sie andächtig in ein Tuch wickelte und darauf zum Zeichen der Ehrfurcht und Hingabe auf ihren Kopf legte. Sie war die Erste aus ihrem ganzen Dorf, die Christus angenommen hatte.

Dann hieß es schließlich von Maesot Abschied zu nehmen. Bevor das Team in den Bus stieg, besuchte es noch einen alten

Mann, den Schwiegervater eines bekannten Geschäftsmanns vor Ort. Der Geschäftsmann war eine schillernde Persönlichkeit, mit (angeblich echter) Rolex-Uhr und Diamantschmuck. Er war während des Besuchs des Teams Christ geworden, aber machte sich Sorgen um seinen Schwiegervater, der senil war, nicht mehr aus dem Haus konnte und einen Schlaganfall hinter sich hatte.

Trotz seiner Schwäche konnte der Schwiegervater ein Übergabegebet an Jesus Christus sprechen. Als das Team wieder gehen wollte, sagte jemand: »Wir glauben doch an die Macht des Gebets. Warum beten wir nicht um Heilung für diesen Mann?« Das Team betete über dem Mann, stieg in den Bus und fuhr davon.

Sechs Monate später kam ein zweites Hilfsteam nach Maesot, um die Arbeit fortzusetzen. Die Kollegen besuchten den Alten, um zu sehen, wie es ihm ging, und siehe da: Er war körperlich und geistig gesund und konnte wieder richtig gehen, mit großen, kräftigen Schritten.

Es gibt keine rationale Erklärung für diese Heilung. Die Diagnose des Mannes war zwar ohne die üblichen Verfahren wie Kernspin- oder Computertomografie und Gehirndurchblutungs-Untersuchungen, ja sogar ohne einen Neurologen erfolgt, aber es war eindeutig, dass hier etwas Außergewöhnliches geschehen war. Hatte dieser Patient sich nach und nach von einer schweren Krankheit erholt oder handelte es sich um ein Heilungswunder? Genau werden wir es vielleicht nie wissen.

Aber jetzt war es 12 Monate später und mein Freund bereitete sich auf den nächsten Südostasien-Einsatz vor. Diesmal würden er und seine Kollegen erst zwei Wochen in Thailand verbringen; sie würden erneut nach Maesot gehen, um die Arbeit vom letzten Jahr fortzusetzen. Darauf würde Michael mit einem Team nach Kambodscha gehen. Kambodscha war

Neuland. Sie wussten nicht, was sie dort erwartete. »Ich finde es gut, dass er das macht«, sagte Glenda. »Aber ein bisschen Bammel habe ich schon. Diesmal wird er vier Wochen weg sein.«

Es waren fast auf den Tag zwölf Monate seit Michaels Rückkehr von der thailändisch-burmesischen Grenze und wir saßen an seinem Esstisch zusammen und unterhielten uns über das neue Projekt. In drei Tagen würde er mit dem Team nach Bangkok fliegen und dann weiter nach Chang Mei reisen. Die Wohnung war voll von Dingen, die er noch packen musste. In der Mitte des Wohnzimmers thronte ein Stromgenerator und bei der Haustür stapelten sich Computerteile.

Wir tranken schweigend unseren Tee. Aus dem Fernseher im Erdgeschoss hörte man das Ende der Übertragung eines Kricketmatches zwischen Australien und Sri Lanka. »Wie hat dich diese ganze Sache verändert?«, fragte ich Michael.

»Na ja«, sagte er, »es hat meine eigenen Probleme in die richtige Perspektive gerückt. Diese Depressionen waren ja so etwas Sinnloses. Ich fragte mich damals: Wo ist jetzt Gott? Aber Gott hat mich aus meinem Trott herausgeholt. Das war echt gnädig von ihm. Es brauchte meine ganzen Probleme damals, um mich aus meiner Komfortzone herauszuführen.

Heute weiß ich, wozu ich im Leben wirklich da bin. In Epheser 2,10 [LUT] heißt es, dass wir ›Gottes Werk‹ sind und dass er schon vor Beginn der Welt die Aufgaben geschaffen hat, die ich heute habe. Die Arbeit, die ich heute tue, ist also ein echtes Vorrecht. Gott selbst hat sie mir geschenkt. Was mir daran so Spaß macht – ich sage bewusst ›Spaß‹, weil ich halt so bin –, ist das Wissen, dass ich zu Gottes Plan gehöre. In Australien ist so viel in unserem Leben Leerlauf, aber das hier – dazu hat Gott mich erschaffen, hier nimmt mein Glaube Fleisch und Blut an.«

Michael findet, dass seine Erlebnisse ihn stärker gemacht haben. »Ich bin depressiv, und es braucht nicht viel, um mich umzuwerfen. Aber ich habe gelernt: ›Wenn ich schwach bin, bin ich stark.‹ Es kommt nicht auf mein Rückgrat an, sondern auf Gottes Rückgrat. Früher wusste ich nicht, ob ich alles für Gott opfern könnte. Jetzt habe ich das hinter mir. Ich weiß, wie es ist, alles zu verlieren.«

Bevor ich ging, las ich Michael Worte aus dem 1. Buch Mose vor, wo Gott zu Abraham spricht und ihm seinen Schutz zusagt: »Hab keine Angst, Abram, denn ich will dich beschützen und dich reich belohnen« (1. Mose 15,1).

Es war am Sonntagabend und schon spät, als das Telefon klingelte. Ich saß gerade vor dem Fernseher und schaute mir ein Kricketmatch zwischen Australien und Südafrika an. Halb widerwillig nahm ich ab. Michael kam ohne das übliche Geplänkel zur Sache. »Wie heißt dieser Bibelvers nochmals, in dem Gott Abraham beschützt?«

Ich las vor: »Hab keine Angst, Abram, denn ich will dich beschützen und dich reich belohnen.«

Michael hörte mir aufmerksam zu. Dann las er mir einen anderen Bibelvers vor, den er von einem Verwandten bekommen hatte: »Hab keine Angst und verliere nicht den Mut, denn der Herr selbst wird vor dir hergehen. Er wird bei dir sein. Er wird sich nicht von dir zurückziehen und dich nicht im Stich lassen!« (5. Mose 31,8). Diese Worte würde er wie eine Kette um seinen Hals tragen und sie sich tief in sein Herz hineinschreiben (vergleiche Sprüche 3,3). Sie würden ihm vorangehen und bei ihm sein, und wenn er wiederkommen würde, wären sie immer noch da.

Am nächsten Morgen flog er pünktlich los, mit großem Koffer, Rucksack und diversen Kartons. Er war zuversichtlich und erwartungsvoll. Er wusste: Wohin er auch ging und was auch kam, er wäre nicht allein.

Wie er mir sagte: »Dazu bin ich ja geboren.«

Das war wie Tod und Auferstehung.
Am Donnerstag ging ich ins Krankenhaus,
um am Abend das Todesurteil zu vernehmen.
Am Freitag kam das Sterben.
Am Samstag konnte ich das erste Mal
nach vielen Wochen schlafen.
Aber der Sonntag – das war die Auferstehung!

Rosemary Bradford

Kapitel 15

Ein neues Herz für Rosemary

Was habe ich im Himmel außer dir?
Neben dir erfreut mich nichts auf der Erde.
Auch wenn mein Leib und mein Herz verschmachten,
Gott ist der Fels meines Herzens und mein Anteil auf ewig.

Psalm 73,25-26; EU

Es war dunkel, als der Kardiologe kam, gegen 21 Uhr. Das Licht auf der Intensivstation war gedämpft. Er untersuchte Rosemary gründlich und schaute sich ihr EKG und die anderen Befunde an. Er sah ernst aus. »Ich werde mit Ihrem Mann sprechen.« Er ging.

Philip wird die Worte des Arztes nie vergessen: »Ich bringe Ihnen die schlechtmöglichste Nachricht. Ihre Frau hat eine Schwangerschaftskardiomyopathie (eine schwere Herzmuskelerkrankung).« Er fuhr fort, dass Rosemarys Herz nicht mehr mitmachte und dass sie eine Herztransplantation nicht überleben würde, die im Übrigen angesichts ihrer Nierenprobleme überhaupt nicht möglich wäre. Seine Prognose: Rosemary hatte wahrscheinlich nur noch 48 Stunden zu leben.

Es war eine furchtbare Nachricht. Die Telefonleitungen zu Verwandten und Freunden liefen heiß. Rosemary: »An diesem Freitag hieß das große Thema ›Sterben‹.« Der Kardiologe hatte ihr keine Hoffnung gemacht.

Einige Wochen vorher war bei uns in Strathfield spätabends der Anruf angekommen. Der Ton von Philips Stimme sagte mir sofort, dass etwas Schlimmes geschehen sein musste. Er rief aus Auckland auf der Nordinsel von Neuseeland an, wo er und Rosemary eine Tagung besucht hatten. Sie war mit ihrem fünften Kind schwanger, fühlte sich aber überhaupt nicht gut; sie hustete und wurde immer kurzatmiger.

Gegen Ende der Konferenz bekam sie plötzlich Wehen und wurde mit dem Krankenwagen in eine Klinik gebracht. Die Wehen waren kurz, aber sehr schmerzhaft, da man keine Zeit hatte, ihr schmerzstillende Mittel zu verabreichen. Grace Rebecca wurde sechs Wochen zu früh geboren und kam sofort auf die Neugeborenen-Intensivstation.

Rose besuchte ihr Kind jeden Tag. Aber mit jedem Tag fiel es ihr schwerer. »Sind Sie immer so kurzatmig?«, fragte eine Schwester sie.

Auch das Kind wurde zusehends schwächer. Fünf Tage nach der Geburt kam die Nachricht: Grace Rebecca war tot.

Rosemary durfte die Klinik über das Wochenende verlassen, um bei der Beerdigung dabei sein zu können. In die Trauer mischte sich die Dankbarkeit für die Tage, die sie mit Grace hatten verbringen dürfen. Das Paar hoffte, dass nach der Beerdigung das Leben weitergehen würde. Aber es sollte anders kommen.

Mit Rosemarys Gesundheit ging es zusehends bergab. Freunde schickten ihren Hausarzt zu ihr, der ihren Zustand erschreckend fand. Nach diversen Tests beschloss er, sie »unverzüglich« stationär behandeln zu lassen.

Rosemary hörte, wie er am Telefon den Krankenwagen bestellte. »Die Patientin hat Herz- und Nierenversagen, Anämie und eine Lungenentzündung.« Sie dachte: »Der meint doch wohl nicht mich.«

Und so kam Rosemary in das renommierte Green Lane Hospital in Auckland, das für seine guten Herz-Lungen-Spezialisten bekannt war. Dort bescheinigte man ihr eine Lungenentzündung, gab ihr Antibiotika und schickte sie wieder nach Hause. Sie und Philip, froh darüber, dass das Krankenhaus die Sache nicht so ernst zu sehen schien, beschlossen, noch eine Weile bei Freunden in Auckland zu bleiben, bis sie wieder bei Kräften für die Rückreise nach Sydney war.

Doch trotz der Antibiotika ging es Rosemary immer schlechter. Sie bekam stechende Brustschmerzen und die Atemnot verschlimmerte sich.

In seiner Verzweiflung schlug das junge Paar sein Andachtsbuch auf – eine von dem großen Prediger C. H. Spurgeon zusammengestellte Sammlung von Verheißungen Gottes. Der Text für diesen Tag war keiner von den bekannteren. Es ging in ihm um den Engel, der der Frau Manoachs erschien, um ihr die Geburt Simsons anzukündigen, der Israel von den Philistern befreien würde (Richter 13).

Der Engel erschien noch ein zweites Mal. Diesmal brachte Manoach Gott ein Opfer dar – und in der Flamme über dem Altar stieg der Engel zum Himmel hoch, dass Manoach und seine Frau vor Ehrfurcht zu Boden fielen. »Wir werden bestimmt sterben, denn wir haben Gott gesehen!«, flüsterte Manoach. Doch seine Frau erwiderte: »Wenn es dem Herrn gefallen hätte, uns zu töten, hätte er das Brand- und Speiseopfer sicher nicht von uns angenommen. Er hätte uns das alles nicht gezeigt und wir hätten nicht solche Dinge von ihm gehört« (Richter 13,23).

Philip und Rosemary fassten Mut. Hier war in der dunkelsten Stunde ein Wort der Hoffnung.

Etwa um diese Zeit rief Philip mich an. Mit wachsender Bestürzung hörte ich ihm zu, wie er mir Rosemarys Zustand beschrieb. Er wusste nicht mehr, was er denken sollte. Warum war seine Frau so krank? Warum hatte das Krankenhaus sie nicht behalten, warum konnte ihr niemand helfen? Was sollte er tun?

Meine Gedanken rasten. Am wahrscheinlichsten schien mir, dass Rosemary eine Lungenembolie hatte (eine Verstopfung einer der Lungenarterien), vielleicht auch eine Lungenentzündung. Ich konnte Philip nur dringend raten, sofort einen Facharzt zurate zu ziehen.

Rosemarys Zustand verschlechterte sich weiter. Die beiden trafen schließlich eine schwierige Entscheidung: Sie würden so bald wie möglich nach Sydney zurückkehren. Zu Hause – im Kreise der Verwandten und mit den Ärzten, die sie gut kannten – konnte es doch nur besser werden. Der behandelnde Arzt in Auckland, der Rosemary das Fliegen eigentlich verboten hatte, protestierte, aber willigte schließlich ein.

Wieder in Sydney, kehrten sie in das anglikanische Pfarrhaus zurück, wo Philip Katechist war. Sie kamen an einem Sonntag an. Am Donnerstag war Rosemary todkrank. Ihr Nachbar und Freund, der selbst Allgemeinarzt war, veranlasste, dass ihr Brustkorb geröntgt wurde. »Rosemary, zu Hause wirst du nicht gesund«, sagte er. »Du musst ins Krankenhaus!«

Sie packten eine Tasche und Philip fuhr Rosemary in die Notaufnahme des Manly District Hospital. Sie kam sofort auf die Intensivstation, wo man umgehend einen Kardiologen vom St. Vincent Hospital anforderte. Es war dieser Mann, der später an diesem Abend, nachdem er Rosemary untersucht hatte, Philip eröffnete, dass seine Frau wohl keine 48 Stunden mehr leben würde.

Ich wusste nicht viel über peripartale Kardiomyopathie und hatte persönlich noch keinen Fall erlebt. Also konsultierte ich meine Bücher. Mein medizinisches Lehrbuch[27] definierte sie als eine Kardiomyopathie (Herzmuskelerkrankung), die sich bei Frauen, die bisher keine Herzkrankheit gehabt haben, im letzten Schwangerschaftsmonat oder innerhalb von fünf Monaten nach der Geburt entwickelt.[28] Der Herzmuskel wird schwächer und die Herzkammern vergrößern sich, mit dem Ergebnis, dass die linke Herzkammer, die als Hauptpumpe des Herzens mit Sauerstoff angereichertes Blut aus der Lunge in den Kreislauf pumpt, versagt. Durch Blutgerinnsel in der Lunge oder im Rest des Körpers kann es zu zusätzlichen Komplikationen kommen.

Ich las weiter, dass es, je nach Herzgröße, Patienten mit hohem und weniger hohem Risiko gab; bei anhaltender Herzvergrößerung lag die Fünf-Jahre-Überlebensrate bei 15 Prozent. Drei kleine Studien ergaben eine Sterblichkeitsrate zwischen 7 und 50 Prozent; die Hälfte der Todesfälle erfolgte in den ersten drei Monaten nach der Entbindung.

Lynne und ich kannten Philip und Rosemary seit vielen Jahren. Wir hatten zusammen mit ihnen studiert und Bibelstunden besucht. Wir waren auf ihrer Hochzeit gewesen, eine Woche vor unserer eigenen, und waren die Pateneltern von einem ihrer Kinder. Philip hatte klinische Psychologie studiert und mit Schwerhörigen gearbeitet, bevor er ans Moore Theological College ging, um anglikanischer Pastor zu werden. Zurzeit war er Religionslehrer an der St. Matthwes Church in Manly. Philip und Rosemary waren zwei wunderbare, liebevolle Menschen.

Ich konnte es nicht fassen, wie schlecht es Rosemary ging. Mein Glaube war erschüttert. Wie konnte ein liebender Gott im Leben solch lieber Menschen etwas so Furchtbares zulassen? Nicht nur, dass sie ihr kleines Mädchen verloren hatten; für Rosemary selbst gab es keine Überlebenschance. Und was sollte aus Philip und den anderen vier Kindern werden?

Am nächsten Morgen ließ ich mich in der Praxis entschuldigen und besuchte Rosemary auf der Intensivstation. Es war ein schöner Tag, der Himmel blau und wolkenlos, das Meer glitzernd im Sonnenlicht. Rosemary lag in einem Privatzimmer mit Blick auf das Wasser. Sie saß gerade, mehrere Kissen im Rücken, und bekam Sauerstoff. Ich bekam einen Schrecken, als ich sie sah. Sie hatte Ödeme in den Gliedmaßen und große Mengen Flüssigkeit im Brustkorb. Ihr Ruhepuls lag bei 115. Der Röntgenthorax und das EKG hatten eine starke Herzvergrößerung und eine stark eingeschränkte Funktion der linken Herzkammer ergeben. Ich war fix und fertig, aber ich betete mit Rosemary und sprach ihr, so gut es ging, Mut zu.

Ich fuhr schnurstracks weiter zu Philips und Rosemarys Haus. Ich hatte vorgehabt, Philip Mut zu machen, aber eigentlich machte er mir Mut. Sein Glaube war stark und unerschütterlich. Viele Freunde waren im Haus. Die einen hatten Essen gebracht, andere beteten, wieder andere waren einfach gekommen, um ihre Liebe und Solidarität zu zeigen. Der Rektor des Moore Theological College hatte gerade angerufen, um seine Hilfe anzubieten. Ich begann, mit den Verwandten und Freunden mitzubeten. Bald entdeckte ich so etwas wie einen »roten Faden«: dass Gott Rosemary »ein neues Herz« geben möge. Ob dies nun eine Transplantation bedeutete oder die Heilung ihres alten Herzens – egal, wir beteten um ein *neues Herz* für Rosemary.

In den nächsten 24 Stunden schlossen sich Menschen in ganz Australien diesem Gebet an. Kanonikus Jim Glennon und mehrere Gläubige aus der Heilungsgruppe der St. Andrew's Cathedral beteten für Rosemary. Wir riefen auch unseren Freund Pastor Noel Gibson an, der gerade zusammen mit seiner Frau in Melbourne eine Gemeindefreizeit leitete, und die ganze Gemeinde dort schloss sich unserem Gebet an.

Das »neue Herz für Rosemary« war wie eine Brandungswelle, die in dem Maße, wie sie der Küste näher kommt, immer deutlicher Gestalt annimmt. Was als gemeinsames Zentrum unserer Gedanken und Gebete begonnen hatte, wurde in unseren Herzen zu einer Realität. Es war gerade so, als ob Gott sagte: »Das ist das, was ich tun will. Glaubt einfach und betet weiter.«

Am Samstag lag Rosemary weiter auf der Intensivstation. Sie saß halb aufgerichtet im Bett, um besser atmen zu können, die Arme um die Oberschenkel geschlungen. Sie berichtet: »Als ich da in dem warmen Bett saß und das Sonnenlicht durch das Fenster strömte, war mir, als ob Gott mich in die Arme nahm.« In der Nacht auf Sonntag konnte sie zum ersten Mal seit Wochen gut schlafen.

Am Sonntagmorgen gab es Neuigkeiten. Rosemary ging es besser – so schnell, dass man fast dabei zuschauen konnte, und so sehr, dass man sie im Laufe des Tages von der Intensivstation auf eine allgemeine Station verlegte.

An diesem Tag kam der Kardiologe wieder, um die Verlegung zur palliativen Intensivpflege ins St. Vincent Hospital in die Wege zu leiten. Er staunte nur so, wie Rosemarys Zustand sich gebessert hatte. Philip erinnert sich, wie er sagte: »In dieser Klinik scheinen die Leute gesund zu werden.« Er sah von der Verlegung ab, da das Manly District Hospital »der Patientin guttat«.

Rosemarys Genesung machte weiter rasche Fortschritte. Schon bald konnte sie zurück nach Hause, wo sie vollständig gesund wurde. Als ich sie nach ein paar Wochen besuchte, fuhr sie mit dem Fahrrad durch die Straßen von Manly und hatte keinerlei Symptome mehr.

18 Jahre später hat Rosemary weiterhin ein gesundes Herz und ist in Gemeinde und Nachbarschaft aktiv. Was ihr Nie-

renproblem betrifft, hat sie sich vor Kurzem mit Erfolg einer Nierentransplantation unterzogen.

Wenn sie an die dramatischen Tage damals zurückdenkt, sagt sie: »Das war wie Tod und Auferstehung. Am Donnerstag ging ich ins Krankenhaus, um am Abend das Todesurteil zu vernehmen. Am Freitag kam das Sterben. Am Samstag konnte ich das erste Mal nach vielen Wochen schlafen. Aber der Sonntag, als ich aus der Intensivstation herauskonnte und es mir so viel besser ging – das war die Auferstehung!«

Aber warum heilte Gott Rosemarys Herz, aber nicht gleich auch ihre Nieren? Eine berechtige Frage, auf die es keine schnelle Antwort gibt. Der Apostel Paulus hatte auch mit seinem »Dorn im Fleisch« zu kämpfen – möglicherweise eine Krankheit. Dreimal bat er Gott, ihn zu heilen, und wurde doch nicht geheilt (2. Korinther 12). Kathryn Kuhlman, die in den 1970er-Jahren in den USA eine bekannte Heilungsevangelistin war, starb selbst an einer hartnäckigen rheumatischen Herzerkrankung. Sie soll gesagt haben, dass sie darüber eines Tages mit Gott reden müsste.

Eine mögliche Antwort im Fall Rosemary wäre, dass ihr Nierenleiden eine Herztransplantation unmöglich machte und dass dadurch Gott seine Macht zu heilen demonstrieren konnte, sodass Hunderte von Menschen aus erster Hand die Macht des Gebets und das Eingreifen des allmächtigen Gottes erlebten.

Doch die Frage bleibt: Warum werden die einen geheilt und die anderen nicht? Liegt das an Gott oder an uns Menschen? Warum wurde Rosemary gerettet und die kleine Grace nicht?

Rosemarys Geschichte macht Medizinern Bauchschmerzen. Wohl die meisten Ärzte werden von ähnlichen Fällen gehört haben, aber eine Erklärung, mit der sie leben können, haben sie meist nicht. Viele murmeln halbherzig etwas wie: »Der Geist ist eben stärker als die Materie.« Oder: »Das muss ein Wunder gewesen sein.« Oft wandert solch ein Dilemma in die Schublade »Unerklärlich«, wo es dann bleibt. Solche Fälle passen einfach nicht zusammen mit einer rationalistisch verstandenen Medizin.

Dass Gott in den Heilungsprozess eingreifen kann, passt nicht in das Bild der konventionellen Medizin. Viele Christen akzeptieren die Heilungswunder der Bibel als historische Berichte. Aber heilt Gott auch heute? Die heutigen Wunderheilungen sind für viele von uns in Ordnung, solange sie auf einem anderen Kontinent passieren. Aber was geschieht, wenn sie uns direkt betreffen?

Kapitel 16

Ein Glaubensgeschenk

Ruf mich, dann will ich dir antworten und dir
gewaltige und unglaubliche Dinge zeigen,
von denen du noch nie gehört hast.

Jeremia 33,3

Mrs Mac und die Nacht in Hurlstone Park – ich habe immer wieder daran denken müssen. Der Vorfall war ein Meilenstein in meinem Leben als Christ. Und ein Vorgeschmack auf die Zukunft.

Unsere Familie machte Urlaub auf dem Bauernhof, in Fliske Milne, in einem entlegenen Teil der Snowy Mountains in New South Wales. Unsere Tochter Sascha plagte sich seit mehreren Tagen mit einer Infektion im Brustraum. Ihr Asthma wurde schlimmer. Eines Nachts rief Lynne mich in Saschas Zimmer. Sascha hatte hohes Fieber und Atemnot. Es war gegen 2.00 Uhr. Draußen herrschten Minustemperaturen, ein Sturm tobte um das Haus und es fing an zu schneien. Ich beschloss, Sascha ins nächste Krankenhaus zu bringen, das in Cooma war, 90 Kilometer entfernt. Ich wusste, dass das Fahren bei diesem Wetter gefährlich wäre. Aber als ich den Wagen überprüfte, stellte ich fest, dass ich fast kein Benzin mehr hatte – und die Tankstelle öffnete erst um 7.00 Uhr. Zu allem Übel hatten wir kein Telefon, das funktionierte.

Es blieb mir nichts anderes übrig, als Sascha zu beobachten. Aber ich hatte Angst. Das Notfallspray schien kaum zu wirken und es ging ihr immer schlechter. Wir beteten zu

Gott: »Warum hilfst du ihr nicht? Warum legst du nicht deine Hand auf unser Mädchen und heilst es?«

Und dann kam eine Stimme von innen: »Warum macht ihr es nicht selbst?«

Und Lynne und ich legten unsere Hände auf Sascha und beteten für sie. Es ging ihr sofort besser und am Morgen war sie gesund.

Als Christen dürfen wir mit Paulus sagen: »Ich lebe, aber nicht mehr ich selbst, sondern Christus lebt in mir« (Galater 2,20). Wenn wir jemandem die Hände auflegen und für ihn beten, geben wir die Liebe Christi weiter. Ein mir bekannter Pastor hat Gottes Hand »die Hand, die noch nie jemanden verloren hat« genannt.[29]   Einen besseren Partner kann ein Arzt nicht haben!

David ist ein beeindruckender Typ, mit einem langen schwarzen Bart und einem breiten Grinsen. Nach dem Studium in Sydney und den anschließenden Berufserfahrungen in Großbritannien und Papua-Neuguinea arbeitet er heute in einer christlichen Allgemeinpraxis am Fuße der Snowy Mountains.

David berichtet: »Soweit ich mich zurückerinnern kann, bin ich Christ gewesen. Ich bin in den Glauben hineingewachsen und habe nie einen Grund gesehen, ihn ernsthaft anzuzweifeln.« Ich erzählte ihm von Mrs Mac und Rosemary. Hatte er in seinen Praxisjahren etwas Ähnliches erlebt? Er hörte mir aufmerksam zu.

»Also, da kann ich nichts berichten«, sagte er. »Außer vielleicht aus meiner Zeit in Neuguinea.« Er erzählte mir, wie einmal ein Mann ins Krankenhaus gebracht wurde, der von einem Taipan gebissen worden war. Der Taipan, eine Giftnatter, ist die giftigste Schlange in Papua-Neuguinea – siebenmal tödlicher als die indische Kobra; ihr Gift wirkt auf die Nerven und das Blut. Der Patient war gelähmt und dem Tode nahe. Man verabreichte ihm das bisschen Antiserum (Schlangengegengift), das man auftreiben konnte, aber die Prognose war schlecht: Falls der Patient überhaupt überlebte, wäre er wochenlang schwer krank. Doch man betete für ihn und zum großen Erstaunen aller war er 24 Stunden später vollständig wiederhergestellt.

Ein anderes Mal hatten David und seine Frau, Allison (die Krankenschwester war), Davids Eltern in Papua-Neuguinea zu Besuch. David wurde dringend in die Klinik gerufen. Es ging um eine Frau, die nach einer Totgeburt eingeliefert worden war und massive Blutungen hatte. David untersuchte sie; sicher war noch ein Teil der Plazenta drinnen. »Entsetzt stellte ich fest, dass meine Hand fast ins Leere griff. Dann kam endlich etwas – ich betastete von innen die Milz der Patientin! Ihre Gebärmutter war gerissen.«

Er brauchte Hilfe. Man holte die Verwandten der Patientin, um Blut für eine Transfusion zu spenden. David übernahm die Anästhesie, während sein Vater, ein Chirurg aus Sydney, der noch nie zuvor eine Hysterektomie (Entfernung der Gebärmutter) vorgenommen hatte, mit Allisons Assistenz operierte.

Die Patientin überlebte. Das war schon bemerkenswert genug, doch noch erstaunlicher war, dass David darauf bestanden hatte, dass sein Vater sich vor dem Besuch eine zeitlich begrenzte ärztliche Zulassung für Papua-Neuguinea besorgte. Und dass sein Vater nur eine Woche vor dem Besuch auf Einladung eines Kollegen bei einer Teilhysterektomie hatte zuschauen dürfen ...

Von Davids Geschichte beflügelt, sprach ich mit Chris, einem bekannten Kinderkardiologen. Er erzählte mir, wie er eines Abends an das Bett eines kleinen Mädchens gerufen worden war, das im Sterben lag. Als er dort stand, gab Gott ihm ein, still für dieses Kind zu beten. Er betete – und merkte, wie es dem Kind besser ging. Am nächsten Morgen hatte sich der Zustand des Mädchens bemerkenswert stabilisiert. Es starb nicht. Chris beeindruckte dies so sehr, das er es den Eltern des Mädchens berichtete.

Er erzählte mir auch von dem kleinen Ben, der an der Aortenklappe des Herzens operiert werden musste. Nach der Operation verschlechterte sich sein Zustand. Er bekam Digoxin, ein Medikament zur Behandlung von Herzschwäche, aber trotzdem ging es ihm schlechter. Dann bekam er Herzkammerflimmern – eine Rhythmusstörung, bei der die Herzkontraktionen völlig außer Takt geraten und der Blutkreislauf zum Erliegen kommt. Die Ärzte versuchten, das Herz mit Stromstößen zu stabilisieren, aber die Wirkung hielt nicht lange an. Im Laufe einer Stunde erhielt Ben über hundert solcher Elektroschocks! Sein Herz wurde immer schwächer, bis es schließlich stillstand.

Die Ärzte gingen zu den Eltern hinaus, um ihnen zu sagen, dass ihr Junge gestorben war. Aber dann wurde Chris zurückgerufen. Bens Herz hatte spontan wieder zu schlagen begonnen. Er bekam noch dreimal Herzkammerflimmern und wurde defibrilliert.

Es ging ihm zusehends besser und bald schlug sein Herz in einem stabilen Sinus-Rhythmus. Eine Computertomografie ergab eine kleine Hirnblutung im Bereich der dritten Hirnkammer, aber es gab keine klinischen Hinweise auf eine Gehirnschädigung.

Über mehrere Jahre verfolgte Chris Bens Gesundheitszustand. Er blieb vollkommen stabil. Was er zum Zeitpunkt der Operation nicht gewusst hatte: Bens Eltern waren entschiedene Christen, die viele Freunde in New South Wales und Südaustralien hatten, die für Ben gebetet hatten.

Chris erzählte mir auch von einem Baby (einem Jungen), das mit einer Behinderung geboren wurde, bei der das Herz sich nicht richtig entwickelt und die beiden Hauptadern – die Aorta und die Lungenarterie – in der Position vertauscht sind. Das Kind wurde sehr krank und bekam eine Hirnblutung. Der Hämatologe (Blutspezialist) und der Neurologe gaben ihm wenig Chancen. Es wurde künstlich beatmet und mithilfe von Inotropika (Medikamente zur Stärkung des Herzmuskels) am Leben erhalten.

Der Zustand des Babys verschlechterte sich weiter. Als klar wurde, dass der Tod bevorstand, stellten die Ärzte die künstliche Beatmung ein, setzten sämtliche Medikamente ab und gaben den Jungen für die letzten Stunden seines Lebens in die Obhut seiner Mutter. Aber der Junge starb nicht. Er begann zu trinken. Seine Mutter nahm ihn mit nach Hause und er erholte sich. Nach sechs Monaten war er kräftig genug für eine Operation zur Korrektur seines Herzfehlers. Er erholte sich vollständig und es gab keinerlei Hinweise auf eine Hirnschädigung.

Dieser Junge war am gleichen Tag, als er künstlich beatmet wurde und man jeden Augenblick mit seinem Tod rechnete, aus dem Krankenhaus entlassen worden. Chris behielt ihn mehrere Jahre im Auge; der Junge blieb gesund. Chris wusste nicht, ob jemand für das Kind gebetet hatte oder wie gläubig seine Mutter war, aber als christlicher Arzt begann er die heilende Hand Gottes über einem Patienten zu erkennen, der normalerweise gestorben wäre.

Vielleicht liegt es an dem Hang der Ärzte zur Skepsis, dass Gott gerade ihnen oft Erlebnisse schenkt, die den Glauben aufbauen und die den traditionellen beruflichen Vorstellungen über medizinische Betreuung und Heilung zuwiderlaufen. Die Bibel definiert den Glauben als »das Vertrauen darauf, dass das, was wir hoffen, sich erfüllen wird, und die Überzeugung, dass das, was man nicht sieht, existiert« (Hebräer 11,1). Sie spricht auch von einem »Geschenk des Glaubens« (nicht zu verwechseln mit der Treue, die eine Frucht des Geistes ist). Es ist meine Überzeugung, dass Gott uns gelegentlich solch ein Heilungserlebnis schenkt, als Geschenk, auf das wir unseren Glauben aufbauen können.

Ein anderes Mal sprach ich mit Graeme, einem Geburtshelfer aus Sydney. Er war seit seiner Kindheit Christ, aber hatte Probleme mit der Vorstellung, dass Gott auch heute in den Heilungsprozess eingreifen kann. Eines Sonntagmorgens war er gerade beim Joggen, als ein dringender Anruf aus seinem Lehrkrankenhaus kam: Er solle doch einen Notkaiserschnitt durchführen. Er erzählte mir: »Ernest, es ließ sich alles gut an, aber dann, als wir die Hälfte hinter uns hatten, kam es richtig dick.« Die Plazenta der Patientin war mit der Gebärmutterwand verwachsen – etwas, was bei einer von 2 500 Schwangerschaften vorkommt. Dann bekam sie eine sogenannte Verbrauchskoagulopathie, bei der wichtige Blutgerinnungsstoffe vom Körper absorbiert werden. Sie begann furchtbar zu bluten, und Graeme und das OP-Team versuchten hektisch, die Blutung zu stoppen. Sie entfernten schließlich die Gebärmutter, aber die Blutung hörte nicht auf. Es dämmerte Graeme, dass die junge Frau womöglich sterben würde. In seiner Verzweiflung schickte er ein stummes Stoßgebet zum Himmel – und im nächsten Augenblick bekamen sie die Blutung unter Kontrolle!

Es war ein Erlebnis, das Graemes Leben veränderte. Als

ich ihn vor Kurzem, Jahre danach, wieder sprach, sagte er mir: »Die Lage war damals sehr ernst. Ich hatte die Patientin nach der Operation zugenäht, aber ich wusste, dass noch nicht alles ausgestanden war. Ich rief meine Frau zu Hause an und bat sie zu beten, während ich versuchte, den Blutverlust der Patientin auszugleichen. Sie ging in den Abendgottesdienst in unserer Kirche, St. Bede. Dort betete die ganze Gemeinde für die junge Mutter. Sie erholte sich gut. Ich sehe sie heute noch manchmal und habe ihr gesagt, was für ein Wunder ihre Heilung war. Ihr Kind ist jetzt selbst eine meiner Patientinnen.«

Rob, ein Augenspezialist, der in Sydney studierte und jetzt in Hongkong praktiziert, erzählte mir von einem persönlichen Erlebnis in der Kirche von Jackie Pullinger in Hongkong, in der er damals ein Ältester war.[30] Nach einem Gottesdienst bat man ihn und seine Frau, für einen Gast aus England zu beten, der sehr krank war. Rob bekam einen Schrecken, als er den Mann sah. Er war abgemagert, die Haut gelb; offenbar war er im letzten Stadium des Non-Hodgkin-Lymphoms (Lymphdrüsenkrebs). Rob und seine Frau beteten für den Mann wie gewünscht, aber ohne große Hoffnung. Doch von diesem Tag an verbesserte sich der Zustand des Mannes; das Letzte, was sie von ihm hörten, war, dass er keinerlei Beschwerden mehr hatte.

Eines Tages rief mich ein Chirurg aus Sydney an, um mir das folgende Erlebnis zu berichten: Er wurde an das Bett einer jungen Frau gerufen, die furchtbare Bauchschmerzen hatte. Er entschied sich für eine Notoperation. Als er die Bauchhöhle der Patientin öffnete, fand er einen geplatzten Blinddarm und einen Abszess vor. Er musste einen ganzen Liter Eier absaugen. Nach der Operation bekam die Patientin hohes Fieber. Er überwies sie zur Ultraschalluntersuchung an mich. Die Untersuchung ergab einen großen Abszess im Bauchraum. Der Chirurg beschloss, erneut zu operieren, um den Abszess zu drainieren, konnte aber für diesen Tag keinen Termin mehr im OP-Saal bekommen.

Als er am nächsten Morgen seine Visite machte, stellte er fest, dass die Patientin fieberfrei war und sich wesentlich besser fühlte. Eine erneute Ultraschalluntersuchung ergab eine geringe Menge klarer Flüssigkeit neben der Milz, aber keinen Abszess. Im Gespräch mit der Patientin erfuhr er, dass sie sich am vergangenen Abend mit ihren Eltern versöhnt und Gott gebeten hatte, sie zu heilen. Bei späteren Ultraschalluntersuchungen war keine Flüssigkeit mehr festzustellen.

Schließlich sprach ich auch mit Andrew, einem Arzt in einer großen Gemeinschaftspraxis, in der es mehrere Ärzte gibt, die Christen sind. Sie stehen füreinander ein und treffen sich einmal in der Woche mit anderen Praxismitarbeitern zum Gebet.

Andrew glaubt, dass Gott will, dass alle Menschen gesund sind, und dass Krankheit nur möglich ist, wo Gott sie ausdrücklich zulässt. An der Wand seines Sprechzimmers prangt ein gerahmter Bibelvers: »Seid dankbar in allen Dingen« (1. Thessalonicher 5,18; LUT).

Gegenüber seinen Patienten macht Andrew keinen Hehl aus seinem Glauben. Er glaubt, dass das Bezeugen dieses Glaubens eine wichtige Rolle im Heilungsprozess spielt. Wo es sich ergibt und sofern die Patienten nicht widersprechen, betet er mit ihnen. Er sieht sein Heilungshandeln und das Heilen Gottes als Einheit: »Alle Heilung kommt von Gott, aber wenn ich für einen Patienten bete und er offen für Gottes Willen ist, verstärkt das die Heilung.«

Andrew hat auch in seinem eigenen Leben Heilung erlebt. Vor einigen Jahren erlitt er ein heftiges Schleudertrauma an der Halswirbelsäule. Als ein Gastredner aus dem Ausland kam, der die Gabe der Heilung haben sollte, stellte Andrew seine Dienste als medizinischer Beobachter zur Verfügung. Er ließ nicht für sich beten, aber stellte fest, dass bereits durch seine Teilnahme an der Veranstaltung die Nackenschmerzen wie weggeblasen waren. Er stellte fest, dass dort, wo die Menschen den Heiler und nicht die Heilung suchten, Gott handeln konnte.

Andrew erzählte auch von einer jungen Frau, die in einem der Gottesdienste nach vorne kam, um zu bezeugen, dass sie gerade geheilt worden war. Sie war 17 oder 18 Jahre alt und von Geburt an fast taub. Sie trug zwei starke Hörgeräte, die jedoch wenig halfen. Sie sprach wie jemand, der noch nie gehört hatte, wie normales menschliches Sprechen klingt. Freunde und Verwandte hatten sie an diesem Abend in der Hoffnung auf ein Wunder Gottes mitgebracht.

Man betete für sie und sofort konnte sie hören. Andrew führte sie in eine ruhige Ecke, wo er ihr Gehör prüfen konnte. Wenn er drei oder vier Meter hinter ihr stand und flüsterte, verstand sie jedes Wort! An diesem Abend sprach sie offen von der Liebe und Heilungsmacht Gottes. Ihre Verwandten und Freunde, die fast überwältigt waren, bestätigten die Heilung. Andrew berichtet, dass er die junge Dame Monate später erneut traf; die Heilung hatte angehalten.

Er untersuchte auch einen Mann, der angab, von der Parkinson'schen Krankheit geheilt worden zu sein. »Ich forderte ihn auf, seine Hände auszustrecken. Sie zitterten leicht. Darauf sagte ich ihm: ›Gehen Sie nach Hause und beten Sie weiter. Gott ist noch nicht fertig mit Ihrer Heilung, vertrauen Sie ihm!‹ Manche Wunder dauern eben etwas länger.« Am nächsten Abend kam der Patient zurück. Andrew: »Er war vollständig geheilt. Sein Gang, seine Mimik und Sprache waren völlig normal; er zitterte nicht mehr.«

Ich fragte Andrew, warum wir solche Phänomene nicht öfter erleben. Er meint, dass dies mit unserem Glauben zu tun hat. »Manchmal haben die Patienten und wir nur genügend Glauben für die Symptome wie zum Beispiel Rückenschmerzen, aber nicht für die Ursache, wie etwa den Krebs, der hinter den Rückenschmerzen steht.«

Diese Erlebnisse waren Meilensteine im Leben dieser Ärzte. Sie passen nicht in das Schema der wissenschaftlichen Medizin, aber man kann sie nicht ignorieren. Jede dieser Heilungen ist von ausgebildeten, erfahrenen Ärzten bezeugt und geprüft worden. Obwohl sie an sich Ausnahmeerfahrungen darstellen, haben sie das Leben der betroffenen Ärzte stark beeinflusst. Die folgenden Kapitel erzählen die Geschichten mehrerer dieser Ärzte.

Die heutigen Ärzte werden in ihrer Ausbildung zu Objektivität und einer analytischen Einstellung angehalten. Sie lernen es, Hypothesen und Annahmen zu prüfen, bevor sie sie umsetzen, und sich an solche Therapien und Verfahren zu halten, die sich als wirksam erwiesen haben. Wäre es nicht so, wäre die Medizin ein Chaos; die Ärzte hätten keine Kriterien und Standards für ihre Arbeit und wären nicht in der Lage, sinnvoll mit Kollegen zu kommunizieren. Auch die Ausbildung an den Universitäten wäre chaotisch.

Die berufliche Kompetenz der Ärzte gründet in ihrer fundierten Aus- und Fortbildung, in ihrem in der Praxis bewährten und von Kollegen überprüfbaren medizinischen Können und in ihrer Alltagserfahrung. Es sind diese Dinge, die es ihnen erlauben, ihren Beruf auszuüben. In Australien muss jeder Arzt, der seine Zulassung nicht verlieren will, nach einem bestimmten Punktesystem eine permanente Weiterbildung nachweisen. Er muss zudem Beiträge zu seiner Berufshaftpflichtversicherung zahlen. Ich persönlich muss dazu noch jedes Jahr für meine Lizenz zur Verabreichung beziehungsweise Verschreibung von Radiopharmaka zahlen. Kann es da verwundern, wenn die Ärzteschaft die Grundlagen ihrer Berufsausübung mit Argusaugen bewacht? Alles Neue muss sehr sorgfältig untersucht, getestet und geprüft werden, bevor es übernommen wird – was ja auch im Interesse einer guten medizinischen Praxis völlig richtig ist.

Für uns Ärzte wird unser Beruf zu unserer Identität und diese Identität ist uns heilig. Phänomene, die wir nicht verstehen und nicht akzeptieren können, können wir beiseiteschieben, solange sie uns nicht direkt betreffen. Doch dies ändert sich, wenn sie uns und unserer beruflichen Identität auf den Leib rücken. Dann fühlen wir uns verunsichert und bedroht. Die Grundpfeiler des Bildes, das wir von unserem Beruf haben, geraten ins Wanken. Dies ist oft der Fall, wenn Ärzte, die Christen sind, mit der Möglichkeit, dass Gott in den Heilungsprozess eingreift, konfrontiert werden.

Es geschieht öfter, dass Gott uns in unserer Professionalität herausfordert. Simon Petrus kannte Jesus nicht besonders gut. Er hatte ihn durch Johannes den Täufer, den Cousin von Jesus, kennengelernt und bestimmt hatte die Heilung seiner Schwiegermutter durch Jesus (Lukas 4,38-39) Eindruck auf Simon gemacht. Er war ein Berufsfischer, der zusammen mit ein paar Mitarbeitern zwei Boote betrieb. Im 5. Kapitel des Lukasevangeliums lesen wir, dass sie eine ganze Nacht nichts gefangen hatten und gerade ihre Netze reinigten, als Jesus kam.

Angesichts der vielen Menschen, die ihn hören wollen, fragt Jesus Petrus, ob er von seinem Boot aus, ein Stückchen weg vom Ufer, zu ihnen sprechen kann. Als er fertig ist, weist er Petrus an: »Fahre hinaus, wo es tief ist, und werft eure Netze zum Fang aus!« (Lukas 5,4; LUT). Petrus zögert. Er ist müde. Die ganze Nacht (die beste Zeit zum Fischen) ist er ohne Erfolg draußen gewesen; er und seine Männer haben bereits die Netze gereinigt. Und überhaupt: Was versteht denn ein Zimmermann vom Fischen?

Aber er gehorcht, und Lukas berichtet uns, dass Simon einen solchen Fang macht, dass die Netze reißen und die Boote sinken wollen. Die Profifischer staunen nur so.

Was Petrus hier erlebt, ist etwas, das absolut gegen seine berufliche Erfahrung und Erwartung geht. Er und seine Freunde sind überwältigt, und er kann nicht anders, als Jesus als den Herrn und Meister anzuerkennen und vor ihm niederzufallen. Es war ein Ereignis, das nicht nur sein Berufsleben, sondern seine ganze Zukunft veränderte.

Als ich den Erlebnissen dieser Ärzte zuhörte, wurde mir klar, dass es sich hier um lebensverändernde Ereignisse handelte, deren Auswirkungen für Ärzte wie Patienten weit über das Hier und Jetzt hinausgingen. Wie damals bei Petrus, trafen sie ins Herz ihres Berufsverständnisses und veränderten den Gang ihres Lebens.

Doch es ist eines, die Reaktion eines Arztes auf Gottes Eingreifen in Leben und Gesundheit eines Patienten zu erleben. Es ist noch einmal etwas anderes, Atemberaubendes, wenn Gott in das aufs Höchste bedrohte Leben des Arztes selbst eingreift.

Kapitel 17

Die höheren Gipfel des Glaubens

Gebt der wissenschaftlichen Medizin die Disziplin
der Wissenschaft, die ihr zusteht,
und gebt Gott und seinem Wort die Disziplin des Glaubens.

John Saxton

»Der Kopf ist schwer, der eine Krone trägt«, sagte mein Vater, als ich die Stelle am Westmead Hospital annahm. Er hatte auch recht, als er mir riet, mich mit Menschen zu umgeben, die mein Vertrauen und meinen Respekt hatten.

Ein solcher Freund, der ein lebenslanger Vertrauter wurde, war Dr. John Saxton. Ich hatte ihn während meiner Ausbildung im Royal Prince Alfred Hospital als Radiologen kennengelernt. Später wurde er mein Chef in einer renommierten radiologischen Praxis in Parramatta, wo er blieb, als ich meine eigene Privatpraxis aufmachte. Jetzt war er sozusagen mein Konkurrent – aber nach wie vor ein wunderbarer Freund und Christ. Wenn wir etwas Zeit hatten, riefen wir einander an, um uns auszutauschen und einander Mut zu machen.

John liebte das Leben. Als verhinderter Farmer liebte er Pferde und Vieh. Er hatte auch eine Vorliebe für schöne Autos; wenn ich einen knallroten Mercedes sah, wusste ich, dass das wahrscheinlich John war. Aber seine ganz große Leidenschaft galt seiner Familie und vor allem seiner Frau Janet.

Vor zehn Jahren ging John in den Ruhestand und erwartete nichts anderes als einen ruhigen Lebensabend auf seinem halb ländlichen Anwesen. Stattdessen wurden die folgenden Jahre die stürmischsten seines Lebens.

Es war ein kalter Winternachmittag, als ich die lange, kurvenreiche Zufahrt zu Johns Haus im Hills District nordwestlich von Sydney entlangfuhr. Er erwartete mich. Mit seinem silbergrauen Haar, dem roten Pullover und den tiefblauen Augen war er eine Persönlichkeit. Wir gingen die Treppe hinauf ins Wohnzimmer, wo ein Holzfeuer im Kamin uns begrüßte. Janet begrüßte mich herzlich und ging dann, um den Tee zuzubereiten.

John schürte den Kamin, während ich mich wieder setzte. »Als junger Bursche«, sagte er, »bevor ich mein Medizinstudium anfing, war ich eine Zeit lang in der australischen Marine.« Er hatte das Studentenleben in vollen Zügen genossen, hatte sich künstlerisch, musikalisch und sportlich betätigt und im Hin und Her akademischer Diskussionen seine grauen Zellen trainiert.

Janet war 17 und am Anfang des ersten Jahres ihres Kunststudiums gewesen, als sie sich kennenlernten. »Sie war schön und wir sprachen dieselbe Sprache.« Doch nicht nur das, sondern er fand in Janet eine »Ehrlichkeit, Aufrichtigkeit und furchtlose Offenheit«, die ihn magisch anzog.

Als er ihr Elternhaus in New South Wales besuchte, entdeckte John, dass Janets Verwandte gläubige Christen waren. »Bevor sie auf die Weiden fuhren, um nach den trächtigen Mutterschafen zu sehen, versammelten sie sich am Frühstückstisch, um die Bibel zu lesen und zu beten.« Er spürte: In diesem Haus war man mit Gott per »Du«, und dieser Gott war ein Gott, der sich um die Alltagsprobleme der Menschen kümmerte.

Aber er fand, dass dieser Glaube nichts für ihn war. Stimmte er denn überhaupt? Hatte er für das Leben von heute und für die Medizin etwas zu sagen? John verstand sich als Wissenschaftler, für den überprüfbare Hypothesen und rationales Denken alles waren.

Dann wurde an der Universität Sydney der Vortrag eines bekannten christlichen Redners, Reverend Dr. Howard Guinness, angeboten. Guinness hatte einen medizinischen Doktortitel, war aber Evangelist und Pastor. 1930 wurde auf seine Anregung hin die Sydney University Evangelical Union ins Leben gerufen, die erste ihrer Art in Australien. Im gleichen Jahr gründete er auch »Crusader«-Gruppen an Schulen.

In der Diskussion griff John Guinness an: »Sie haben keine wissenschaftliche Basis für das, was Sie da behaupten.«

Guinness konterte: »Sie sagen, dass Sie Wissenschaftler sind. Haben Sie diese Daten schon einmal geprüft?«

»Was für Daten?«

»Na, die tausend Seiten dokumentierte Augenzeugenberichte – die Bibel.«

John gab zu, dass er das nicht gemacht hatte.

»Dann sollten Sie keine solche Spielchen mit mir machen«, sagte Guinness. Und er fuhr fort: »Als Wissenschaftler wissen Sie doch sicher um den Wert praktischer Experimente. Die Christen glauben, dass Gott ihnen antwortet, wenn sie zu ihm beten. Sind Sie bereit, das einmal auszuprobieren?«

Ein tief verunsicherter John kehrte auf sein Zimmer zurück. Bis tief in die Nacht grübelte er über das nach, was dieser Redner da gesagt hatte. Schließlich las er in einem Durchgang das komplette Johannesevangelium. Dann beschloss er, Dr. Guinness beim Wort zu nehmen. Er wartete schon seit einiger Zeit auf einen Telefonanruf, der für den künftigen Gang seines Lebens nicht unwichtig sein würde. Und er sagte zu Gott: »Wenn dieser Anruf bis heute Morgen um 9.00 Uhr kommt, soll das das Zeichen sein, dass du dich persönlich für mein Leben interessierst.« Der Anruf kam pünktlich, und John tat das, was er Gott für diesen Fall versprochen hatte: Er bat ihn um Vergebung und übergab ihm ohne Wenn und Aber sein Leben. Aber, wie er mir sagte, sollte es noch Jahre dauern, bis er wirklich begriff, was er da gemacht hatte.[31]

John fing an, in eine Kirche in der Nähe zu gehen, fand die Atmosphäre dort aber erstickend. »Die Christen dort waren alle kastrierte Klone.« Er fand ihr ständiges Lächeln künstlich. John mochte Menschen, die »echt« waren; aber in dieser Gemeinde fand er keine.

Nach seinem Examen wurde er Assistenzarzt am Royal Prince Alfred Hospital. Er wurde kränklich, und die Untersuchung ergab, dass er an Brucellose litt, einer durch Brucella-bakterien verursachten Erkrankung mit Fieber, Kopfschmerzen, allgemeiner Schwäche und Muskelschmerzen, die man sich meist durch den Kontakt mit Vieh zuzieht. Nach dem Kardiologiesemester war er völlig erschöpft. Ein Freund riet ihm, in die Radiologie zu gehen, die körperlich und seelisch nicht so anstrengend war und die ihm eine Chance bieten würde, wieder zu Kräften zu kommen. Er erinnert sich noch gut an seine erste Bariumuntersuchung. »Das ist ganz einfach«, sagte ihm der Radiologe. »Sie stehen hier vor dem Röntgenschirm, während der Patient das Kontrastmittel trinkt, und dann beschreiben Sie, was Ihnen seltsam vorkommt.«

Johns erster Patient war eine ihm bekannte Krankenschwester. Zu seinem Schrecken ergab die Röntgenuntersuchung einen großen Tumor. Ein Jahr später war sie tot. Aber ihr Glaube und Gottvertrauen demonstrierte John eben die christlichen Tugenden, die er im Leben seiner Gemeinde nicht gefunden hatte. »Ihr Leben und ihr Tod waren echt und kein Sonntagschristentum.«

John hasste Heuchelei. Er tolerierte keine Kollegen, die nicht mit Leib und Seele Arzt waren, und suchte sich als Partner für seine Praxis Männer aus, die ehrlich und integer waren. Gemeinsam bauten sie in West-Sydney eine hoch angesehene radiologische Praxis auf.

In den 1970er-Jahren wurde die Radiologie komplizierter und zunehmend von Computern abhängig. Computertomografie und Echtzeit-Ultraschall begannen, eine große Rolle bei den bildgebenden Verfahren zu spielen; am Horizont kündigte sich Kernspin an. John und seine Partner meinten, dass sie für ihre Praxis und die neuen Technologien ein neues, eigens für diesen Zweck entworfenes Gebäude benötigen würden.

Das war leichter gesagt als getan. Niemand von ihnen hatte Erfahrungen als Praxisbauherr, und die tägliche berufliche Arbeitslast war groß. John ließ sich schließlich breitschlagen, die Planung zu übernehmen. »Gott gab mir Fertigkeiten, die ich eigentlich überhaupt nicht hatte.«

Der Neubau brachte große Behinderungen für den Praxisbetrieb mit sich. Eines Nachts um 2.00 Uhr wurde John von einem seiner Partner angerufen, der nicht schlafen konnte. »Wie kommst du mit den Sorgen zurecht?«, fragte er.

»Komm eben rüber zu mir, dann zeige ich es dir«, sagte John.

Als sein Partner durch die Tür kam, begrüßte John ihn, dann kniete er sich hin und sagte: »So mache ich das.« Der Partner kniete sich neben ihn, und gemeinsam baten sie Gott, ihnen zu helfen. »Ich brauchte buchstäblich eine Million Dollar bis zum nächsten Morgen«, berichtet John. »Das war die knallharte Wahrheit.« Ihre Hausbank konnte nicht noch mehr für sie tun.

Aber John hatte gehört, dass der Direktor der Reserve Bank

of Australia[32] ein guter Mann und ein Christ dazu war. »In meiner Verzweiflung und Naivität rief ich ihn am nächsten Morgen an. Er erklärte sich zu einem Treffen bereit. Direkt helfen konnte er mir natürlich auch nicht, aber er ermutigte mich, es bei dem Direktor der AMP zu versuchen.« (Die AMP – Australian Mutual Providence – war eine der ältesten Versicherungsgesellschaften Australiens.) John und der Praxisbuchhalter bekamen gleich für den nächsten Morgen einen Termin beim Vorstand der Versicherung.

»Ich kann Ihnen keine Sicherheiten bieten außer meiner persönlichen Integrität«, erklärte John der Runde. »Gut, ich habe eine Lebensversicherung über 1000 Dollar, die mein Vater für mich abgeschlossen hat, als ich ein Kind war. Aber ich brauche 1 Million Dollar. Ich bitte Sie, mich mit 1 Million Dollar zu unterstützen.« Der Vorstand sagte zu, ihnen zu helfen, und die Zusage wurde mit Handschlag besiegelt. Sie würden das Geld noch am gleichen Tag bekommen.

John und der Buchhalter waren überwältigt. Der Buchhalter, der nicht als Christ bekannt war, musste sich am Fuße der Treppe des AMP-Gebäudes am Circular Quay in Sydney erst einmal setzen, während John ihm einen Kaffee holte. John resümiert: »Von diesem Tag an wusste ich wirklich, dass ich zu einem Gott betete, der mächtig war. Ich fing an, das Unmögliche von ihm zu erwarten.«

Kurz darauf kam eine Frau zu einer Kontrastuntersuchung in die Praxis. Die Untersuchung ergab eine große Krebsgeschwulst im Dickdarm. Die Patientin erklärte den diensthabenden Ärzten, dass sie eine Operation ablehnte, weil Gott sie heilen würde. Die Ärzte bedauerten sie; diese Frau hatte den sicheren Tod vor Augen. Ein paar Monate später kam sie zu einer erneuten Untersuchung. Der Tumor war weg! John war perplex. Vielleicht hatte jemand die Filme vertauscht? Aber nein, die Frau war tatsächlich geheilt. Obwohl John ihr Vorgehen nicht zur Nachahmung empfiehlt, fing er von diesem Tag an, mit Gottes Hand in seiner Praxis zu rechnen.

»Gott fing an, mehr aus meinen Fertigkeiten als Radiologe zu machen. Da studierte ich eine schwierige Computertomografie oder Ultraschallaufnahme und auf einmal war die Diagnose klar. Oder ich hatte eine Diagnose gestellt und Gott sagte zu mir: ›Schau dir die Bilder noch einmal an.‹ Oder er sagte mir, dass ich einen Bericht noch einmal prüfen sollte. Ich gewöhnte mir schließlich an, mein Mittagssandwich mit in den Park zu nehmen und dort Gott um Kraft und Weisheit für die Auswertung der Aufnahmen am Nachmittag zu bitten.«

Anfang 1998 wurde John selbst krank. Er wurde immer kurzatmiger, bis er Schwierigkeiten hatte, die Treppen zu Hause hochzusteigen. Er konsultierte einen führenden Lungenfacharzt in Sydney. Die Diagnose war niederschmetternd: Fibrosierende Alveolitis, eine Krankheit, bei der die Lungenbläschen versteifen, bis der Austausch von Sauerstoff und Kohlendioxid nicht mehr möglich ist. Die Krankheit war nicht heilbar, und der Spezialist schätzte, dass John nur noch ein Jahr zu leben hatte.

Am folgenden Tag trafen John und Janet sich mit befreundeten Christen zu einem lange geplanten Abendessen. Die Freunde sprachen ihnen Mut zu und schenkten ihnen zwei Bücher von Jim Glennon: *Your Healing Is Within You* und *How Can I Find Healing?* [Deine Heilung ist in dir, Wie finde ich Heilung?].[33] Zum ersten Mal in ihrem Leben entdeckten John und Janet die wunderbare Macht des Heiligen Geistes. Sie fingen an, in der Bibel nach Versen zum Thema »Heilung« zu suchen. Sie glaubten, dass Gott uns von unserer Schuld erlöst – aber dass er auch heute noch *tatsächlich* heilen sollte?

Etwa um die gleiche Zeit entdeckte John einen kleinen Knoten an seinem rechten Handteller. Er sah harmlos aus, aber als man ihn wegoperierte, entpuppte er sich als Synovialsarkom, ein an Gelenken auftretender, extrem aggressiver, bösartiger Tumor. Nicht nur das, man hatte nicht den ganzen Tumor entfernt und hatte Angst, dass der Rest sehr schnell weiterwachsen würden. Die Ärzte rieten zu einer radikalen Lösung: Amputation des ganzen rechten Arms einschließlich der Schulter.

Doch Johns Lungenkrankheit machte solch einen Eingriff unmöglich und für eine Bestrahlungstherapie schien der Tumor nicht geeignet zu sein. Die Ärzte versuchten es schließlich doch mit dem Bestrahlen, das zu ihrem Erstaunen wirkte; in den folgenden Monaten trat der Krebs nicht wieder auf.

»Als Arzt hatte ich damit ein Problem«, sagte John. »In meiner Ausbildung hatte ich gelernt, nichts zu akzeptieren, das sich nicht wissenschaftlich nachweisen ließ. Meine ganze Karriere als Arzt beruhte darauf. Der Spezialist hatte mir zwölf Monate gegeben und ein Teil davon war schon vorbei. Was für einen Platz gab es hier für den Glauben an Gott?« Er steckte in einem echten Dilemma. Und dann musste er daran denken, was Jesus gesagt hatte: »Gebt dem Kaiser, was ihm gehört. Und gebt Gott, was Gott gehört« (Matthäus 22,21). »Damit hatte ich meine Antwort«, sagte John. »Gebt der wissenschaftlichen Medizin die Disziplin der Wissenschaft, die ihr zusteht; und gebt Gott und seinem Wort die Disziplin des Glaubens.«

John erkannte, dass er bisher sein eigenes Denken und seine Erfahrung als Maßstab benutzt hatte und nicht das Wort Gottes. Er bat Gott um Vergebung dafür und fing an, sich an die Anweisungen und Verheißungen der Bibel zu halten. Er kaufte sich einen Spazierstock und nannte ihn »Glauben«.

Aber er hatte Angst – »ein Bauchgefühl der Angst«, wie er es nannte. Er suchte in der Bibel und fand diesen Satz: »Denn Gott hat uns nicht einen Geist der Furcht gegeben, sondern einen Geist der Kraft, der Liebe und der Besonnenheit« (2. Timotheus 1,7). Sofort machte er sich diese Zusage zu eigen und keine Viertelstunde später waren die Angst und die damit verbundenen Symptome verschwunden und kamen nie wieder.

Aber die fibrosierende Alveolitis blieb und wurde immer schlimmer. John und Janet suchten weiter in der Bibel und fanden den folgenden Abschnitt: »Ist einer von euch krank? Dann soll er die Ältesten der Gemeinde holen lassen, damit sie für ihn beten und ihn im Namen des Herrn mit Öl salben. Ihr Gebet im Glauben an Gott wird den Kranken heilen, und der Herr wird ihn aufrichten. Und wenn er Sünden begangen hat, wird Gott ihm vergeben« (Jakobus 5,14-15).

Im Markusevangelium stießen sie auf das Gebet des Glaubens: »Habt Glauben Gottes. Ich versichere euch: Wenn ihr zu diesem Berg sagt: ›Hebe dich in die Höhe und wirf dich ins Meer‹, wird es geschehen. Entscheidend ist, dass ihr glaubt und in euren Herzen nicht daran zweifelt. Hört auf meine Worte! Ihr könnt beten, worum ihr wollt – wenn ihr glaubt, werdet ihr es erhalten« (Markus 11,22-24).

Im Heilungsgottesdienst in der St. Andrew's Cathedral in Sydney lernten sie Kanonikus Jim Glennon und Jim Holbeck kennen, die ihnen sagten, dass sie auf »die *Antwort* und nicht auf das *Problem*« sehen mussten. Sie lernten, sich mehr auf Gott zu verlassen, ihm schon im Voraus zu danken und ihren Glauben durch Gebetserhörungen wachsen zu lassen. Sie nahmen die Krankensalbung mit Gebet und Handauflegung nach Jakobus 5 in Anspruch.

Dann wurde John auf eine Freizeit für Krebspatienten eingeladen, die in Golden Grove in Newtown stattfand, einer

Untergruppe der Heilungsgruppe an der St. Andrew's Cathedral. Er hatte erst wenig Lust hinzugehen: »Die werden den ganzen Tag nur über ihren Krebs reden.« Aber da lag er falsch; die Teilnehmer redeten über Gottes Verheißungen und Gebetserhörungen. Hier auf dieser Freizeit empfing John den Heiligen Geist in seiner ganzen Fülle. Er sagt, dass eine warme Welle durch seinen ganzen Körper schoss, sodass er aufkeuchte. Hier lernte er Jesus in einer neuen Rolle kennen – der des großen Arztes.

John wusste felsenfest, dass er eine Begegnung der Heilung mit Gott gehabt hatte. Er und Janet beschlossen, sich für ein paar Tage zurückzuziehen. Sie fuhren nach Shoalhaven Heads, einem Küstendorf südlich von Sydney. In dem Übernachtungsquartier hatte John große Atemprobleme; fast schaffte er es nicht, die paar Stufen zu der Ferienwohnung hochzusteigen. Aber sein Glaube war stark.

Am folgenden Tag fuhren sie weiter zum Coolangatta Mountain (eigentlich mehr ein großer Hügel als ein Berg). John war überzeugt, dass Gott ihm Heilung geschenkt hatte, und beschloss, diese auszuprobieren. So ging er daran, den Hügel hochzusteigen, einen Schritt nach dem anderen. Er berichtet: »Als ich immer höher kam, merkte ich, dass Gott etwas Wunderbares in mir tat.«

Am nächsten Tag fuhren sie weiter nach Süden, nach Tilba Tilba am Fuße des Mount Dromedary, des etwa 1 000 Meter hohen Berges mit der dem Rücken eines Dromedars ähnlichen Doppelkuppe, den Kapitän James Cook gesichtet und so benannt hatte, als er im April 1770 die australische Ostküste hochgesegelt war. Sie begannen, den Berg zu besteigen – und John merkte, wie das Unmögliche Realität wurde.

Als sie fast oben waren, kam eine Wolke herab und ein kühler Nebel hüllte sie ein. John: »Wir standen dort, zutiefst ergriffen von dem Anblick der dicken Baumstämme, die wie Pfeiler in die Wolke ragten. Für uns war das Gottes Dom, in dem er uns erschien, und wir standen da und lobten und priesen ihn.«

Sechs Jahre danach, als ich mit ihm sprach, war John mit seinen jetzt 77 Jahren nach wie vor aktiv. Seine Kurzatmigkeit war zum Teil zurückgekehrt, aber er konnte selbst das Holz für den offenen Kamin sägen und für seine Familie sorgen. Er und seine Lieben gingen regelmäßig in die Heilungsgottesdienste in der Kathedrale, wo sie jetzt zum Gebetsteam gehörten.

Am 27. Mai 2005 durfte John im Alter von 78 Jahren vor seinen himmlischen Vater treten. Er starb still im Kreise seiner Lieben, bis zum Ende bei Bewusstsein und Gott lobend.

Johns Leben war wie eine Reise (oder, wenn Sie so wollen, Bergbesteigung), die ihn aus den Niederungen des skeptischen Studenten zu den Höhen eines reifen, in das Herz Gottes blickenden Glaubens führte. Auf den ersten Blick scheinen der Glaube an Gott und wissenschaftlicher Rationalismus wie Feuer und Wasser zu sein, doch für den Menschen, der wirklich an Gott glaubt, gibt es hier keinen Konflikt. Francis Collins ist Genetiker und Leiter des amerikanischen National Human Genome Research Institute und er ist Christ. Von der Zeitschrift *Time* darüber befragt, ob er glaube, dass die Naturwissenschaft mit dem christlichen Glauben vereinbar sei, erwiderte er, dass es entweder wahr oder nicht wahr sei, dass Gott existiert. Dies eine wissenschaftliche Frage zu nennen, hieße jedoch, davon auszugehen, dass die Naturwissenschaft die Antwort liefern könne. Genau dies könne sie nicht, da Gott über die Natur hinausgeht und nicht auf sie beschränkt werden kann.[34]

Johns Erfahrung mit dem Glauben und dem Rationalismus ähnelt dem, was Mose mit dem Stab erlebte, mit dem er die Israeliten aus Ägypten herausführen sollte (2. Mose 4,1-5). Dieser Stab war schlicht sein Hirtenstab und Spazierstock. Gott befahl ihm, den Stab auf den Boden zu werfen – und er verwandelte sich in eine Schlange. Gott befahl Mose, die Schlange zu packen – und sie verwandelte sich zurück in einen Hirtenstab. Gott hatte den Stab durch diese Demonstration zu seinem Dienst geheiligt.

Erst als John bereit war, seinen Glauben an Gott über seine wissenschaftlichen Qualifikationen zu stellen, konnte Gott heilend in sein Leben eingreifen. Wie Mose, so lernte auch John, dass wir manchmal das, was uns das Kostbarste und Liebste ist, Gott hinlegen müssen, bevor er uns wirklich segnen kann. Manchmal wird er es uns anschließend wiedergeben, manchmal auch nicht. Was John Gott geopfert hatte, gab dieser ihm zurück, aber in einer neuen Gestalt, die Gott wie John gefällig war: Gib der wissenschaftlichen Medizin die Disziplin der Wissenschaft, die ihr zusteht; gib Gott und seinem Wort die Disziplin des Glaubens.

In den Wüsten des Herzens
lass den Quell der Heilung entspringen,
im Gefängnis seiner Tage
lehre den Freien zu loben.

W. H. Auden, »Another Time«
The Wylie Agency (UK) Ltd., 1940

Kapitel 18

Beim Spezialisten

Unsere Verlegenheiten sind Gottes Gelegenheiten.
Christlicher Volksmund

Ich machte einmal einen »Trivial Pursuit«-Abend in der Schule unseres Viertels mit. Unser Team – ein Oberschullehrer, ein Arzt, der sich in klassischer Musik und Literatur auskannte, und (unsere Geheimwaffe) ein Pilot der Qantas – war fantastisch und siegte mit großem Vorsprung. Mit der Grund für unseren vielleicht unverdienten Sieg war, dass der Pilot immer die richtige Antwort zu wissen schien, selbst dann, wenn der Quizmaster sie nicht wusste. »Man muss immer eine Antwort haben«, sagte er. »Die Passagiere danken es einem nicht, wenn man keine hat.« So ist es auch in der Medizin: Die Patienten erwarten, dass der Arzt die Lösung ihres Problems parat hat.

Aber es reicht nicht, *irgendeine* Antwort zu haben; es muss auch die richtige sein. Wenn ein Arzt bei einem Patienten nicht weiterweiß, hat er die Möglichkeit, Rat bei seinen Kollegen beziehungsweise bei einem Spezialisten zu suchen.

Ganz ähnlich haben wir als Christen, wenn wir für einen Kranken beten sollen, die Möglichkeit, Gott zu fragen, wie wir beten sollen. Viele werden hier einwenden, dass die Bibel doch deutlich genug ist. Im Jakobusbrief steht doch: »Ist einer von euch krank? Dann soll er die Ältesten der Gemeinde holen lassen, damit sie für ihn beten und ihn im Namen des Herrn mit Öl salben. Ihr Gebet im Glauben an Gott wird den

Kranken heilen, und der Herr wird ihn aufrichten. Und wenn er Sünden begangen hat, wird Gott ihm vergeben« (Jakobus 5,14-15).

Ich habe dagegen nichts einzuwenden – außer der Bemerkung, dass Gott auf vielerlei Weise heilen kann und dass es hilft, ihn in dieser Sache zu befragen. Dies zu unterlassen führt leicht zu einer anmaßenden Haltung, die alles zu wissen glaubt, und zu Enttäuschungen, wenn Gebete scheinbar nicht erhört werden.

Eine liebe Freundin litt viele Jahre lang an unerklärlichen Beschwerden. Die attraktive und lebhafte Akademikerin wurde von chronischer Übelkeit, Schmerzen nach dem Essen und Nahrungsmittelunverträglichkeiten geplagt, die sie immer dünner werden ließen. Mehrere Krankenhausaufenthalte hatten zu keiner Diagnose geführt. Die Beschwerden schränkten allmählich ihren Alltag und den ihrer Familie ein. Ultraschall, Röntgen, Computertomografie, Blutuntersuchungen und endoskopische Untersuchungen – nichts brachte ein greifbares Ergebnis. Ein Kollege plädierte für eine vorsorgliche Entfernung der Gallenblase, da die Symptome »galleartig« waren, aber die Chirurgen zögerten.

Lynne und ich beteten manchmal bis in die frühen Morgenstunden hinein. Wo war der Durchbruch, die richtige Diagnose? Dann gab Gott uns den Gedanken ein, den Rat eines Freundes und Kollegen, der Professor war, zu suchen. Der meinte, dass es sich vielleicht um eine Durchblutungsstörung handelte – möglicherweise zyklisches Erbrechen, eine Art Migräne, die bei jüngeren Frauen auftritt und die Durchblutung des Darms beeinträchtigt. Doch als die Patientin darauf behandelt wurde, ging es ihr nur noch viel schlechter. Aber mein Freund blieb dabei, dass es sich um ein Gefäßproblem handelte. Ich führte darauf in meiner Praxis eine Doppler-Ultraschalluntersuchung zur Prüfung der Durchblutung der Baucharterien durch – und siehe da, der Blutfluss der großen Bauchhauptschlagader, die Leber, Milz und Magen versorgt, war gestört. Das war die Antwort, die wir so gesucht hatten! Die Patientin litt an dem sogenannten Ligamentum-arcuatum-Syndrom, einer seltenen Krankheit, bei der ein Gewebestrang aus dem Zwerchfell das sogenannte mediane Ligamentum arcuatum, den Truncus coeliacus (eine Hauptarterie, die aus der Bauchhauptschlagader abgeht und Leber, Magen und Milz mit arteriellem Blut versorgt) zusammendrückt und einengt.

Ich schaute mir darauf noch einmal die Computertomografie von vor ein paar Wochen an. Aber sie ergab nichts! Wir beantragten eine Kernspinuntersuchung, machten es dringend. Wieder keine Hinweise auf ein Ligamentum-arcuatum-Syndrom. Ich haderte mit Gott. Was sollte das alles? Warum diese falsche Hoffnung? Ich wiederholte die Doppleruntersuchung, ließ die Patientin dabei liegen, dann stehen, einatmen und ausatmen. Nein, meine Diagnose war richtig. An diesem Wochenende wurden die Symptome der Patientin unerträglich. Ich wagte es und wandte mich an einen bekannten Gefäßchirurgen aus Sydney. Eine erneute Doppleruntersuchung in seiner Praxis am Montag bestätigte die Diagnose. Zwei Tage später operierte er. Die Patientin wurde auf der Stelle frei von den Symptomen, die sie jahrelang geplagt hatten, und sie kamen nie wieder.

Die heutige Gesundheitsfürsorge ist Teamwork zwischen Medizinern, Patienten und deren Verwandten, unter Nutzung aller Möglichkeiten, die heute zur Verfügung stehen. Wenn wir in dieses Team auch noch Gott einbeziehen, erreichen wir ein Niveau der Weisheit und Einsicht, das wir sonst nicht hätten.

Vor einigen Jahren kannten Lynne und ich zwei Frauen, die beide Unterleibskrebs hatten. Sheila war schon älter und die Mutter eines meiner erfahreneren Trainees, Paul. Lyndell war die junge Frau eines anglikanischen Geistlichen. Wir beteten für beide Frauen, baten Gott um Heilung und suchten seinen Willen. Für Lyndell bekamen wir die innere Überzeugung, dass sie, so unwahrscheinlich dies schien, geheilt werden würde. Sheila dagegen würde ihren Krebs nicht überleben, aber Gewissheit ihrer Erlösung in Christus und großen inneren Frieden bekommen.

Sheilas Krebserkrankung schritt voran. Sie war medizinisch in den besten Händen, aber der Tumor war nicht operabel. Ihr Sohn, Paul, hatte ein begehrtes Forschungsstipendium bekommen, das es ihm erlaubte, am Massachusetts General Hospital in Boston (USA) Nuklearkardiologie zu studieren. Als seine Abreise näher kam, ging es seiner Mutter immer schlechter, und am Tag vor dem geplanten Abflug kam sie auf die Palliativstation.

Was sollten Paul und seine Frau machen? Sie beschlossen, ihre Abreise aufzuschieben. Aber Sheila war eisern: Haltet den Zeitplan ein! Sie hatten ihre Tickets gebucht, die Koffer waren gepackt und das Krankenhaus in Boston erwartete sie. Mit einigen Bauchschmerzen fügten sie sich dem Wunsch der Mutter.

Am nächsten Abend hatte sich Sheilas Zustand nochmals verschlechtert. Ich saß bei ihr in dem abgedunkelten Krankenhauszimmer. Auf der Station war es ruhig; die Nachtschwestern waren dabei, ihre Dienstpläne durchzugehen und zu prüfen, wer welche Medizin bekam. Die meisten Patienten schliefen. Sheila war von dem Morphium etwas benebelt, aber konnte klar denken und sprechen. Ich nahm ihre Hand. »Wie geht's, Sheila?«

»Ich habe Schmerzen.«

Wir beteten gegen die Schmerzen und sie wurden weniger.

»Und wie geht es dir jetzt?«, fragte ich.

»Ich habe Angst.«

Wir beteten gegen die Angst und sie verschwand. Sheila war ihr Leben lang praktizierende Katholikin gewesen, aber soviel ich wusste, hatte sie (wie so viele Namenschristen) nie ihr Leben bewusst an den Herrn Jesus Christus übergeben. Ich sprach ein Übergabegebet mit ihr. Darauf erfüllte sie ein tiefer Friede und ein paar Stunden später ging sie heim.

Die jüngere Patientin, Lyndell, war damals 23 Jahre alt. Sie und ihr Mann, Richard[35], waren gerade von einer Reise nach Übersee, ein Hochzeitsgeschenk von Richards Eltern, zurückgekehrt. Eine gynäkologische Vorsorgeuntersuchung hatte verdächtige Zellen ergeben, worauf man Lyndell zu einer genaueren Untersuchung ins Lehrkrankenhaus vor Ort bestellte. Diese Tests bestätigten die schlimmsten Befürchtungen. Sie hatte ein seltenes Vaginalkarzinom. Die Prognose des Arztes war vernichtend: erst Bestrahlung, dann Chemotherapie und zum Schluss eine Radikaloperation. Kinder würde Lyndell nie bekommen können. Es war nicht einmal sicher, ob sie überleben würde.

Dieser seltene Krebs trat bei Frauen auf, deren Mütter während der Schwangerschaft Diethylstilböstrol (DES) eingenommen hatten.[36] Auch Lyndells Mutter war damit behandelt worden. Das Risiko, diesen Tumor zu bekommen, lag bei 1 in 1 000 Fällen. Betroffen waren vor allem junge Frauen unter 30 und weltweit waren nur etwa 750 Fälle dokumentiert.[37]

Das junge Paar betete und holte eine Zweitmeinung ein. Der Professor eines anderen Lehrkrankenhauses empfahl lediglich die Operation, aber auch er sagte, dass an Kinder nicht zu denken wäre. Lyndell und Richard beteten verzweifelt weiter um Gottes Führung. Der Professor besprach sich mit anderen Spezialisten seines Gebiets und er wollte umgehend operieren.

Die Option »nur Operation« gab dem Paar ein Stückchen Hoffnung auf eine spätere Schwangerschaft zurück, wenn nur die Gebärmutter nicht mit entfernt wurde. Lyndell und Richard waren durcheinander. Der eine Experte empfahl also Bestrahlung, Chemotherapie und eine Radikaloperation, der andere lediglich eine Operation. Beide waren anerkannte Experten auf ihrem Gebiet. Lyndell betete um die rechte Führung und suchte in der Bibel. Im Propheten Jeremia fand sie die folgenden Mut machenden Worte: »Ehe ich dich im Mutterschoß bildete, habe ich dich erkannt, und ehe du aus dem Mutterleib hervorkamst, habe ich dich geheiligt« (Jeremia 1,5; ELB).

Mit der Unterstützung ihrer Familie und Freunde und in dem Wissen, dass immer mehr Menschen für sie beteten, entschied das junge Paar sich schließlich für die Variante »nur Operation«.

Die »Gemeindefamilie« war den beiden eine große Hilfe. Der leitende Pastor der Gemeinde war ein Fels der Kraft. Lyndells Mutter erinnert sich noch gut, wie er sagte: »Wenn es keinen Halt mehr gibt, dann haltet euch an dieses: Gott sitzt im Regiment.«

Am Tag vor der Operation hatte Richard im Abendgottesdienst zu predigen. Er sprach über das Leiden. Am Ende der Predigt konnte er nicht mehr und weinte auf der Kanzel. Die Gottesdienstbesucher berichten, dass er »wie ein Fels in der Brandung« war.

Der Professor operierte Lyndell. Zur großen Erleichterung

der Familie verzichtete er auf die Entfernung der Gebärmutter. Aber es war eine große Operation, die einen Großteil der Fortpflanzungsorgane sowie das umliegende Gewebe betraf, in das der Tumor bereits metastasiert hatte. Doch es gelang dem Professor und seinem Team, aus dem nicht entfernten Gewebe den Geburtskanal wiederherzustellen. Es war eine Pioniertat, deren Details man in dem veröffentlichten Krankenbericht des Chirurgen nachlesen kann.

Lyndell erholte sich vollständig von der Operation. Diese war die erste ihrer Art in Australien gewesen und Lyndells Geschichte schaffte es in die *Channel Ten*-Fernsehnachrichten und als doppelseitige Story in eine Freitagausgabe der Zeitung *Sun*. Der *Sydney Morning Herald* brachte einen Artikel über die Risiken der Behandlung von Schwangeren mit DES und die Sendung *Sixty Minutes* im Network Nine widmete sich ebenfalls diesem Thema.

Aber das Allerschönste war, dass Lyndell später auf ganz normale Weise ein Kind bekam. Letzte Woche habe ich Simon (er ist inzwischen 21) zum ersten Mal getroffen. Der Professor hatte ihn »ein Wunderbaby« genannt. Als ich mit ihm zusammensaß und wir uns über ein Buch unterhielten, das er gerade las, musste ich daran denken, dass er nie geboren worden wäre, wenn man Lyndell damals die Gebärmutter entfernt hätte.

Seit meinem Gespräch mit Lyndell habe ich lange über die Worte ihres Pastors damals nachdenken müssen: »Wenn es keinen Halt mehr gibt, dann haltet euch an dieses: Gott sitzt im Regiment.« Dies mag nach Beruhigungspillen klingen, aber in Wirklichkeit sind es Worte voller Hilfe und von einer Tiefe, die unser Verstehen fast übersteigt. Sie sind wie ein Rettungsring, den man einem Ertrinkenden zuwirft – etwas, das ihm hilft, den Kopf über Wasser zu halten, bis die anderen einen Überblick über die Situation haben und für Hilfe und Rettung sorgen können.

In meiner radiologischen Praxis komme ich oft mit Menschen zusammen, die gerade eine schlechte Nachricht erhalten haben. Oft sind sie aufgewühlt und ungeduldig, verängstigt und durcheinander und brauchen jemand, der sich um sie kümmert. Solche Menschen, ob sie nun Christen sind oder nicht, brauchen solch einen Rettungsring, der sie vor dem Untergehen bewahrt. Oft reicht es schon, wenn man ihnen erklärt, dass Gott die Lage im Griff hat, dass er da ist und sie liebt.

Ich glaube, dass es kein Patentrezept gibt, wie Gott in unser Leben oder in das Leben unserer Patienten eingreift. Im Alten Testament sagt er zwar über sich selbst: Ich bin *Jahwe raphach*, der Gott, der heilt, doch sollte man sich hier vor übereilten, gar zu einfachen Deutungen hüten, die uns nur in schwierige Fragen führen, auf die es keine Antwort gibt.

In meiner Krankenhausausbildung hatte ich das Vorrecht, mit Dr. John Sands, einem erfahrenen Krankenhausfacharzt am Royal Prince Alfred Hospital, zusammenarbeiten zu dürfen. Mit seinem zweireihigen, stets zugeknöpften Anzug, dem pechschwarzen zurückgekämmten Haar und seiner leisen, aber sonoren, fast etwas rauen Stimme erinnerte er mich immer an den Schauspieler George Raft. Er war ein hochintelligenter, aber dabei stets zurückhaltender und zugänglicher Mann. Anders als manche seiner Kollegen, konnte man ihn zu jeder Tages- und Nachtzeit anrufen, ohne dass er einem Vorwürfe machte. Ich rief ihn einmal um 2.00 Uhr an, um ihm zu melden, dass ein Patient auf seine Station eingeliefert worden war, der eine Überdosis Kaliumpermanganat eingenommen hatte. Er erklärte mir ohne Umschweife, auf was ich achten und wie ich vorgehen musste. Auf mich als frischgebackenen Assistenzarzt machte das einen bleibenden Eindruck.

Es zeigte sich bald, dass in dem Maße, wie ich die Kommunikation mit Dr. Sands pflegte und seinen Rat suchte, wie ich seine Patienten am besten behandeln sollte, er bereit war, mir diese Patienten anzuvertrauen. So ist das auch bei Gott: Wenn wir unsere Probleme ihm vorlegen und ihn im Glauben um die richtige Lösung bitten, macht er uns oft innerlich klar, was wir tun sollen. Gottes Willen in einer Angelegenheit erkennen und verstehen und diese Sache dann durchbeten, ist sicher der Königsweg. Doch manchmal geht es schlicht darum, unser Gottvertrauen nicht zu verlieren.

Dass man sich mit Kollegen (vor allem mit solchen, die mehr Erfahrung haben) bespricht, ist eine gute, gesunde Gepflogenheit in der medizinischen Praxis. Lyndell und Richard baten Gott um die rechte Weisheit, während sie den bestmöglichen medizinischen Rat suchten. Der Professor seinerseits suchte den Rat von Kollegen und schließlich entschied man sich für die beste Lösung.

Ich stehe immer wieder mit Staunen vor Gottes Gnade und Macht zu heilen. Ich werde hier wohl nie auslernen. Obwohl ich längst ein erfahrener Arzt bin – bei Gott, dessen Wege so unerforschlich und wunderbar sind, werde ich immer ein Praktikant bleiben. Alles, was Gott von uns verlangt, sind unser Vertrauen und unser Gehorsam.

Lyndell geht es weiterhin gut. Der Krebs ist nicht zurückgekommen, und 2007 sagte man ihr, dass sie keine weiteren Kontrolluntersuchungen mehr benötigen würde. Ihr Mann, Richard, dagegen starb im Februar 2007 plötzlich und unerwartet nach einer akuten Krankheit. Er war 59 Jahre alt. Sein Tod stellt den gläubigen Christen vor schwierige Fragen. Ein liebevoller Ehemann und Vater wurde in einem relativ jungen Alter seiner Familie genommen. Dazu war er ein viel beschäftigter anglikanischer Pastor gewesen, den seine Gemeinde wirklich gebraucht hatte. Er hatte weiter die an ein Wunder grenzende Heilung seiner Frau und die Geburt seines Kindes erlebt und mit eigenen Augen die allmächtige Hand Gottes gesehen.

Warum nahm Gott ihn dann so früh zu sich? Hätte er seine Krankheit nicht auch heilen können? Oder kann der Tod zur Heilung dazugehören?

Sie werden aufwachen wie einst Jakob
und wie Jakob sagen:
Wahrlich, der Herr ist an diesem Ort, und hier ist
das Haus Gottes und das Tor des Himmels.
Und in dieses Tor werden sie hineingehen
und in diesem Hause wohnen,
wo nicht Wolken noch Sonne sind,
nicht Finsternis noch Blendung,
sondern stets ein und dasselbe Licht,
nicht Lärm noch Stille, sondern stets Musik,
nicht Angst noch Hoffnung, sondern seliges Haben,
nicht Feind noch Freund, sondern Einheit und Gemeinschaft,
nicht Ende noch Anfang, sondern Ewigkeit.

John Donne, 1572–1631
aus seiner 15. Predigt

Kapitel 19

Mehr als Überwinder

The Woodies ist ein australisches Radioprogramm, bei dem die Hörer während der Sendung anrufen können. Einmal wöchentlich auf ABC Radio 702 ausgestrahlt, ist es ein absolutes Muss für den passionierten Heimwerker. Der Clou sind nicht so sehr die Fragen oder die Antworten, sondern die witzig-informative Art, wie die Experten im Studio sie angehen. Einer dieser Experten war Les.

Eine regelmäßige Rubrik heißt »Katastrophe der Woche«, in der Hörer ihre schiefgegangenen Do-it-yourself-Experimente beichten. Ein Hörer sollte für einen Bekannten ein Strandhäuschen abreißen. »Nichts könnte einfacher sein«, dachte er. »Ich nehme ein Seil, binde das eine Ende an den Pfosten des Vordachs und das andere an meinen Kleinlaster. Dann gebe ich kräftig Gas und – fertig.« Und er beschrieb, wie er das Seil festband, das Gaspedal durchtrat und den Gang einlegte. Der Wagen schoss nach vorn, der Pfosten riss vom Rest des Hauses ab und wurde über Vorgarten und Kleinlaster hinweg wie ein Geschoss über die Straße katapultiert, wo er an einem Strommasten landete, sodass die ganze Straße verdunkelt wurde. Les zog den Hörer gnadenlos durch den Kakao.

Als ich eines Freitags nach Hause fuhr und die Sendung im Autoradio hörte, merkte ich erstaunt, wie der Ansager mit den Tränen kämpfte. Er hatte eine Mitteilung von Les' Sohn erhalten: »Vater hat die Werkstatt für immer verlassen und er hat es mit Würde getan.« Kaum jemand hatte davon gewusst, aber Les war seit einiger Zeit an Krebs erkrankt. An diesem Morgen war er gestorben.

Mein eigener Vater ist vor Kurzem gestorben. Er war 91 und aufgrund einer Makuladegeneration fast blind und konnte nicht mehr gut hören, war aber geistig bis zuletzt aktiv. Er war ein guter Mann, der zu seinem christlichen Glauben stand. In seinen letzten bewussten Augenblicken sagte er zu meiner Schwester, Rose: »Ich habe einer der Schwestern heute Morgen von Jesus erzählt. Was meinst du – hat sie mich verstanden?«

Beide Männer, Les und mein Vater, starben. Und sie starben auf eine gute Art!

Der Tod ist uns allen sicher. Die »Wunder« der modernen Medizin mögen ihn hinauszögern, aber er ist unausweichlich. Für den Nichtchristen ist mit ihm alles aus. Für den Christen ist er der Eingang in die Herrlichkeit, in die Gegenwart Gottes. Für die Hinterbliebenen können der Schmerz und die Trauer furchtbar sein. Ihr Kopf sagt ihnen das eine, ihr Herz etwas anderes; zumindest eine Zeit lang können sie beides nicht unter einen Hut bringen.

Für den Menschen, der nicht an Christus glaubt, ist der Tod der Schlusspunkt eines Lebens, das wunderbar gewesen sein mag, aber das keine Zukunftshoffnung mehr hat. Für den Christen ist er ein Augenblick des Triumphes, der Höhepunkt eines Lebens, das man in einer unvollkommenen Welt gelebt, aber in die Hände eines vollkommenen Gottes gelegt hat.

Ich weiß nicht, wie es im Himmel sein wird. Werden wir in alle Ewigkeit Anbetungslieder singen? Ich kann mir Schöneres vorstellen. Aber wie auch immer es sein wird, es wird viel schöner und wunderbarer sein als alles, was ich mir mit meinem begrenzten Verstand vorstellen kann. Wie der Apostel Paulus schreibt: »Kein Auge hat je gesehen, kein Ohr je gehört und kein Verstand je erdacht, was Gott für diejenigen bereithält, die ihn lieben« (1. Korinther 2,9).

Einer von denen, die einen Blick in den Himmel tun durften, ist der Neuseeländer Ian McCormack. Als er an der Küste von Mauritius in der Nacht tauchte, wurde er gleich fünfmal von einer Qualle gestochen, deren Gift tödlich sein kann. Als seine Freunde die Verbrennungen und die Lymphgefäßentzündung sahen, die sich rasch über seinen ganzen rechten Arm ausbreiteten, verloren sie alle Hoffnung. Das potente Nervengift forderte unerbittlich seinen Tribut – fortschreitende Lähmungen, dann das Koma. Die Ärzte stellten schließlich den Tod fest. Aber fünfzehn Minuten, nachdem man Ian in die Leichenkammer des Krankenhauses gebracht hatte, erlangte er, zum Schrecken und Erstaunen des Aufsehers, das Bewusstsein zurück.

Er berichtete, was andere vor ihm berichtet haben: Wie er durch einen dunklen Tunnel zu einem hellen Licht hinglitt. Am Ende des Tunnels sah er eine Welt, die so wunderbar war, dass er es kaum beschreiben konnte: »Ich wusste sofort: Das hier war meine Heimat, hier gehörte ich hin.« Dieses Erlebnis veränderte sein Leben so, dass er die nächsten 21 Jahre damit verbrachte, mit vollem Einsatz seine Geschichte und seinen Glauben weiterzugeben. Skeptiker haben versucht, das helle Licht mit einer Blutleere im Gehirn zu erklären; die religiöse Dimension sehen sie als Reflex des christlichen Glaubens, den die Betreffenden in ihrem Leben hatten. Doch Ian hat klipp und klar erklärt, dass er vor seinem Nahtoderlebnis keinerlei christlichen Glauben und religiöse Erfahrungen gehabt hatte.

Wie ein Christ mit dem nahenden Tod umgeht, ist möglicherweise sein wirksamstes Zeugnis gegenüber Verwandten und Freunden. Mein Vater sprach oft davon, dass er es nicht erwarten konnte, endlich bei Gott zu sein. Dies war für uns Hinterbliebene in den Tagen nach seinem Tod ein großer Trost und eine Glaubensstütze.

Wo die anderen Erinnerungen verblasst sind, sind es oft die »letzten Worte«, die im Gedächtnis der Nachwelt haften bleiben. Im Oktober 1555 wurden in Oxford drei christliche Märtyrer – Hugh Ridley, Nicholas Latimer und Thomas Cranmer – auf dem Scheiterhaufen verbrannt. Bevor die höher steigenden Flammen die Beutel mit Schießpulver, die man ihnen um den Hals gebunden hatte, erreichten, rief Latimer Ridley zu: »Sei getrost, Master Ridley, und sei ein Mann, denn heute wollen wir in England eine Kerze anzünden, die, so Gott will, nie wieder erlöschen wird.«[38] 450 Jahre später hallen diese Worte immer noch in unseren Ohren.

Wenige von uns werden die Gelegenheit haben, solche Worte zu sagen, aber es werden wohl auch nur wenige von uns so für ihren Glauben leiden wie diese Männer damals.

1899 starb der amerikanische Evangelist Dwight L. Moody im Alter von 62 Jahren. Seine letzten Worte waren: »Ich sehe, wie die Erde kleiner wird und der Himmel näher kommt. Dies ist mein Triumph. Dies ist mein Krönungstag. Es ist herrlich. Gott ruft und ich muss gehen. Kein Schmerz ... kein finsteres Tal ... es ist Glückseligkeit.«[39]

Viele erfüllt der Gedanke an den Tod mit Schrecken, weil er unbekanntes Territorium ist. Wie gut wäre es, wenn jeder von uns dem Tod in einem Zustand des inneren Friedens und Bejahens gegenübertreten könnte, der es ihm ermöglicht, seinen Mitmenschen seine Überzeugungen, Gedanken und Hoffnungen weiterzugeben.

Der bekannte Strahlenonkologe John Boyages ist Professor

für Strahlenonkologie am Westmead Hospital und derzeit Leiter des Brustkrebsinstituts von New South Wales. John hat mir erzählt, dass »es nichts Tragischeres gibt, als wenn es mit einem Patienten eindeutig zu Ende geht, er dies aber nicht einsehen will. Damit verbaut er sich die Gelegenheit, sein Leben in Ordnung zu bringen, sich mit Menschen zu versöhnen und dankbar auf sein Leben zurückzublicken.« John hat miterleben müssen, wie dieses Problem zu Spannungen zwischen Ehepartnern führte, und dies in einer Zeit, wo sie einander am meisten brauchten.

John wurde durch einen Mann, den er auf einer kirchlichen Vater-und-Sohn-Freizeit kennenlernte, relativ spät Christ. Er verhehlt seinen Glauben gegenüber seinen Patienten nicht; oft sagt er ihnen, dass Beten ihnen in ihrer Situation »wirklich helfen« kann. Es ist sein großer Wunsch, dass zu dem neuen Brustzentrum, das im Westmead Hospital entstehen soll, eine feste Gebetsgruppe gehören wird, die den Patientinnen hilft, mit allen Aspekten ihrer Erkrankung fertig zu werden. Er hält große Stücke auf Philipper 4,6-7: »Sorgt euch um nichts, sondern betet um alles. Sagt Gott, was ihr braucht, und dankt ihm. Ihr werdet Gottes Frieden erfahren, der größer ist, als unser menschlicher Verstand es je begreifen kann. Sein Friede wird eure Herzen und Gedanken im Glauben an Jesus Christus bewahren.«

John hat ständig seinen Palmtop dabei. Auf ihm ist eine moderne Bibelübersetzung gespeichert. Bestimmte Verse, die ihm besonders wichtig sind, hat er markiert, vor allem Sprüche 3,5-6: »Vertraue von ganzem Herzen auf den Herrn und verlass dich nicht auf deinen Verstand. Denke an ihn, was immer du tust, dann wird er dir den richtigen Weg zeigen.«

John hat viele Krebspatienten sterben sehen – junge und alte, Christen und Nichtchristen. Er behauptet nicht, dass

Gott nicht die Macht hat, in den Verlauf einer Krankheit einzugreifen, aber er betont, dass wir letztlich immer Gottes Willen akzeptieren und ein Ohr dafür haben müssen, was Gott
uns durch die Krankheit des Patienten sagen will. Manchmal
ist es eine Krankheit zum Tode, manchmal nicht.

Die Gesellschaft, in der wir leben, versucht, die harten Rea-
litäten des Todes und des Sterbens auszublenden. Man redet
nicht von »Sterben«, sondern von »Hinscheiden«. In der Medizin sind Ausdrücke wie »vorsichtige Prognose«, »Herzpro-
blem« oder »aggressive Schädigung« im Wesentlichen Eu-
phemismen. Dergleichen kann uns helfen, mit schwierigen
Situationen umzugehen, aber es wird zum Problem, wenn es
uns von dem Sterbeprozess und von dem Patienten, der jetzt
mehr denn je gute Pflege, ein offenes Ohr und echte Zuwendung braucht, distanziert.

Dr. Martyn Lloyd-Jones (1899–1981) meint, dass der Arzt
eine gesunde Objektivität gegenüber den Krisen seiner Patienten braucht. Ohne sie geht er auf den sicheren Zusammen-
bruch zu. Allerdings kann diese Objektivität für Arzt und
Patienten manchmal auch zum Nachteil werden. In einer Ansprache vor Ärzten sagte er, dass der durchschnittliche Arzt
öfter dem Tod gegenübersteht als jeder andere – aber sind
sich die Ärzte dessen auch bewusst und ziehen sie daraus
Konsequenzen für sich selbst und ihren Alltag? Er fuhr fort,
dass die Ärzte darauf erwidern könnten, dass sie sich nicht
für den Tod interessieren, sondern für die Gesundheit und
das Leben. Aber nichts hat einen stärkeren Einfluss auf das
Leben als der Tod.[40]

Mein guter Freund Dr. George Kostalas hat eine Gabe für
den Umgang mit sterbenden Patienten. Seine positive Art
und seine Offenheit sind seinen Patienten ein Trost. Ich weiß
noch, als mein Vater ihn einmal fragte: »Herr Doktor, warum

nimmt Gott mir die Schmerzen nicht weg?« George erwiderte: »Mr Crocker, Gottes Aufgabe ist es nicht, das Leiden wegzunehmen, sondern uns durch es hindurchzutragen.«

Aber George ging noch weiter. Er versorgte meinen Vater auch palliativ, sodass das körperliche Leiden erträglicher wurde und jene letzte, unvertraute Wegstrecke eine höhere Lebensqualität bekam. Die Art, wie er meinen Vater durch seine letzten Stunden begleitete, demonstrierte auf eine sehr praktische, konkrete Art und Weise seine ständige enge Zusammenarbeit mit seinem stillen Teilhaber.

Wo entweder der Arzt oder der Patient Christ ist, tritt eine dritte Person in die therapeutische Beziehung ein, und dieser Dritte ist Gott selbst. Ich werde oft gefragt, ob ich einen guten christlichen Arzt empfehlen kann. Ich sage den Menschen dann immer, dass ich ihnen einen guten Arzt empfehlen werde. Dieser Arzt kann praktizierender Christ sein oder auch nicht. Es ist der Glaube und das Vertrauen des Patienten selbst, das diesen in Gottes Hand legt. Wo der Arzt Christ ist und der Patient nicht, bringt der Arzt Gott mit in die Gleichung ein, ob dem Patienten dies bewusst ist oder nicht. Die Kommunikation wird um eine Dimension reicher, wenn Arzt und Patient gläubig sind, aber Gottes Heilungsmacht wird nicht weniger, wenn nur einer der beiden Glauben hat.

Die persönlichen und familiären Probleme, die durch den Tod eines Patienten entstehen, können sehr komplex sein und große Sensibilität erfordern. Mediziner und Pflegekräfte sollten darum wissen, dass sie diese letzten Stunden im Leben eines Menschen positiv beeinflussen können. Am besten gelingt dies, wenn sie in einer Partnerschaft mit Gott, dem Vater, stehen und bereit sind, sich von seiner Weisheit leiten zu lassen.

Aber wie kann dieser stille Teilhaber helfen? Einmal sicher, indem er uns inneren Frieden schenkt und die Situation akzeptieren lässt. Aber auch, indem er uns ein Verständnis für die Fragen und Probleme gibt, denen wir uns stellen müssen, und uns zeigt, wie wir sie im Gebet angehen können.

Und wie beten wir? Sollen wir um Heilung beten? Um inneren Frieden? Um die Erlösung des Patienten? Für die, die die Hinterbliebenen sein werden? Auf keinen Fall sollten wir vermessen sein und Gott zu einem Handeln drängen wollen, das vielleicht überhaupt nicht das Beste für den Patienten wäre. Der Schlüssel ist: Gottes Willen suchen und von daher die Situation durchbeten.

Im Gebet für andere Menschen sollten wir immer für die Art, in der Gott unsere Gebete lenkt, offen sein. Kürzlich erzählte mir ein Freund von seinem Neffen, James Dwyer, der vier Monate Soldat in Afghanistan gewesen war. Als junger Südafrikaner war er in die britische Armee gegangen. Seine Eltern und Großeltern waren Christen und drei seiner Verwandten waren ebenfalls beim Militär gewesen. Wie so viele andere junge Männer hatte er seine Probleme mit dem Glauben, der seinen Verwandten so am Herzen lag.

Sein Großvater, Professor Philpot (ein renommierter südafrikanischer Gynäkologe und Christ), war entschieden dagegen gewesen, dass er zum Militär ging. Doch dann wurde er sein größter Freund, der ihm regelmäßig schrieb und Mut machte. James' Antwortbriefe zeigen, dass er ehrlich auf der Suche nach der Wahrheit war, und dies in einem Krieg, in dem die Wahrheit oft das erste Opfer ist.

Seine Großmutter betete treu für ihn und für seine Bekehrung. Doch dann änderte ihr Gebet sich plötzlich, wurde dringender. Jetzt war es ihr Herzenswunsch, dass James Christ wurde, »bevor der Herr ihn holte«. Einige in der Familie fanden dies makaber.

Am 27. Dezember 2007 (am Geburtstag seines Vaters) fuhr

der Jeep, in dem James saß, auf eine Mine. Trotz aller fast übermenschlichen Bemühungen seiner Kameraden starb er eine halbe Stunde später.

Lieutenant Colonel Rory Bruce von den Royal Marines hat ein Video der bewegenden Szene, als der Sarg in den leeren Laderaum des Transportflugzeugs getragen wurde, gepostet. Dann ertönte der Zapfenstreich und zwei Kanonen schossen Salut.[41]

James' letzter Brief an seinen Großvater zeigte, dass er kurz vor seinem Tod seinen Frieden mit Gott gemacht hatte. Er fragte sich immer noch, warum es so viele christliche Denominationen gab, aber er hatte eindeutig sein Leben Gott übergeben. Er erhielt ein militärisches Begräbnis mit allen Ehren nach anglikanischem Ritus in Plymouth. Heute, wenn ich diese Zeilen schreibe, hält in seiner Heimatstadt die methodistische Gemeinde einen Gedenkgottesdienst für ihn ab, während die Katholiken ein Requiem halten. James wurde 22 Jahre alt.

Warum ein so feiner junger Mann so früh sterben musste, können wir nicht verstehen. Vielleicht tut es auch zu weh, so kurz nach seinem Tod darüber nachzudenken. Aber ein liebender Gott wusste, was geschehen würde, und durch die Fürbitte von Johns Großmutter und die Mut machenden Briefe seines Großvaters tat er ein Wunder, das Johns ewiges Schicksal änderte. Fünf Minuten vor zwölf, gerade noch rechtzeitig, um ihn nach Hause zu bringen, wurde Gott James' stiller Teilhaber.

Alte wie Junge sterben und oft stehen wir ratlos davor. Warum ist das so? Ist auf Gottes Gebetserhörungen kein Verlass? Wird er manchmal vom Gang der Dinge überrascht? Ist er unfähig einzugreifen? Müssen Menschen sterben, weil entweder sie oder die Menschen, die für sie beten, nicht genug Glauben haben? Ich kenne diese Fragen nur zu gut.

Tatsache ist: Wir haben es mit einem allmächtigen Gott zu tun, der unsere Zukunft in seiner Hand hält (Psalm 31,16). Mein ganzes Leben lang habe ich immer wieder staunen müssen, wie Gott sich um jedes Detail kümmert, selbst in den kleinen Dingen. Ich habe ihn in den Krisen meines Lebens um Weisheit und Kraft bitten können und um Hilfe in Dingen, die mir im Nachhinein peinlich trivial erscheinen. Er interessiert sich für alle Aspekte unseres Lebens, und die Annahme, dass es ihn kaltlässt, wenn es um Leben oder Tod geht, ist absurd.

Mein Freund Ken lag mit Prostatakrebs im Endstadium im Royal Prince Alfred Hospital. Sein PSA-Spiegel[42], der Rückschlüsse auf das Krebsgeschehen in der Prostata erlaubt, war von 130 im Mai auf über 1 000 Anfang Juni gestiegen und lag mittlerweile bei 2 700. Diesmal war er wegen massiver Darmblutungen ins Krankenhaus gekommen; insgesamt verlor er sechs Liter Blut.

Bluttests ergaben eine Verbrauchskoagulopathie; hierbei werden Stoffe, die zur Blutgerinnung notwendig sind, vom Körper absorbiert, sodass Blutungen außer Kontrolle geraten. Der Blutverlust machte Ken immer blasser und schwächer. Das Ärzteteam besprach sich mit ihm und seinen Lieben und brach dann alle lebenserhaltenden Maßnahmen ab. Man entfernte die Infusionsschläuche und verlegte Ken in ein Privatzimmer. Wir versammelten uns um sein Bett, um für ihn zu beten und ihn zu begleiten. Er konnte die Worte des 23. Psalms nachsprechen, was ihn echt zu trösten schien.

Am folgenden Tag geschah das Unmögliche. Sein Zustand verbesserte sich dramatisch. Jeden Tag wurde er kräftiger.

Ich rief seine Ärztin an. »Das ist echt fantastisch«, sagte sie. »Das reinste Wunder. Wir nennen ihn inzwischen Lazarus.

Vor zwei Tagen hatte er einen Hämoglobinwert von 39. Wir haben ihm zwei Konserven Blut verpasst. Er ist wach und erzählt Witze. Wir haben die Physiotherapeuten gebeten, etwas für seine Beweglichkeit zu tun, und heute werden wir ihn zum ersten Mal aus dem Bett holen und auf einem Stuhl sitzen lassen.«

Kens Genesung ging weiter und man konnte ihn schließlich nach Hause entlassen. In der gleichen Woche besuchten Lynne und ich ihn und saßen mit seinen Lieben zu Tisch. Er saß am Kopfende und war der perfekte Gastgeber, der Gläser nachfüllte und für die Unterhaltung sorgte. Nach dem Essen beteten wir zusammen und gegen halb zehn ging er ins Bett.

Drei Monate danach, nach einer weiteren plötzlichen Blutung, ging Ken still und in Frieden zu seinem himmlischen Herrn und Meister. »Eigentlich möchte ich noch nicht gehen«, sagte er, »aber ich bin bereit.«

Seit seiner Entlassung aus der Klinik hatte Ken Ernst mit Gott gemacht und seine Hingabe an ihn erneuert. Er hatte auch mehrere Dinge in seinem Leben, um die er sich längst hätte kümmern sollen, ordnen und zum Abschluss bringen können. Er wusste genau, dass Gott ihm diese Extrafrist geschenkt hatte. Er wusste um die Wahrheit dieser Worte: »Und Gott wird dem Menschen seine Gerechtigkeit wiedergeben ... Gott hat mich vor dem Grab gerettet, und nun ist mein Leben wieder hell. Ja, Gott tut dies alles zwei, drei Mal für einen Menschen, um sein Leben vor dem Grab zu bewahren und ihm das Licht des Lebens zu schenken« (Hiob 33,26b.28-30).

James und Andrew Melville waren als »die kleinen Männer, die sich nicht beugen« bekannt. Sie spielten eine Schlüsselrolle bei der Gründung der reformierten Church of Scotland im 16. Jahrhundert. Sie wurden dafür verfolgt und kamen ins Gefängnis. Als James Melville im Sterben lag, feierte er zusammen mit Freunden sein Leben und seinen Tod. Er bat, die Kerze, die hinter seinem Bett brannte, vor ihn zu stellen, damit er »beim Sterben etwas sehen« konnte, und sagte dann Worte aus den Psalmen auf: »Ich will mich in Frieden hinlegen und schlafen, denn du allein, Herr, gibst mir Geborgenheit« (Psalm 4,9).[43]

Gott ist immer bei uns. Bevor wir geboren wurden, hat er schon unser Leben geplant. Im Mutterleib und in unseren Kindheitsjahren wacht er über uns. Wenn wir alt genug sind, unser Leben bewusst in seine Hand zu geben, wird er unser Erlöser und stiller Teilhaber. Unser ganzes Leben hindurch führt und stärkt er uns und im Tod führt er uns nach Hause.

Durch unbekannte Tage
wandert das Licht
wie eine Wüstenkarawane
durch die Vergänglichkeit des Sandes,
wie ein Schiff vor fremdem Wind
in unbekanntem Wasser.

Weißes auf schmaler Straße,
eine einsame Gestalt
bringt Licht ins Dunkel.
Sie schaut nach vorn, immer nach vorn,
unaufhaltsam, unauslöschlich.

Saum eines nahtlosen Gewandes
schleift durch den Staub des Tages.
Ein Leichentuch?
Ein Festkleid?

Verbirgt oder enthüllt es mein Schicksal?
Ich packe,
doch mein Griff ist erlahmt.
Hand legt sich über Hand,
packt wieder und wieder.
Ich lasse nicht los.
Ich lasse nicht los.
Ich lasse nicht los.

Bis du mich segnest.

E. F. Crocker, 2006

Kapitel 20

Wir haben eine Hoffnung

Jesu Blut und Gerechtigkeit
ist meiner Hoffnung Grund und Kleid.

Edward Mote, 1797–1874

»Ich möchte mit allem, was ich tue, Gott ehren«, sagte James, langsam und bedächtig. Seit seiner Studentenzeit hatte er vorgehabt, Chirurg zu werden, und seit seiner Assistenzzeit im Krankenhaus Neurochirurg. Inzwischen war er nach mehreren Jahren, die ihm alles abverlangt hatten, was er an Kraft hatte, in seiner neurochirurgischen Ausbildung ein gutes Stück vorangekommen.

Aber dann war etwas geschehen, was er nicht geplant hatte. Er hatte eine schlimme entzündliche Arthritis bekommen. Seine Hände waren gerötet, seine Finger geschwollen. Der Rheumaspezialist hatte ihm zwar nicht gesagt, dass es mit der Neurochirurgie vorbei war, aber James war klar, dass ein weiteres Fortschreiten der Krankheit die Beweglichkeit seiner Finger stark einschränken würde.

Manch anderer wäre am Boden zerstört gewesen, aber nicht James. Es war hart, aber als Christ wusste er, dass sein Leben und seine Zukunft in Gottes Händen lagen. Ich staunte über seine innere Gelassenheit, als er fortfuhr: »Was immer ich mache, es sollte auf dem Missionsfeld verwertbar sein, für alle Fälle.« Er war intelligent und wusste, was er wollte, doch vor allem war er bereit, sich Gottes Willen zu fügen.

Es gab keine schnelle Lösung, aber die Antwort würde

kommen. James war von einem Vertrauen und einer Hoffnung, die in einem lebendigen Glauben gründeten, getragen. Diese Hoffnung würde sein Anker sein, bis die Situation sich geklärt hatte.

Als Abteilungschef am Westmead Hospital arbeitete ich eng mit den Krankenhausseelsorgern zusammen. Viele von ihnen wurden Freunde, die gerne auf einen Kaffee vorbeikamen.

Eines Tages bat ein Geschäftsmann mich, in unserem Patientenwarteraum mehrere Exemplare eines christlichen Männermagazins auszulegen, das Lebenszeugnisse und Berichte von Geschäftsleuten und Akademikern enthielt, deren Leben durch den Glauben an Gott anders geworden war. Eine der interessantesten Geschichten war die von Dr. Ben Carson, einem bekannten Kinderneurochirurgen am Johns Hopkins University Hospital in Baltimore (USA). Ben war in einem Elendsviertel in Detroit aufgewachsen. Seine Mutter war eines von 23 Kindern. Als Alleinerziehende versuchte sie wacker, ihre beiden Jungen ohne finanzielle Unterstützung von außen aufzuziehen. Sie litt an Depressionen, die sie oft ins Krankenhaus brachten. Als Kind hatte Ben meistens schlechte Noten, als Teenager wurde er jähzornig – so sehr, dass er einmal um ein Haar einen seiner Freunde tötete. Doch seine Mutter hatte einen starken christlichen Glauben. Immer wieder spornte sie ihre Söhne an und machte ihnen Mut. Ihr Glaube und ihre Hoffnung gaben ihnen Auftrieb, und sie begannen zu sehen, dass sie das Zeug dazu hatten, etwas aus ihrem Leben zu machen. Bens Noten gingen steil nach oben und mit Gottes Hilfe bekam er seinen Jähzorn in den Griff. Zum Schluss war er einer der Besten an seiner Schule. Man bot ihm ein Stipendium für die Militärakademie West Point an, aber seine große Leidenschaft war, Medizin zu studieren.

Nach dem medizinischen Grundstudium in Yale studierte er an der University of Michigan und der John Hopkins University in Baltimore Neurochirurgie.[44]

Seit 1984 ist Ben Leiter der Kinderneurochirurgie am John Hopkins University Hospital. Zurzeit ist er Professor für Neurochirurgie, Onkologie, plastische Chirurgie und Pädiatrie sowie einer der Leiter des John Hopkins-Schädel- und Gesichtszentrums. Sein besonderes Interesse gilt der Trennung von am Kopf zusammengewachsenen siamesischen Zwillingen.

Hier gab es eine wahre Geschichte, die jedem, der in Not war, Hoffnung bringen konnte. Im Bemühen, niemanden zu übergehen, bat ich die Seelsorger um ihre Erlaubnis zum Auslegen der Hefte. Ein paar waren dafür, andere hatten keine Meinung. Einer war dagegen: »Damit könnten Sie den Patienten falsche Hoffnungen machen.« Ich dachte über seine Worte nach: »Falsche Hoffnungen«. Wer die Hoffnung verneinte, plädierte der nicht für die Hoffnungslosigkeit? Konnte es falsch sein, auf Gott zu hoffen?

Ich musste an bekannte Christen denken, die in scheinbar hoffnungslosen Situationen gewesen waren. Dietrich Bonhoeffer wurde auf den persönlichen Befehl Heinrich Himmlers erhängt. Er musste nackt zum Galgen gehen, aber bis ans Ende hielt er an seiner Hoffnung und seinem Gottvertrauen fest. Sein Leben ist Generationen ein Ansporn gewesen.[45] Bonhoeffer hoffte auf mehr als die Rettung von den ihn verfolgenden Nationalsozialisten. Er hoffte auf die ewige Erlösung durch den allmächtigen Gott und diese Hoffnung hat ihn nicht enttäuscht.

Ich dachte auch an meinen Freund Dr. Li in Zentralchina, dessen Geschichte ich in Kapitel 5 erzählt habe. Man hatte seine medizinischen Arbeitsmöglichkeiten eingeschränkt, ihn vor seiner Familie gedemütigt und öffentlich kritisiert.

Aber er hielt an dem hoffenden Glauben an einen Gott, der ihn nicht verlassen würde, fest.

Was bedeutet es überhaupt, auf Gott zu hoffen? Im Hebräerbrief heißt es: »Diese Hoffnung ist für uns ein sicherer und fester Anker, der hineinreicht in den himmlischen Tempel, bis ins Allerheiligste hinter dem Vorhang. Dorthin ist uns Jesus vorausgegangen« (Hebräer 6,19b-20a; HFA). Im Kontext ist die Rede von Gottes Verheißung an Abraham, dass er und seine Frau, obwohl sie schon alt waren, einen Sohn bekommen würden. William Barclay erklärt in seiner Auslegung des Hebräerbriefs, dass in der Antike der Anker ein Symbol der Hoffnung war.[46] Ein Anker hält das ganze Schiff fest und nicht nur einen Teil davon. Ähnlich trägt die Hoffnung auf Gott den ganzen Menschen – Leib, Seele und Geist.

Ein Anker kann ein Schiff auch in schwierigen Gewässern sicher halten. Die Ankerkette geht durch unbekannte, schwarze Tiefen bis zum Meeresgrund, in dem der Anker festen Halt gefunden hat. Für den Christen ist dieser feste Grund Christus selbst.

Die Hoffnung der Welt heißt »Optimismus« oder »positives Denken«. Sie gibt Ermutigung, aber diese Ermutigung hängt an Dingen, die vorübergehend und unsicher sind. Die Hoffnung des Christen dagegen ist ein freies Geschenk Gottes, »ausgegossen in unsere Herzen durch den Heiligen Geist, der uns gegeben worden ist« (Römer 5,5; ELB). Es ist eine Hoffnung, die uns nie enttäuschen wird; in der neuen Übersetzung *Das Buch* (R. Werner) heißt es, sie »lässt uns nicht beschämt im Regen stehen« (Römer 5,5a). Doch, es wird Sorgen und Leiden geben, aber diese machen uns geduldiger, die Geduld macht uns innerlich stärker, dies wiederum führt zu Hoffnung und die Hoffnung wird uns nicht enttäuschen (Römer 5,3-5a).

Hoffnung trägt. Sie gibt uns einen Grund weiterzumachen.

Wenn wir auf Heilung hoffen, ist die erste Bitte unseres Herzens die um körperliche Heilung und Linderung des Leidens.

Krankheit und Leiden hat viele Ursachen. Manchmal sind wir selbst verantwortlich, weil wir uns überarbeitet, geraucht, zu viel Alkohol getrunken, Drogen genommen oder uns falsch ernährt haben. Manchmal scheint die Krankheit »einfach so« zu kommen, ohne erkennbare Ursache. Doch wie dem auch sei, Gott hört unsere Gebete.

Ich glaube, dass bei einer Erkrankung unsere erste Option die Möglichkeiten der modernen Medizin sein sollten. Führen diese zu keinem Ergebnis, dann kann allein Gott handeln. Er kann, wo dies sein Wille ist, uns körperliche Heilung schenken, oder er kann uns zu sich nach Hause holen. In beiden Fällen ist er allmächtig und seine Entscheidung nicht hinterfragbar. In beiden Fällen muss zu unserer Hoffnung das Vertrauen auf einen liebenden Gott kommen, der nur das Beste für uns will.

In den Sprüchen Salomos lesen wir: »Hingezogene Hoffnung macht das Herz krank, aber ein eingetroffener Wunsch ist ein Baum des Lebens« (Sprüche 13,12; ELB). Einem Patienten Hoffnung zu versagen, heißt, die Krankheit zu verschlimmern, indem ich ihr eine negative geistliche Dimension gebe, die den Krankheitsverlauf nachteilig beeinflussen kann. Wir haben alle schon Patienten erlebt, die »sich aufgegeben« und so ihren Tod beschleunigt haben. Hoffnung zu versagen, heißt auch, der in unserer Gesellschaft um sich greifenden Forderung nach Legalisierung der freiwilligen Euthanasie zusätzliche Nahrung geben.

Ich will damit nicht sagen, dass ein Arzt, der Christ ist, seinen Patienten die Wahrheit über ihren Zustand verheimlichen sollte. Wir haben ehrlich und offen zu ihnen zu sein. Die Patienten erwarten dies; die meisten wollen wissen, »woran sie sind«. Doch Gottes Heilen beginnt oft dort, wo die Medizin am Ende ist. Wir haben kein Recht, Patienten das Herz schwer zu machen, indem wir ihnen ihre Hoffnung nehmen.

Der christliche Arzt hat wie kein anderer die Möglichkeit, der Ratgeber und Seelsorger seiner Patienten zu sein. Er muss ein Gespür für ihre Hoffnungen und Erwartungen haben und diese in den Kontext seines medizinischen Wissens stellen, gleichzeitig aber offen sein für die vielen Arten, auf die Gott eingreifen kann.

Manchmal kommt die Heilung schnell und reibungslos, manchmal dauert sie länger und benötigt anhaltende Fürbitte. Dabei sollten wir nicht nur die körperliche Heilung sehen. Oft geht Gottes Handeln über sie hinaus und bezieht geistliche Probleme, Beziehungen innerhalb der Familie und persönliche Dinge ein, die einer Klärung bedürfen. Wir sollten nie die Verheißung Gottes vergessen, dass »für die, die Gott lieben und nach seinem Willen zu ihm gehören, alles zum Guten führt« – ja wirklich »alles« (Römer 8,28) – und manchmal braucht das Zeit.

Wir sollten uns auch darüber klar sein, dass eine Genesung vielleicht nicht mehr möglich ist. Es gibt hier nichts Tragischeres als den Patienten, der über der Hoffnung auf Heilung buchstäblich stirbt und einfach nicht sehen wollte, dass er vielleicht nie mehr gesund wird. Da müssten Formalitäten und Beziehungen geregelt und Verwandte vorbereitet werden. Ich habe erlebt, wie gute Freunde von mir starben, die felsenfest glaubten, dass sie geheilt würden. Ich hatte ihnen so viel zu sagen, das sie aber nicht angenommen hätten, da sie es nur als Zeichen für meinen »Unglauben« betrachtet hätten.

Hoffnung ist nicht nur für den Patienten wichtig, sondern auch für den Arzt. Sie betrifft alle Bereiche unseres Lebens: den persönlichen, den beruflichen und den geistlichen. Sie ist nicht etwas, das wir abends in der Garderobe unserer Praxis hängen lassen können – oder morgens in der Garderobe zu Hause.

Anhaltende Hoffnung ist eine der größten Gaben Gottes. Er will, dass wir sie weise gebrauchen. Die meisten Probleme und Krisen kommen unerwartet, und ihr erstes Opfer ist oft unsere innere Gelassenheit, noch bevor wir uns darüber klar geworden sind, wie ernst die Lage wirklich ist oder wie wir ihr begegnen können. Das ist der Grund, warum die Bibel uns auffordert, den »Helm« der »Hoffnung des Heils« aufzusetzen (1. Thessalonicher 5,8; ELB). Dieser Helm wird unser Denken schützen, bis wir die Situation verstanden und bewältigt haben. Er ist ein echter Anker unserer Seele (Hebräer 6,19).

So wartet James, mein junger Freund aus der Neurochirurgie, weiter auf Gottes Führung. Er sucht sie aktiv und weiß, dass Gott ihn nicht hängen lassen wird. Vielleicht wird er in der Neurochirurgie bleiben, vielleicht nicht. Eines ist sicher: Wenn wir unsere ganze Hoffnung und Vertrauen auf Gott setzen, wird er uns nach seinem vollkommenen Plan führen und leiten (Jeremia 29,11; Sprüche 3,5-6). Und wenn wir die richtige Entscheidung getroffen haben, wird er uns jenen inneren Frieden geben, der nur zu denen kommt, die sich an ihn halten.[47]

Dennoch will ich mir dies zu Herzen nehmen,
das will ich hoffen:
Die Gnade des Herrn nimmt kein Ende!
Sein Erbarmen hört nie auf, jeden Morgen ist es neu.
Groß ist seine Treue.

Klagelieder 3,21-23
Hervorhebung des Autors

Sportler, Medienstars, Expräsidenten und Premierminister nutzen ihren Einfluss, um die öffentliche Meinung zu verändern. Doch Medizinern ist es nicht erlaubt, ihre Position oder ihren Einfluss zu nutzen, um Patienten ihre persönliche Meinung oder ihren Glauben aufzudrängen. Und das ist ganz richtig so. Der Patient, der einen Arzt aufsucht, tut dies aus einer Position der Abhängigkeit und des Vertrauens heraus. Der Arzt, der diese Position bewusst ausnutzt, handelt unethisch.

Doch der Arzt hat auch die Pflicht, sich selbst treu zu bleiben. Sein Umgang mit Themen, die mit der Heiligkeit des Lebens zu tun haben (zum Beispiel Abtreibung, Klonen von Menschen, Euthanasie), hat in Übereinstimmung mit seinen religiösen Überzeugungen zu stehen. Es kann sogar sein, dass er seinen Beruf aus Gründen gewählt hat, die mit seinem Glauben zusammenhängen, und es ist nur recht und billig, wenn er ihn in diesem Kontext ausübt.

Im Idealfall ergibt sich die Art, wie der Arzt auf die Probleme seiner Patienten eingeht, aus seinem Wissen, seiner Erfahrung, seiner menschlichen Zuwendung und seiner klaren, objektiven Erkenntnis. All diese Faktoren werden durch die ethischen und religiösen Werte des Arztes beeinflusst. Dies ist etwas, das keine Verbote und gesetzlichen Einschränkungen verträgt.

In Australien achten wir die Rechte des Einzelnen und die Religionsfreiheit ist unantastbar. Ärzte sollten nicht nur frei in die Gottesdienste ihrer Gemeinde gehen können, sondern ihre religiösen Überzeugungen auch im Alltag ausleben und praktizieren können, solange sie dies nicht in Konflikt mit dem Gesetz bringt.

Doch es gilt nicht nur, die Rechte des Arztes zu respektieren, sondern auch die des Patienten zu schützen. Es macht daher Sinn, dass der Patient um die religiösen Überzeugungen des Arztes weiß, insofern diese Einfluss auf dessen Entscheidungen und Umgang mit den Patienten haben. Das Mitgefühl des christlichen Arztes für die Nöte seiner Patienten ist von seinem Glauben gesteuert und findet seinen Ausdruck in dem, was er ganz praktisch aus seiner Beziehung mit dem lebendigen Gott heraus tut.

Kapitel 21

Einer, der da ist

Solange die Erde besteht,
wird es Saat und Ernte geben,
Kälte und Hitze,
Sommer und Winter,
Tag und Nacht.

1. Mose 8,22

»Bitte kommen Sie sofort in den Patienten-Wartebereich.«
Die Stimme in meinem Piepser war dringend und ließ keinen Aufschub zu.

Der Patient saß neben seiner Frau und an dem Knie der Frau hing ein schluchzendes kleines Mädchen. Ich hatte den Mann noch nie gesehen. Er war der reinste Kleiderschrank (laut seiner Krankenakte wog er 160 Kilo) und sah wie ein Südseeinsulaner aus. Er war jung, Anfang 30, aber ganz offensichtlich nicht gesund. Ich studierte seine Akte. Er hatte eine Kardiomyopathie, eine Krankheit, bei der das Herz sich vergrößert und der Herzmuskel schwächer wird. Bei ihm war das Herz bereits so schwach, dass die linke Herzkammer nicht mehr richtig funktionierte. Seine Beine waren dick geschwollen und er bekam kaum Luft. Er hatte nach einer Untersuchung auf den Krankenwagen gewartet, der ihn zurück ins Krankenhaus bringen sollte, aber dann war ihm schwindlig und übel geworden. Er hatte Herzrasen und der Blutdruck war im Keller.

Ich ließ ihn auf ein Bett legen und gab ihm Sauerstoff. Ein

EKG zeigte keine akuten Veränderungen und bald fühlte er sich besser. Seine Frau saß neben ihm und hielt seine Hand. Beiden war sichtlich nicht wohl zumute in dieser steril-schmucklosen Umgebung. Die Frau begann zu weinen. Diese Menschen taten mir leid, wie konnte ich sie trösten?

Ich legte meine Hand auf die Schulter des Mannes und betete stumm. Ich bat Gott, ihm Kraft zu geben und beiden die Angst zu nehmen. Bald war der Krankenwagen da und holte sie ab, aber ich wusste: Sie hatten keine Angst mehr. Weil einer da war, der sie verstand und sich um sie kümmerte.

Einem Arzt ist es oft geschenkt, zur rechten Zeit am rechten Ort zu sein. Es ist etwas Wunderbares, Menschen, die in Not sind, Trost und Hilfe bringen zu können. Noch besser ist es, wenn man ihnen gute Nachrichten bringen kann. Patienten reden ständig über »gute« und »schlechte Nachrichten«: »Ich hoffe, es ist was Gutes, Herr Doktor. Noch mehr schlechte Nachrichten kann ich nicht brauchen.«

Mit das Schönste für einen Arzt ist es, wenn er einen Patienten beruhigen und ihm seine Angst nehmen kann. Allein schon der Gesichtsausdruck des Patienten ist Lohn genug. Doch noch schöner wird es, wenn wir das Vorrecht haben, dem Patienten etwas behutsam über unseren eigenen Glauben und unsere Hoffnung mitzuteilen und so in seine Situation und Bedürftigkeit hineinzusprechen.

Mein Freund Dr. Tony Dale erinnert sich an einen älteren Herrn, der nach einem Herzstillstand wiederbelebt worden war. Am Morgen seiner Entlassung ging Tony noch einmal kurz zu ihm, um sich zu vergewissern, dass alles in Ordnung war, und sich von ihm zu verabschieden. Als er wieder aus der Station hinausging, sprach Gott zu ihm: »Dieser

Mann findet dich toll. Alle Menschen hier finden dich toll. Aber keiner weiß, warum!«

Tony musste sofort an einen Vers des Propheten Jesaja denken: »Wie lieblich sind auf den Bergen die Füße dessen, der frohe Botschaft bringt ...« (Jesaja 52,7; ELB). Wie er mir später erzählte: »Ich spürte, wie Gott mich aufforderte, nicht so schüchtern zu sein und den Patienten, den Schwestern und den Kollegen zu sagen, dass ich an Jesus glaube und dass er meine große Kraftquelle ist.« Er musste noch an einen zweiten Vers von Jesaja denken, wo Gott sagt, dass er seine Herrlichkeit und Ehre mit keinem anderen teilt (Jesaja 42,8).

Viele Patienten begegnen in Ärzten, die Christen sind, einer Liebe und Fürsorge, die man in unserem Gesundheitswesen nicht immer findet. Manchmal weiß der Patient, dass der Arzt Christ ist, manchmal nicht. Die Liebe und Barmherzigkeit, die er spürt, kommen aus dem Herzen Gottes selbst. Oft verpassen wir nicht nur bei Fremden, sondern auch bei Freunden und Verwandten wunderbare Gelegenheiten, weil ihre Krankheit uns etwas Ungewohntes und vielleicht sogar ein Stück peinlich ist. Manchmal genügt es schon, dass wir da sind. Ein gutes Wort zur rechten Zeit kann ein großer Segen sein. Noch wichtiger als das Reden ist das Zuhören. Extrem wichtig ist der Körperkontakt. Ein fester Händedruck und ein leises Wort der Ermutigung können viel bewirken.

Sam ist einer jener neuen Medizinstudenten, die ihre medizinische Ausbildung nach dem Abschluss eines anderen Studiums begonnen haben. Er kommt aus Südkorea, wo sein Vater Hilfspastor unter dem großen Prediger Paul Yongi Cho war. Er berichtet: »Wenn ich als Kind krank im Bett lag und meine Mutter oder mein Vater mir über den Kopf strich, bevor ich einschlief, bedeutete mir das viel mehr als alle Medizin, die sie mir gaben. Ich finde es absolut wichtig, die Patienten moralisch zu unterstützen und ihnen Kraft und Trost zu geben.«

Als Christen sind wir Menschen, in denen der Heilige Geist wohnt – derselbe Heilige Geist, der Jesus von den Toten auferweckte. Eine Eigenschaft des Heiligen Geist wird im Griechischen mit dem Wort *parakletos* beschrieben; es bedeutet, dass man sich neben einen Menschen stellt, um ihn zu stärken und zu trösten. Indem wir unseren Patienten die Liebe Christi bringen, bringen wir sie in Kontakt mit Gottes Heiligem Geist, der sie trösten, bewahren, stärken und ermutigen wird.

Es ist unbedingt wichtig, sich die rechte Weisheit und die rechten Worte von Gott geben zu lassen. Meistens bekommen wir sie nicht im Voraus, sondern genau dann, wenn wir sie brauchen. Eines Nachmittags stand ich mit einem Patienten zusammen, um mit ihm das Ergebnis eines Tests zu besprechen. Da erwähnte er, dass er gerade an diesem Tag einen schlimmen persönlichen Schicksalsschlag erlitten hatte. Ich überlegte hektisch, wie ich ihm helfen konnte, aber fand nichts. Dann bat ich in einem stummen Stoßgebet Gott um Hilfe, und fast sofort nahm das Gespräch eine Wendung, die es mir ermöglichte, ein hilfreiches Wort einzubringen. Dieses Wort in dem vollen Wartezimmer brachte uns beiden ein Stück Heilung.

Das rechte Wort zur rechten Zeit – hier geht es um nicht weniger als Gottes Ziel und Zeitplan. Die Gelegenheiten, die ich hier meine, sind keine Zufälle. Sie können im Leben der Menschen, zu denen wir sprechen, Wendepunkte sein, die kommen, wenn die Not am größten ist. Oft erkennen wir das erst im Nachhinein. Rob, dessen Geschichte ich in Kapitel 7 erzählt habe, sagt, dass er es aufgegeben hat, die Menschen überzeugen zu wollen, und wahrscheinlich hat er recht. »Das Überzeugen besorgt der Heilige Geist selbst, zu seiner Zeit«, sagt Rob. Unsere Aufgabe ist es zu hören, zu gehorchen und bereit zu sein.

Peter und Rachel sind zwei praktische Ärzte, die mit ihrem christlichen Glauben nicht hausieren gehen, aber die in ihren Praxen Bibelverse an die Wand gehängt haben. Sie verstehen sich als Therapeuten, die die ganze Person behandeln und sich nicht nur um die körperlichen Probleme ihrer Patienten kümmern, sondern auch um ihre persönlichen, sozialen und, wo angebracht, geistlichen Bedürfnisse. Sie betrachten ihre Methode ohne Umschweife als »ganzheitlich«. Dabei sind sie um höchste medizinische Qualität bemüht, die sie als wesentlichen Aspekt ihres christlichen Zeugnisses betrachten.

Beide beten privat für ihre Patienten. Wenn es sich ergibt, beten sie auch mit den Patienten. Peter sieht sich als jemanden, der »Samen aussät«, der eines Tages Frucht bringen wird.

Rachel sagt: »Alle Heilung kommt letztlich von Gott. Oft gibt er mir genau die richtigen Ideen ein. Wenn ich bei einem Patienten nicht weiterkomme, bete ich manchmal einfach, und dann kommt die Lösung. Gott weitet meinen Blick und zeigt mir, was ich tun soll.«

Peter hat viel mit palliativer Betreuung zu tun und staunt nur so, wie Gott ihm in schwierigen Situationen Kraft gibt. Eine Patientin, eine relativ junge Frau, deren Krebserkrankung gestreut hatte, suchte keine körperliche Heilung, sondern glaubte, dass ihr Leben und Sterben ein Zeugnis für viele werden würde. Ihr Gottvertrauen, so Peter, war ein mächtiges Zeugnis für seine gesamte Praxis.

Rachel erzählt von zwei Schwestern, die ihrem Vater nicht

erlaubten, mit ihnen über seinen Glauben zu reden. Binnen eines Jahres bekam eine der Schwestern Krebs und auch der Vater wurde schwer krank. Als er im Sterben lag, las eine der Töchter ihm aus der Bibel vor. Er war gerade noch so bei Bewusstsein, dass er die Worte verstehen konnte. Die Tochter wurde von dem, was sie da vorlas, so gepackt, dass sie Christin wurde. Sehr wahrscheinlich hatte dieser Vater sein Leben lang für seine Töchter gebetet, in der zuversichtlichen Hoffnung, ihre Bekehrung noch erleben zu dürfen. Und Gott war treu und ließ den Samen, den der Vater die ganzen Jahre über gesät hatte, schließlich zu seiner Zeit und nach seinem perfekten Plan reiche Frucht bringen.

Kürzlich ging ich die Krankenakte eines Patienten durch, er litt an einer diffus metastasierenden Krebserkrankung. Seit der Chemotherapie hatte sich sein Zustand deutlich gebessert. »Da scheint etwas zu funktionieren«, sagte ich ihm.

Er erwiderte: »Ich glaube, dass Gott mir hilft.« Und dann erzählte er eine erstaunliche Geschichte. Vor 58 Jahren hatte seine Mutter ihm in Italien ein Kruzifix geschenkt. Er war nicht religiös, aber er hatte das Kruzifix die ganzen Jahre in einer Schublade verwahrt. Als er an Krebs erkrankte, holte er das Kruzifix heraus und begann zu beten.

In Australien wissen wir, dass es Samen gibt, die jahrelang im Boden schlummern können, bis ein Buschfeuer oder ein anderes Ereignis sie zum Keimen bringt. So ist es auch mit den Samenkörnern, die wir in das Leben unserer Mitmenschen legen. Jahrzehntelang können sie schlummern, bis (wie bei jenem Mann und seinen Töchtern) irgendeine Lebenskrise sie aufgehen lässt.

Die Tage unseres Lebens sind wie Jahreszeiten. Im Prediger Salomo lesen wir:

Alles hat seine Zeit,
alles auf dieser Welt hat seine ihm gesetzte Frist:
Geboren werden hat seine Zeit,
wie auch das Sterben.
Pflanzen hat seine Zeit,
wie auch das Ausreißen des Gepflanzten.
Töten hat seine Zeit,
wie auch das Heilen.
Niederreißen hat seine Zeit,
wie auch das Aufbauen.
Weinen hat seine Zeit,
wie auch das Lachen.
Klagen hat seine Zeit,
wie auch das Tanzen.

Prediger 3,1-4

Als Christen benutzt Gott uns dazu, in das Leben anderer Menschen hineinzusprechen, so wie sie es brauchen. Manchmal pflanzen wir, manchmal begießen wir, was andere gepflanzt haben – ja und manchmal dürfen wir sogar miternten. Aber eines ist sicher: Saat und Ernte, wie auch Kälte und Hitze, Sommer und Winter, Tag und Nacht werden nicht aufhören, solange die Erde besteht (1. Mose 8,22).

Lie Shian betreibt seit vielen Jahren eine Praxis in West-Sydney. Die zierliche, attraktive Frau, Anfang fünfzig, ist von der resoluten Sorte und ihre Stimme ist voller Zuversicht und Hoffnung. Sie nennt Gott ihren »unsichtbaren Chef«, der ihr Mut macht und Kraft gibt und ihr selbst in den schwierigsten Situationen zeigt, wie es weitergeht. Wenn Lie spricht, strahlt ihr Gesicht Gottes Liebe aus. Aber das war nicht immer so.

Lie ist in China geboren. Nach der kommunistischen Macht-
übernahme wanderte ihre Familie in ein kleines Dorf in Westborneo aus – eine Gegend, die heute für ihre Unabhängigkeits-
kämpfe und Gewalt bekannt ist. Lies Verwandten waren keine
Christen; die meisten Dorfbewohner praktizierten Animismus
und Ahnenverehrung. Doch kurz vor seinem Tod wurde Lies
Großvater katholisch und in der Folge die ganze Familie. Jetzt
kam man abends zusammen, um unter der strikten Aufsicht der
Großmutter den Rosenkranz zu beten. Während einer dieser
Andachten hatte Lie ein Erlebnis, das sie ihr ganzes Leben nicht
vergessen sollte. »Christus kam zu mir und hielt meine Hand.
Sein Blick war so unendlich liebevoll. Ich sehe ihn heute noch
vor mir, wie er meine Hand hält.« Sie war damals acht Jahre alt.

Mit 15 Jahren ging Lie nach Sydney, um zusammen mit ihren älteren Geschwistern ihre Schulbildung abzuschließen.
Als sie ihren Highschool-Abschluss hatte, konnte sie ein Medizinstudium an der University of New South Wales beginnen.
Sie stürzte sich voll in das Studentenleben. »Gott war immer
noch da, aber ich betrachtete ihn jetzt mehr als ›Feuerwehr‹,
wenn ich Probleme hatte.« Lie betete weiter den Rosenkranz
und ging pflichtbewusst zur Beichte und zur Messe. »Aber ich
hatte keine persönliche Beziehung zu Gott.«

Zwei Jahre nach Abschluss des Studiums eröffnete sie in
den westlichen Vororten von Sydney ihre Praxis. Sie lernte David (einen jungen Rechtsanwalt) kennen. Die beiden verlieb-
ten sich und waren bald verheiratet. »Jetzt hatte ich alle meine
Ziele erreicht«, sagte Lie. »Ich war erfolgreich und geachtet,
hatte finanzielle Sicherheit und eine glückliche Ehe. Aber mein
ganzes Leben kreiste um *meine* Ziele und *meine* Ehre. Irgendwo fehlte etwas, tief drinnen fühlte ich mich richtig leer. Mein
Egoismus brachte mir viel Schmerz und Not. Aber Gottes Gnade hatte mich nicht verlassen.«

Mit 28 Jahren begann sie, auf der Suche nach Sinn und Erfüllung im Leben, in eine nahe gelegene Kirche zu gehen, in der sie die Liebe Jesu ganz persönlich und hautnah erlebte. Sie nahm Jesus als ihren Erlöser an. »Mein Leben war wie umgewandelt. Auf Schritt und Tritt sah ich in meinem Alltag seine Hand. Ich erinnerte mich an das Erlebnis, das ich als Kind gehabt hatte, als er zu mir kam und meine Hand nahm. Ich hatte ihm wehgetan, aber er hatte mir vergeben. Er rettete mich und gab mir ein neues Herz.«

Lies neue Beziehung zu Gott revolutionierte die Art, wie sie ihre Praxis betrieb. »Ich war frei geworden. Ich stand nicht mehr unter diesem Druck, vor den Patienten Leistung bringen und einen guten Eindruck machen zu müssen.« Oft drängen die Patienten ihren Arzt ja, gewisse Dinge für sie zu tun – etwa eine ungewollte Schwangerschaft zu beenden, einen geschönten Bericht zu schreiben oder sie wegen einer Kleinigkeit krankzuschreiben. Lie: »Manchmal sage ich Gott: Was soll ich sagen? Was soll ich machen? Und immer antwortet er mir. Ich weiß schon nicht mehr, wie vielen jungen Frauen ich von einer Abtreibung abgeraten habe. Später kommen sie dann mit ihrem Baby zu mir und danken mir.«

Vor Kurzem bat ein älterer Mann, der im Endstadium seiner Krankheit war, Lie um Sterbehilfe. Sie riet ihm ab. Sie besuchte ihn zu Hause und las ihm Texte aus der Bibel vor, vor allem den 23. Psalm: »Auch wenn ich durch das dunkle Tal des Todes gehe, fürchte ich mich nicht, denn du bist an meiner Seite« (Vers 4). Sie las ihm auch die Beschreibung des Himmels in der Johannesoffenbarung vor. Der Mann erlag schließlich seiner Krankheit, aber vorher nahm er Christus als seinen Erlöser an. Er starb gut, in großem Frieden, ohne Angst und voller Erwartung und Vorfreude.

Lie dankt Gott auch für die Weisheit und Kraft im Umgang

mit Patienten, die bestimmte Medikamente verschrieben haben wollen, nach denen sie süchtig sind. Sie hat gelernt, ihre Rezepte so auszustellen, dass sie nicht missbraucht werden können.

Sofern sie es erlauben, betet Lie oft mit ihren Patienten. Ein Patient hatte starke Nervenschmerzen in Armen und Händen, die auch nach einer Operation nicht weggegangen waren. Er war Computerprogrammierer und das stundenlange Sitzen vor dem Computer hatte die Nervenwurzeln in den Armen zusammengedrückt. Als sie mit ihm gebetet hatte, wurde er schmerzfrei.

Ein guter Freund von mir bekam ein Haferzellenkarzinom an der Lunge (eine besonders bösartige Krebsart). Man entfernte ihm einen Teil des befallenen Lungenflügels, worauf der Krebs wiederkam, diesmal im linken Lungenflügel in Herznähe. Man bestrahlte den Krebs. Lie und ihre Freunde beteten gemeinsam für meinen Freund. Der Tumor verschwand vollständig und war auch fünf Jahre später nicht zurückgekehrt. Röntgenuntersuchungen zeigten keinerlei Anzeichen für einen Tumor oder für eine Bestrahlungsfibrose (degenerative Vermehrung des Bindegewebes). Der Patient wurde später Christ und begann ein Studium an einem theologischen Seminar.

Lie macht keinen Hehl aus ihrem Glauben. Während der letzten Weihnachtszeit hing in dem Warteraum ihrer Praxis ein großes Spruchband mit den Worten: »Der Grund für Weihnachten heißt Jesus«. Gelegentlich stößt sie wegen ihres Glaubens auf Ablehnung, aber die Menschen achten und schätzen sie wegen ihrer fürsorglichen Art, der Qualität ihrer Praxis, ihrer Leidenschaft und, ja, wegen ihres Glaubens. Ich habe Gelegenheit gehabt, mit vielen ihrer Patienten zu sprechen, und alle ohne Ausnahme haben ihrer Liebe und Wertschätzung für sie Ausdruck gegeben.

Vor Kurzem ist Lie in ihrer Gemeinde getauft worden. Sie war schon mit zehn Jahren in ihrem indonesischen Dorf als Katholikin getauft worden, aber sie hatte den Eindruck, dass sie ihren Glauben noch einmal öffentlich bezeugen sollte. Am Tag ihrer Taufe schrieb sie die folgenden Worte:

Mein Wunsch ist es, Christus zu erkennen und die mächtige Kraft, die ihn von den Toten auferweckte, am eigenen Leib zu erfahren. Ich möchte lernen, was es heißt, mit ihm zu leiden, indem ich an seinem Tod teilhabe (Philipper 3,10). Ich möchte als echter Gläubiger getauft werden. In meinem geistlichen Leben hat im Laufe der Jahre oft mein altes Ich sein hässliches Haupt erhoben. Mein Kampf und meine sündigen Neigungen sind nicht einfach gewesen. Meine Taufe soll ein Meilenstein der Gnade sein, der mich täglich daran erinnert, dass »ich lebe, aber nicht mehr ich selbst, sondern Christus lebt in mir« (Galater 2,20).

Dreimal wurde Geoff von der Granvill Boy's Highschool ausgeschlossen, 15-mal bekam er den Stock zu spüren. Das Motto der Schule, *aput se pugne*, lautet übersetzt: »Er bereitet sich auf die Herausforderung vor«. Doch die Jungen hatten eine andere Version: »Auf in den Kampf!« Geoff: »Manche Schüler hatten Messer dabei und du musstest dich deiner Haut wehren. Man durfte sich ja keine Blöße geben«.

Es waren die späten 1970er-Jahre, nach dem Vietnamkrieg. Die jungen Leute hinterfragten alles und trauten niemandem, schon gar nicht Politikern und Autoritätsfiguren. In den westlichen Vororten von Sydney herrschten die Skinheads und die Sharpies. Geoff, der Christ war, war in einer christlichen Schülervereinigung aktiv. Immer wieder musste er sich wegen seines Glaubens verteidigen und ihn erklären.

Es gelang ihm schließlich, auf eine andere Schule zu wechseln, wo er fleißig lernte. Seine Freude war groß, als er in der Abschlussprüfung so gut war, dass es zum Medizinstudium an der University of New South Wales reichte.

Während des Studiums bekam er Zweifel an sich. Ein älterer Freund riet ihm, nicht so viel nachzugrübeln, sondern auf andere zuzugehen: »Wenn du jeden Tag einem Menschen helfen kannst, ist das ein gelungener Tag. Frage dich jeden Morgen: Wem kann ich heute helfen?« Geoff befolgte den Rat und siehe da, er bekam sein Selbstvertrauen wieder.

Während der klinischen Ausbildung zog Geoff den Zorn eines seiner Professoren, dessen Reizbarkeit berüchtigt war, auf sich. Die Sache eskalierte so sehr, dass Geoff beim Dekan vorstellig wurde. Der entschied zu seinen Gunsten und Geoff dankte Gott für seine Hilfe. »Ich wusste, dass Gott mich in die Medizin geführt hatte und mich nicht im Stich lassen würde.«

Geoff schloss die Ausbildung zum Allgemeinarzt ab, qualifizierte sich zusätzlich in Geburtshilfe und Pädiatrie und trat in eine Gemeinschaftspraxis in Sydney ein. Eines Tages brachte eine junge Mutter ihr krankes Kind in die Praxis, das eine harmlose Viruserkrankung zu haben schien. Geoff behandelte die Symptome und ordnete ein paar Tests an, aber am Abend des Tages brach das Kind tot zusammen. Es zeigte sich später, dass es eine Vorerkrankung hatte, von der niemand gewusst hatte. Doch Geoff war fix und fertig. Er begann, an seinem christlichen Glauben zu zweifeln. Wie konnte ein liebender Gott so etwas zulassen?

»Was, wenn das alles nur Schaumschlägerei ist?«, fragte er. »Eine Fassade mit nichts dahinter? Was, wenn Philip Adams recht hat?«[48] Geoff glaubte an einen historischen Jesus. Aber lebte Jesus auch heute und war er wichtig für unser Leben? Geoff beschloss schließlich, Gott um ein Zeichen zu bitten.

Kurz darauf, an einem Samstagnachmittag, rief ein Freund ihn an und bat ihn zu kommen, um »für einen jungen Mann zu beten, der Hilfe braucht«. Der junge Mann war angeblich von Dämonen besessen. So etwas hatte Geoff noch nie erlebt. »Das könnte interessant werden«, dachte er.

Der junge Mann war stark okkult belastet; seine Mutter behauptete, eine Hexe zu sein. Geoff berichtet: »Er sah eigentlich ganz normal und gutbürgerlich aus.« Doch als sie anfingen zu beten, wurde die Stimme des jungen Mannes anders – merkwürdig kehlig, als ob sie nicht ihm gehörte. Er begann, laut zu fluchen und sich sehr ungehörig zu benehmen. »Er pupste buchstäblich eine Dreiviertelstunde lang«, berichtet Geoff. »Ich hatte nicht gewusst, dass das überhaupt möglich war.« Geoff wurden die inneren Ohren geöffnet, und er erkannte, dass die Stimme des Mannes dämonisch war. »Dann merkte ich, wie ein kaltes Etwas den Mann verließ. Seine Stimme wurde wieder normal und er beruhigte sich.« Dies wiederholte sich mehrere Male, bis der junge Mann offensichtlich endgültig von den Mächten, die ihn besessen hatten, frei war. Ein aufgewühlter Geoff fuhr nach Hause zurück.

Die Ereignisse dieses Tages würde er nie vergessen. »Ich hatte ein Zeichen gesucht, irgendetwas Greifbares, einen Beweis. Gott gab mir dieses Zeichen – und wie! Er sagte mir: ›Du möchtest ein Zeichen haben. Gut, hier ist dieser junge Mann‹«. Geoff hat nie mehr an der Realität unsichtbarer Mächte oder an der Existenz eines persönlichen Gottes gezweifelt.

Für Geoff ist Gott derjenige, der ihm sein Können gibt. »Manchmal staune ich nur so, wie ich zu einer Diagnose gekommen bin, und muss denken: Das war nicht ich.«

Er hat Heilungen erlebt, die sein Begreifen übersteigen. Eine Patientin hatte einen nicht operablen Gehirntumor. Verwandte und ihre Gemeinde beteten für sie. Ihre Symptome verschwanden und eine erneute Computertomografie zeigte keine Spur mehr des Tumors. Geoff: »So etwas ist nach meiner Erfahrung äußerst selten, aber wenn es geschieht, ist es ein mächtiges Zeugnis der Gegenwart Gottes.«

Geoff wohnt in einer halb ländlichen Gegend von Sydney. In seiner anglikanischen Gemeinde ist er Kirchenvorsteher und leitet den Männerkreis. »Wir nennen das ›Männer und ihre Schuppen‹. Jeden Monat besuchen wir einen von uns bei sich zu Hause und er zeigt uns seinen Schuppen und was er dort so macht. Danach gibt es eine Andacht und anschließend ein Abendessen. Diese Abende sind echt gut. Ein Teilnehmer hatte in seinem Schuppen fünf wunderbar restaurierte Oldtimerautos stehen. Wer ihn nur vom Sehen kannte, hätte ihm das nie zugetraut.«

Ob in seiner Praxis oder in seiner Freizeit, Geoff verbringt sein Leben damit, anderen zu helfen und Mut zu machen. So ist er einfach, und vielleicht ist das der Grund dafür, dass Gott ihm und seiner Frau ein Kind anvertraut hat, das behindert ist, aber tolle Fortschritte macht.

»Je älter ich werde, desto mehr erkenne ich, dass Gott ganz gewöhnliche Menschen benutzt, um außergewöhnliche Dinge zu tun«, sagt Geoff. »Es kommt ganz darauf an, ob wir bereit sind, ihm zu folgen, wenn er uns ruft. Ich merke immer wieder, wie zerbrechlich unser Leben hier auf der Erde ist. Und dass wir nichts davon werden mitnehmen können; ich habe noch nie einen Leichenwagen mit Anhänger gesehen.«

Kapitel 22

Landärzte

Das hatte Gott geplant. Wir hatten das nicht gemacht.
Wir hatten es noch nicht mal versucht. Er machte das einfach.

Rob, Allgemeinarzt

Es war noch dunkel, als ich das schwere Farmtor hinter mir zuzog. Es schneite, und der beißende Südwestwind erinnerte mich daran, dass es noch mehrere Wochen bis zum Frühling waren. Die Fahrt nach Cooma, Richtung Osten, würde eine Stunde oder länger dauern und tückisch sein. Ich kniff die Augen zusammen, um die Straße durch die halb vereiste Windschutzscheibe sehen zu können. Die Scheinwerfer suchten den Weg durch den fallenden Schnee.

Ich wollte mich mit mehreren Ärzten aus einer der Praxen in Cooma zum Frühstück treffen. In meiner Tasche war eine Liste mit Fragen, aber ich wusste, dass ich nicht voreingenommen in das Gespräch gehen durfte.

Als ich durch die schlafende Stadt Berridale fuhr, dachte ich an meine erste Begegnung mit Brian, einem der Ärzte, vor zwölf Monaten zurück.

»Brian? Der ist spitze!«, sagte einer der Einheimischen. Der Arzt schien einiges Ansehen unter den Menschen dieser Stadt auf dem Land zu genießen. Jung und vital, hatte er ein stetes Lächeln und einen zerzausten Blondschopf. Er trug ein kariertes Hemd mit offenem Kragen und eine rote Thermojacke. Er war nicht laut, aber ein rechter Mann, der keinen Hehl aus seinem Glauben und seiner Leidenschaft für den Beruf des Landarztes machte.

Brian war in North Shore (den nördlichen Vororten von Sydney) aufgewachsen, wo sein Vater Arzt und sein Großvater Pastor war. Er war auf die King's School gegangen, eine der renommiertesten Schulen Sydneys, wo er der Kapitän der ersten Kricketmannschaft war.

Nach seinem Medizinstudium an der Universität Sydney und der Assistenzarztzeit im Krankenhaus studierte er in Großbritannien Anästhesie. Nach Australien zurückgekehrt, trat er eine Stelle im Gosford Hospital, nördlich von Sydney, an. Nach kurzen Tätigkeiten als Allgemeinarzt, davon eine in einer Bergarbeiterstadt im Nordterritorium, wo er Arzt für die Aborigenes war, kehrte er ins ländliche New South Wales zurück, um in der Stadt Inverell als Arzt zu praktizieren.

Brians Frau, Effie, die Ärztin und Geburtshelferin war, war in der griechisch-orthodoxen Kirche aufgewachsen, aber ohne einen persönlichen Glauben zu haben. Brian war anglikanischer Namenschrist. In Inverell beschlossen sie, ihr erstes Kind taufen zu lassen. Der Pastor der Uniting Church lud sie in eine Veranstaltungsreihe »Christlicher Glaube erklärt« ein. Durch diese Abende wurden sie beide Christen.

Kurz darauf wurde Brian gefragt, ob er in eine Gemeinschaftspraxis in Cooma gehen wolle, eine 8 000-Einwohner-Stadt am Fuße der Snowfields (einem Wintersportgebiet) in New South Wales. Bald merkte er, dass mehrere andere Ärzte in der Praxis ebenfalls Christen waren.

Brian erklärte mir, dass er und seine Kollegen kein Geheimnis aus ihrem Glauben machten, aber nicht damit hausierten, dass ihre Praxis »christlich« war. »Wir wollen vor allem etwas für die Familien tun«, sagt er. »Wir bieten den Menschen Hoffnung und Liebe, wo sie es brauchen. Da wir Ärzte sind, haben wir einen gewissen Einfluss in dieser Stadt. Unser Beruf öffnet uns Türen zu den Menschen.«

Brian fuhr fort: »Die Praxispartner treffen sich jede Woche zum Gebet und zum Austausch über etwaige Probleme.« Bei diesen Zusammenkünften können sie auch für ihre Patienten beten. »Wir haben Wege gesucht, unserem Ort nicht nur medizinisch zu helfen. Wir bieten Kurse für Eltern an und zurzeit planen wir einen Kurs über Sexualität und Gesundheit für Teenager.

Gottes Gegenwart gibt mir Gelassenheit und ich fühle mich in meinem Glauben wohl. Das ermöglicht es mir, anderen Menschen zu helfen, auch wenn es manchmal hart sein kann. Wenn ich zurückblicke, erkenne ich in vielen Situationen Gottes Hand.« Brian hält sich an Philipper 4,6-7: »Sorgt euch um nichts, sondern betet um alles. Sagt Gott, was ihr braucht, und dankt ihm. Ihr werdet Gottes Frieden erfahren, der größer ist, als unser menschlicher Verstand es je begreifen kann. Sein Friede wird eure Herzen und Gedanken im Glauben an Jesus Christus bewahren.«

Ein paar Tage vor unserem Treffen hatte Brian bis Mitternacht in der Klinik gearbeitet, wurde um 4.00 Uhr wieder gerufen und arbeitete bis 19.00 Uhr durch. Eines Abends wurde er zu einem Neugeborenen gerufen, das er wiederbeleben musste. Gleichzeitig wurde ein schwer kranker alter Mann in die Notaufnahme gebracht. Brian: »Ich bin für meine Kraft und Weisheit ganz von Gott abhängig. Aber in meiner Schwäche finde ich Kraft und ich kann ehrlich sagen: ›Denn wenn ich schwach bin, bin ich stark‹ (2. Korinther 12,10).«

Ich hatte seit dieser ersten Begegnung oft über Brians Worte nachdenken müssen. Der Himmel wurde klarer, als ich in die Nähe von Cooma kam. Die Temperatur war nur wenige Grade über Null und der Wind heulte durch die breite Ortsdurchfahrt. Ein paar Unentwegte eilten dick verpackt ihrem Ziel entgegen, die Gesichter vom Wind weggedreht.

Wir hatten vereinbart, uns in einem kleinen Café neben der Praxis zu treffen. Es war vollgestopft mit Touristen in Bergstiefeln, die Kaffee tranken und große Portionen Eier und Schinken vertilgten. Der Caféinhaber führte mich in ein Hinterzimmer, wo Brian und David sich vor einem offenen Kaminfeuer wärmten. Wir begrüßten uns herzlich, bestellten heiße Getränke und ließen uns in den Sesseln vor dem Kamin nieder.

Ich hatte David bereits früher getroffen und mich mit ihm über seine Erlebnisse in Papua-Neuguinea unterhalten – der Patient mit dem Taipanbiss und die Frau mit der gerissenen Gebärmutter (siehe Kapitel 16). Ich freute mich, ihn wiederzutreffen. Er erzählte: »Nach meiner Rückkehr nach Australien machte ich meinen Pilotenschein für Kleinflugzeuge. Damals schlug mir einer meiner Freunde vor, mich einer christlichen Gemeinschaftspraxis anzuschließen. Wir kamen überein, dass unser christlicher Glaube ein fester Bestandteil unseres beruflichen und persönlichen Lebens sein sollte.«

David und seine Kollegen erleben alle Vor- und Nachteile der Arbeit auf dem Land. Zusammen mit einer zweiten Praxis sind sie für das gesundheitliche Wohl der 8 000 Bewohner der Stadt und der umliegenden Farmen verantwortlich; dazu kommen jährlich viele Besucher der Snowfields. Sie bieten Geburtshilfe, Anästhesie und einfachere Operationen an, aber einen chirurgischen Facharzt gibt es in Cooma nicht und die bildgebende Diagnostik ist begrenzt. Es gibt zurzeit keine private Radiologiepraxis am Ort und bis vor Kurzem gab es im Krankenhaus keine Computertomografie. Ultraschallgeräte sind vorhanden, aber es gibt keine entsprechenden Fachärzte, die vor Ort die Auswertungen vornehmen können. Dafür müssen David und seine Kollegen in turnusmäßigem Wechsel Bereitschaftsdienst in dem kleinen Krankenhaus machen (sieben Tage die Woche, 24 Stunden am Tag).

David schätzt die Kollegialität und Freundschaft seiner Partner und dass sie immer da sind, wenn er sie braucht. »Aber«, so sagt er, »ich brauche immer noch Gottes Kraft, wie damals in Neuguinea. Hier in Australien bin ich von lauter kompetenten Leuten umgeben. Hier ist es einfach, sich auf Menschen zu verlassen und weniger auf Gott. Dies ist eines meiner größten Probleme. Aber bei einer schwierigen Blinddarm-OP muss ich manchmal einfach Gott um Hilfe bitten. Auch schwierige Geburten können ein echtes Problem sein, vor allem wenn das Kind in Schulterlage geboren wird, also mit der einen Schulter nach vorne herauskommt und man es riskiert, ihm den Arm zu brechen. In solchen Situationen läuft nichts ohne Gott.«

Christian kam herein und wir bestellten eine zweite Runde Kaffee. Christian, groß, mit Brille und einem wunderbar offenen und ehrlichen Gesicht, war erst seit Kurzem in der Praxis. »Ich bin noch beim Eingewöhnen«, sagte er. »Das wird noch etwas dauern.«

Christian war in der lutherischen Kirche aufgewachsen. Sein Vater war aus Deutschland eingewandert, als er ein Jahr alt war. Er war als Kleinkind getauft und mit 15 Jahren konfirmiert worden, danach war er nicht mehr zur Kirche gegangen. »Als ich zwanzig war, bin ich zurückgekommen. Damals ist mir überhaupt erst aufgegangen, worum es im Evangelium geht. Das war wie ein Nachhausekommen.«

Nach seinem Medizinstudium an der Flinders University studierte er Theologie am Lutherischen Seminar in Adelaide. Seine Kollegen nennen ihn den »Praxistheologen«.

»Die Arbeit hier ist umfangreich und sehr anstrengend«, sagt Christian. »Besonders der Bereitschaftsdienst. Man weiß nie, was als Nächstes kommt. Ich kann nicht immer so kontinuierlich arbeiten, wie ich gerne möchte. Da kommen Skitouristen mit Verletzungen, die behandelt werden und nach Hause fahren möchten. Oft beten meine Frau und ich für sie, wenn sie dann weg sind, dass Gott weiter nach ihnen sieht.«

Als Letzter stieß Rob zu uns. Er hatte heute Bereitschaftsdienst im Krankenhaus und war auf einen hektischen Tag gefasst. In seiner roten Wolljacke und der rustikalen Kleidung passte er so richtig zu einer Landpraxis. Sein Händedruck war fest, sein Lächeln offen. Hier war ein Mann, der wusste, was er wollte.

Rob war 1992 in die Praxis eingetreten. Er war in Sydney als presbyterianischer Namenschrist aufgewachsen. Zum Glauben kam er durch Dawn, seine Zukünftige, die er 1988 in Großbritannien kennenlernte. »Ich kann dich nur heiraten, wenn du Christ bist«, hatte sie ihm gesagt. Und Rob wurde Christ und sein Leben ist nicht wiederzuerkennen. Aber es hat sein Quantum an Problemen gehabt. »Vor elf Jahren bekam ich ein Melanom und die Ärzte gaben mir noch zwei Jahre. Heute, elf Jahre danach, ist das Ding spurlos verschwunden. Auch das hat mein Leben verändert.«

Er fuhr fort: »Wir hatten keine Ahnung, was wir hier in dieser Gegend sollten. Aber Gott wusste es. Er sagte uns, was wir machen sollten. Ich hatte immer gedacht, dass es besser sei, als christlicher Arzt in einer nicht christlichen Praxis zu arbeiten. Aber Gott sah das anders. Als Brian, David und ich einen weiteren Arzt brauchten, gaben wir im Internet zwei Jahre lang ohne Erfolg Suchanzeigen auf. Wir beschlossen schließlich, die Anzeige so zu ändern, dass der Arzt Christ zu sein hatte. 48 Stunden später hatten wir einen! Das hatte Gott geplant. Wir hatten das nicht gemacht. Wir hatten es noch nicht einmal versucht. Er machte das einfach.«

Heute arbeiten sieben Ärzte in der Praxis: die Vollzeitpartner, eine Aushilfe und (in Teilzeit) die Frauen von Brian und Rob.

Sämtliche Ärzte gehen in die baptistische Kirche vor Ort. Rob: »Viele Gemeinden bestehen aus Grüppchen, die sich an den Händen halten und nach innen schauen. Wir wollen eine Gruppe sein, die sich an den Händen hält und nach außen blickt.«

Die Gemeinde bietet einen Kurs für Eltern an, der sich »Kinder mit Gott erziehen« nennt. Die Praxis unterstützt auch einen Kurs, der »Kindersache« heißt. Er ist praktisch eine nicht christliche Version von »Kinder mit Gott erziehen« und kann als solche über die örtliche Volkshochschule laufen. Nachdem die Ärzte erfolglos staatliche Gelder für den Kurs beantragt hatten, finanzieren sie ihn selbst; er ist kürzlich um Angebote für Teenager und Kinder in der Vorpubertät erweitert worden.

Brian entschuldigte sich. Er musste zu Patienten. Aber Rob blieb. Er hatte noch mehr zu erzählen und noch hatte er keinen Anruf bekommen. »Ich bin mir klar darüber, dass die Arbeit in unserer Praxis nicht weniger, sondern mehr wird«, sagte er. »Da müssen wir unbedingt auf die richtigen Prioritäten achten: erst Gott, dann die Familie und danach erst die Praxis. Es bringt nichts, wenn die Praxis gut läuft und dein Sohn sich draußen im Gartenschuppen gerade eine Pistole an die Schläfe hält.«

Die Praxispartner wissen darum, was von ihnen persönlich, von ihren Familien und von der Praxis erwartet wird. »Ein Landarzt«, sagt Rob, »ist es ja gewöhnt, Mädchen für alles zu sein. Aber unsere Praxis ist im Laufe der Zeit etwas anderes geworden, und sie braucht unterschiedliche Leute mit unterschiedlichen Fertigkeiten, die im Team zusammenarbeiten, wenn wir an dem Plan, den Gott für uns hat, mitwirken wollen.«

Vor einigen Jahren suchte ich während einer Ärztetagung in Sapporo auf der japanischen Insel Hokkaido ein ruhiges Plätzchen, um meine Vortragsnotizen vorzubereiten. Ich ging in die große Konferenzhalle. Sie war ganz leer. Als ich dort im Halbdunkel saß, kam eine junge Frau in legerer Kleidung auf die Bühne, eine Violine in der Hand. Bald kamen weitere Musiker dazu, mit den verschiedensten Instrumenten. Alle begannen sie, ihre Instrumente zu stimmen und dann zu üben, während sie sich lautstark unterhielten. Es war eine Zumutung für die Ohren.

Dann trat ein junger Mann in ausgeblichenen Jeans und schwarzem T-Shirt in die Mitte der Bühne. Vielleicht ein Bühnenarbeiter? Aber binnen Sekunden herrschte absolute Stille und dann hob der Mann seine Hand und der Saal wurde von der herrlichsten Musik erfüllt. Dies war das Sapporo Sinfonieorchester und der Mann in den Jeans war der Dirigent. Jeder der Musiker beherrschte seinen Part und alle liebten sie die Musik. Unter den Händen des Dirigenten verwandelte sich ein vielstimmiger Lärm in wunderbare Musik.

Die Ärzte jener Landpraxis haben jeder seine besondere Stärke. Der eine ist Anästhesist, der andere hat Erfahrung in Geburtshilfe oder Chirurgie, wieder ein anderer kennt sich mit Palliativmedizin aus. Einer hat einen Pilotenschein und Erfahrungen auf dem Missionsfeld. Einer ist ein geborener Lehrer, ein anderer hat eine theologische Ausbildung, wieder ein anderer hat in einem Aboriginesdorf gearbeitet. Aber Gott hat sie alle zusammengebracht, ihre Fertigkeiten aufeinander abgestimmt und aus ihnen etwas gemacht, das echt wunderbar ist. Wie Rob sagte: »Das hatte Gott geplant. Wir hatten das nicht gemacht. Wir hatten es noch nicht einmal versucht. Er machte das einfach.«

Kapitel 23

Zuschauen, selbst tun, lehren

Jeder Tag meines Lebens war in deinem Buch geschrieben.
Jeder Augenblick stand fest, noch bevor der erste Tag begann.

Psalm 139,16b

Viele Stellen in seiner Bibel waren unterstrichen oder gelb markiert. Er zeigte voll Begeisterung auf einen Vers, der ihm besonders viel bedeutete: »Unser Leben dauert siebzig Jahre, vielleicht sogar achtzig Jahre. Doch selbst noch die besten Jahre sind voller Kummer und Schmerz, wie schnell ziehen die Jahre vorüber und alles ist vorbei« (Psalm 90,10).

Ich hörte erstaunt zu. Die meisten Menschen Anfang siebzig finden diese Worte entmutigend, aber Doug sah sie anders: »Ich bin jetzt 71«, sagte er, breit lächelnd, »und dieser Vers sagt mir, dass ich vielleicht noch zehn Jahre habe. Was kann man nicht alles in dieser Zeit machen!«

Doug ist nach langen Jahren als praktischer Arzt vor Kurzem in den Ruhestand getreten – oder in den Unruhestand, je nachdem. Er begrüßte mich mit einer bärenstarken Umarmung und seinem üblichen breiten Lächeln. Ein großer Mann, mit beginnender Glatze und Spitzbart, ist er die Art Mensch, bei dem man sich auf Anhieb wohlfühlt. Wir saßen auf seinem Balkon, vor uns der australische Busch, in unseren Ohren der laute Gesang der Glockenhonigvögel.

Doug hat diverse chronische Krankheiten, die meisten potenziell ernst, aber anders als manche anderen, die ich kennengelernt habe, betrachtet er sie nicht als Anfang vom

Ende, sondern als Chance, an seiner Gesundheit zu arbeiten.

Doug ist in Wollongong geboren, einer Industriestadt südlich von Sydney. Sein Zuhause war nicht christlich. Seine Schwester war aufgrund einer Geburtsverletzung behindert und seine verbitterten Eltern konnten an keinen liebenden Gott glauben. Mit sieben Jahren bekam Doug plötzlich die felsenfeste Überzeugung, dass er eines Tages Arzt werden würde. Seine Mutter fragte sich, was die Zukunft wohl für ihren kleinen »Dr. Doug« bereithielt.

Er begann sein Medizinstudium an der Universität Sydney. Das Studentenleben bot einem jungen Mann wie Doug mehr als das Studium, und er stürzte sich so hinein, dass er am Ende des ersten Studienjahres in allen Fächern durchrasselte. Sein Vater redete Klartext: »Ich kann mir's nicht leisten, dich ewig durchzufüttern. Entweder du schaffst es nächstes Jahr oder es ist vorbei mit Studieren.« Weiser geworden, wiederholte Doug das Jahr und bestand, zum Teil mit guten Noten, in allen Fächern. Dies hatte zumindest ein Stück weit mit einer Mitstudentin namens Shirley zu tun, die seine Frau werden sollte.

Doug trat einer christlichen Studentenvereinigung, der Evangelical Union, bei, unter deren Leiter, Dudley Foord, er zu einem überzeugten Christen wurde. Seine Eltern protestierten, aber was sollten sie machen? Ein weiterer Mann, der Doug und Shirley stark beeinflusste, war der Augenarzt Dr. John Hercus, der dafür bekannt war, die Sehschärfe seiner Patienten mit Bibelversen zu testen. Nicht zu vergessen auch Dr. Paul White, der »Dschungeldoktor«, der sich viel um sie und andere gläubige Medizinstudenten kümmerte und ihnen mit Rat und Tat zur Seite stand.

Nach dem Examen heirateten Doug und Shirley und begannen ihr Assistenzarztpraktikum am Royal Newcastle Hospital; ihr Berufsziel: Landarzt. Nach Abschluss der Assistenzarztzeit erhielten sie das Angebot, die Praxis in Delegate, einer 600-Einwohner-Kleinstadt, eine Autostunde von Cooma entfernt, in den südlichen Snowfields von New South Wales, zu übernehmen. Es gab keine anderen Ärzte in dem Städtchen; die Ausstattung der Praxis war primitiv; Narkosen wurden hier noch mit Äther vorgenommen. Sie nahmen das Angebot schließlich unter der Bedingung an, dass die Stadt ihnen ein neues Narkosegerät stellte. Doug und Shirley lernten sehr rasch, »Notfallmedizin« zu praktizieren, wie sie das nannten. Es gab keine Fachärzte, keinen Krankentransport und Blutspendedienst. Aber Doug und Shirley gelang es, das Vertrauen der Stadtbewohner und Farmer zu gewinnen, für die sie rund um die Uhr da waren. »Mein Grundsatz war damals wie heute«, sagt Doug, »dass die Menschen einen Arzt benötigen, der für sie da ist.«

Doug führte mit Shirley als Anästhesistin einfache Operationen durch. Er erinnert sich an einen Blinddarm, den er einfach nicht finden konnte. »Da musste ich wieder eines meiner ›Herr, hilf!‹-Gebete hochschicken.«

Ein großes Problem waren die zum Teil schweren Verletzungen, die es in der Landwirtschaft und bei Unfällen auf den Landstraßen gab. »Ich konnte die Patienten einfach nicht schnell genug ins nächste Krankenhaus schicken; sie starben auf dem Weg.« Die Lösung: ein Landeplatz für kleinere Flugzeuge. Jetzt war es erstmals möglich, Patienten in die größeren Kliniken, die auch komplizierte Notfälle fachgerecht behandeln konnten, fliegen zu lassen.

Dringend nötig war auch ein Blutspendedienst. Doug erstellte ein Blutspenderregister, das hundert Personen aus der Stadt umfasste. Jetzt war es endlich möglich, bei Bedarf das Blut mit der richtigen Blutgruppe zur Verfügung zu haben.

1961 meinten Doug und Shirley, dass die Zeit gekommen war, nach Wee Waa umzuziehen, einer größeren Stadt im nördlichen New South Wales, die ein 40-Betten-Krankenhaus hatte. Auch hier würden sie die einzigen Ärzte sein. Das Szenario war das gleiche: keine moderne Anästhesie, schlechte Krankentransportmöglichkeiten und kein Blutspendedienst. Doug rekrutierte die Hilfe der Rotarier vor Ort, um einen Landeplatz zu bauen. Wieder erstellte er ein Blutspenderregister und selbstverständlich besorgte man ein modernes Anästhesiegerät.

Das Klima von Wee Waa war heftig. Mehr als sechs Monate im Jahr stiegen die Temperaturen auf über 35 Grad. Damit war die Gegend ideal für den Baumwollanbau. Als Doug und Shirley ankamen, betrug die Anbaufläche gute 11 Hektar, als sie 1975 wegzogen, waren es über 20 000 Hektar. Mit den Baumwollfeldern kamen Einwanderer aus Amerika und die Einwohnerzahl der Stadt schoss in die Höhe.

In den frühen 1970er-Jahren ergriff die charismatische Bewegung Australien. Doug und Shirley entdeckten eine neue Dimension ihres christlichen Glaubens. 23 Gläubige in ihrer kleinen anglikanischen Kirche erlebten die »Geistestaufe«. Die Intensität und neue Wärme der Gemeinschaft, sowohl mit Gott als auch untereinander, spüren sie heute noch.

Doug hatte immer den Wunsch gehabt, auch in einer lehrenden Funktion tätig zu sein, wozu die entlegenen Landpraxen kaum Gelegenheit boten. 1975 hörte er, dass am Liverpool Hospital am Westrand von Sydney eine Abteilung für Allgemeinmedizin eröffnet werden sollte. Hier gab es eine Gelegenheit, junge Ärzte auszubilden! Nach reiflichem Überlegen und Gebet meinten Doug und Shirley, dass dies Dougs

Weg war. Sie verkauften ihr Haus und zogen mit Sack und Pack nach Sydney. Es war ein großer Glaubensschritt – und aus der Rückschau ein unvorsichtiger.

Doug musste bald erkennen, dass er ohne ein Postgraduiertenexamen am Liverpool Hospital nicht lehren konnte. Es folgte eine längere Zeit des Suchens und des verunsicherten Fragens nach Gottes Willen. Sie hatten ihr Haus, ihre Freunde und ihre Praxis verlassen und brauchten Geld für ihre wachsende Familie.

Doug schlug sich mit Vertretungsdiensten durch und eröffnete schließlich in North Rocks (Nordwest-Sydney) eine bewusst christlich orientierte Allgemeinpraxis. Sie wuchs, es kamen weitere Ärzte dazu und schließlich bekam sie eine Ausbildungsberechtigung für Allgemeinmediziner. Endlich konnte Doug seinen Traum, Nachwuchsärzte für die Allgemeinpraxis auszubilden, verwirklichen.

Doug hat eine wunderbare Einstellung zum Leben. Wo viele andere ein Problem sehen, sieht er eine Chance. In unserer heutigen Gesellschaft muss alles immer sofort gehen, automatisch, mit vollem Service und auf Kredit, Anruf oder E-Mail genügt. Was »zu viel Mühe macht«, lassen wir oft lieber; vielleicht bekommen wir es von jemand anderem mit weniger Mühe. Die Parole lautet: Hol so viel wie möglich aus dem System heraus. Dougs Einstellung öffnet den Weg zu einem *neuen, besseren* System, einem System, das ohne Gebet und Beharrlichkeit nicht möglich ist.

Doug ging mit mir zurück zu meinem Auto. Als ich die Tür öffnete und die warme Luft herausströmte, klingelte mein Mobiltelefon. Es war meine Mutter; meinem Vater ging es sehr schlecht. Ich würde ihn noch diesen Nachmittag ins Krankenhaus fahren müssen. Als ich dann dort in der Notaufnahme saß und zuschaute, wie mein Vater eine Infusion bekam, musste ich wieder daran denken, wie Doug mit den Herausforderungen des Lebens umging. Wie hatte er noch gesagt? »Vielleicht habe ich noch zehn Jahre. Was kann man nicht alles in dieser Zeit machen!«

Kapitel 24

Mit Gott im Labor

Ich weiß nur, dass das Wichtige die Menschen sind –
Gott und die Menschen – und nicht die »sexy« Seite
der Medizin.

Sam, Medizinstudent

John Carew Eccles marschierte wie ein General durch die
Flure der John Curtin School of Medicine – mit den Händen
gestikulierend und mit wehendem weißen Kittel. Ein kleines
Gefolge versuchte eifrig, mit ihm Schritt zu halten, während
er theoretisierte und seine Meinung zu allem und jedem äu-
ßerte, von postsynaptischer Inhibition bis zu seiner Vorliebe
für Volkstänze.

Als Medizinstudent hatte ich das Vorrecht gehabt, während meines medizinischen Bachelorjahres an der Australian
National University unter Sir John zu arbeiten. Vielleicht lag
es daran, dass ich ein Student war, dass er mir viele seiner
Ansichten über das Leben verriet, einschließlich seines Glaubens an Gott. Oft stellte er meine eigenen Überzeugungen auf
den Prüfstand. Es kam vor, dass er mir ein handgeschriebenes
Manuskript von Freunden aus dem Ausland mit dem Satz:
»Bitte bis morgen eine Stellungnahme« in die Hand drückte.

Er war ein Universalgelehrter und einer der hellsten medizinischen Köpfe, die Australien je gekannt hat. 1903 in
Melbourne geboren, gewann er 1925 ein Rhodes-Stipendium
für Oxford, wo er mit Sherrington, dem Vater der modernen
Neurologie, zusammenarbeitete. Seine Arbeit über den Me-

254

chanismus der neuronalen Übertragung brachte ihm 1963 den Nobelpreis für Medizin und Physiologie ein und im selben Jahr wurde er zum Australier des Jahres gewählt.

Während der Nobelpreisfeierlichkeiten 1963 hielt er eine Tischrede im Namen der Preisträger, die er mit folgenden Worten beendete: »Meine große Leidenschaft ist das Studium des Lebens, vor allem der höheren Formen des Lebens. Für mich ist die große Frage, die mein Leben beherrscht, diese: Was bin ich? Was ist der Sinn dieses wunderbaren Geschenks des Lebens? ... Gott segne Sie!«[49]

Er war ein Mann, der ständig unter Strom stand und entsprechend führte er seine Labors. In den bestens abgeschirmten Räumlichkeiten seiner Abteilung arbeiteten Teams aus dem Ausland in 12-Stunden-Schichten; die einen fingen um 6.00 Uhr an, die anderen um 18.00 Uhr. In den 66 Jahren seit 1928 erschienen 567 Artikel von ihm; einer wurde noch posthum 1998 veröffentlicht.

Als ihm 1966 an der Australian National University die Pensionierung drohte, verließ er Australien, um eine renommierte Forschungsstelle in Chicago anzutreten; später wechselte er zur State University New York. Ich bin ihm nie mehr begegnet, habe aber seine Karriere mit Interesse verfolgt. 1983 veröffentlichte er mehrere Beiträge über den Sinn des Lebens, darunter: »The Human Mystery: a Lifelong Search for Truth« [Das Geheimnis des Menschen: eine lebenslange Suche nach der Wahrheit][50] und »The Self-conscious Mind and the Meaning and Mystery of Personal Existence« [Der seiner selbst bewusste Geist und Sinn und Geheimnis der persönlichen Existenz][51].

Seinen Ruhestand verbrachte Sir John in der Schweiz, wo er 1997 starb. Soviel ich weiß, starb er, wie er gelebt hatte – als jemand, der nach Gott und dem Sinn des Lebens suchte.

Er war einer der bemerkenswertesten Männer, die ich je gekannt habe, und ich wusste: Ich durfte dieses Buch nicht abschließen, ohne Christen interviewt zu haben, die in der reinen Forschung im Labor tätig sind. Solche Wissenschaftler haben nicht den direkten Kontakt zu den Menschen, den man in der klinischen Praxis hat. Oft sind sie einsame Wanderer, unterwegs zu einem Ziel, das man nicht sehen kann, mit wenig Ansporn und Belohnung durch ihre Mitmenschen. Fehlschläge sind ein ständiger Begleiter und gleichzeitig der Boden, auf dem viele ihrer Ideen wachsen. Was treibt diese Forscher an und wie ist ihre Beziehung zu Gott?

Ich machte einen Termin mit Dr. Nick West aus, einem jungen Molekularbiologen, der auf dem Weg nach oben ist. Nick ist in der Tuberkuloseforschung am Centenary Institute in Sydney tätig.

»Wussten Sie, dass jedes Jahr zwei Millionen Menschen an Tuberkulose sterben?«, fragte er mich, »und dass es acht Millionen neue Fälle gibt? Ein Drittel der Weltbevölkerung ist mit Tuberkulose infiziert.« Er erzählte mir von dem wachsenden Problem der gleichzeitigen Infektion mit Tuberkulose und Aids, vor allem in Afrika, und von dem riesigen Problem der Mehrfachresistenz gegen Arzneimittel, also der Tatsache, dass ein Erreger gleich gegen mehrere Wirkstoffe resistent ist.

Ein Großteil von Nicks Arbeit ist in die Entwicklung neuer Impfstoffe geflossen, doch heute gilt sein Hauptinteresse der genetischen Struktur des Tuberkulosebakteriums. »Das ist Wahnsinn«, berichtet er. »Wie schaffen einfache Bakterien es, so viel Körpergewebe anzugreifen und zu zerstören und sich gleichzeitig immer neu anzupassen und die Waffen, die der Körper und die moderne Medizin gegen sie aufbieten, stumpf zu machen?«

Vor Kurzem hat er ein New Investigators Grant, ein renommiertes Forschungsstipendium des National Health and Medical Research Council erhalten, um das genetische Profil der Tuberkulose zu untersuchen und herauszufinden, wie dieses so verändert werden kann, dass Therapien greifen.

Nick analysiert die Gensequenzen des Bakteriums. Er erklärt: »Es geht darum, die wirklich wichtigen zu finden und sie dann zu entfernen, um zu sehen, wozu das Bakterium dann nicht mehr in der Lage ist. Wenn wir die Gene finden können, die das Bakterium braucht, um zu überleben und Erkrankungen zu verursachen, können wir Medikamente entwickeln, die diesen Mechanismus blockieren.«

Ich fragte ihn, ob es einen Bibelvers gab, der ihm besonders wichtig war. »Ja ...«, sagte er, etwas zögerlich. »Ich hoffe, das klingt jetzt nicht eingebildet, aber mir haben die folgenden Worte aus den Psalmen eine Menge zu sagen: ›Der Herr freut sich an einem aufrichtigen Menschen und führt ihn sicher‹ (Psalm 37,23).« In diesem Vers findet er die Verheißung, dass Gott ihn führen wird. Das Ergebnis seiner Arbeit liegt oft wie im Nebel, und er braucht Gott, um ihm zu zeigen, wie es weitergeht.

Nick ist sich dessen bewusst, dass er als Christ und als Forscher Disziplin und Ordnung braucht. Er kann nicht nur die Erfolge, sondern muss auch die Enttäuschungen akzeptieren, in dem Wissen, dass Gott im Regiment sitzt und dass er allein Ziel und Zukunft kennt. Das Thema für seine Promotion gefiel dem jungen Graduiertenstudenten zunächst überhaupt nicht. Es ging um die Erforschung des Bakteriums, das bei Tieren eine keuchhustenähnliche Krankheit hervorruft. Nachdem er über der Sache gebetet und beschlossen hatte, sein Bestes zu geben, entdeckte er zu seinem Erstaunen, dass genau dieses Projekt ihm die Erfahrung gab, die er für die nächste Stufe auf seiner Karriereleiter brauchte.

Später konnte er in Oxford an einem von der EU finanzierten Forschungsprojekt mitwirken, das ihn mit namhaften Forschern aus Oxford, Paris, Rom und Brüssel zusammenbrachte und ihm die nötige Qualifikation gab, um nach der Rückkehr nach Sydney in ein renommiertes Forschungslabor einzutreten; es ist ebenso für den Erfolg seines derzeitigen Forschungsstipendiums wichtig gewesen.

Nicks Frau, Leanne, hat Biotechnologie studiert und erarbeitet für eine Pharmaziefirma neue klinische Tests. Es geht dabei unter anderem um Substanzen, die ein verbessertes Ansprechen von Krebszellen auf Chemotherapeutika bewirken. Sie berichtet: »Manchmal kämpfe ich richtig mit den Ergebnissen und bitte Gott, mir zu zeigen, was sie bedeuten. Dann tut er genau das, dass ich mich manchmal frage: Wie bin ich jetzt darauf gekommen?«

Die wissenschaftliche Ausbildung, die sie beide genossen haben, ermöglicht es ihnen, einander auf eine fundierte Art und Weise zu raten und zu helfen. Aber ihr gemeinsamer Glaube an Gott, den Dritten in ihrem Ehebund, macht es ihnen möglich, Wohl und Wehe ihrer Lebensreise in der Tiefe miteinander zu teilen und füreinander zu beten, wenn der Weg schwierig wird.

Der letzte Arzt, den ich für dieses Buch interviewen wollte, war Professor Warwick Britton. An einem nassen Winterabend im Juni 2007 fuhr ich vor seinem Haus vor. Nachdem ich Sherpa, den Familienhund, und andere Mitglieder der Familie kennengelernt hatte, setzte ich mich mit Warwick und seiner Frau Annette zusammen. Das Gespräch sollte bis nach Mitternacht dauern.

Ich schob den Zettel mit meinen Fragen beiseite und begann zu schreiben, während Warwick sprach. Ich bat Gott, mir zu zeigen, wie das Leben dieses außergewöhnlichen Mannes seine Handschrift trug. Und er zeigte es mir.

Das Royal Prince Alfred Hospital in Sydney war in den 1970er-Jahren die reinste Ärztefabrik. Eine gut geölte Maschinerie, angetrieben vom Motor der Tradition und des Stolzes auf die Institution, spuckte in einem beängstigenden Tempo Kandidaten aus. Allein in meinem Jahr waren es 24, von denen nur wenige durchfielen. Es war diese Bühne, die der junge Dr. Britton, sein Universitätsdiplom in der Hand, betrat, um seine Assistenzarztzeit im Krankenhaus zu absolvieren. Er hatte Pathologie studiert und kurze Zeit in einem Missionsspital in Thailand ausgeholfen. Seine Ambitionen gingen in Richtung wissenschaftliche Forschung und missionarische Arbeit. Es war eine ungewöhnliche Kombination. Auf dem Missionsfeld zu arbeiten gehörte sich nicht für jemanden von seinem akademischen Kaliber.

Nach seiner Assistenzarztzeit und einem kurzen Flirt mit der Pädiatrie ergatterte Warwick eine begehrte Ausbildungsstelle als Gastroenterologe und war bald auf dem besten Wege, es zum Oberarzt zu bringen. Aber der Lockruf der Dritten Welt war zu stark. 1978 flogen Warwick, seine Frau, Annette (die ebenfalls Ärztin war), und ihr zwei Wochen alter Sohn nach England, um sich im All Nations Christian College bei London für den Dienst auf dem Missionsfeld ausbilden zu lassen. Von dort ging es weiter nach Indien und schließlich in ein 100-Betten-Krankenhaus in einer entlegenen Ecke in Nepal.

Warwick übernahm Allgemeinmedizin und Pädiatrie, Annette Geburtshilfe und die Leprapatienten. Mit der Hilfe eines Chirurgen und mehrerer Assistenten konnten sie pro Tag 600 ambulante Patienten begutachten und behandeln, oft drei auf einmal. So ziemlich alles in der Klinik war knapp. Warwick: »Nepal ist eines der ärmsten Länder der Erde, aber 85 Prozent der Einnahmen der Klinik kamen von den Patienten. Wir hatten nur 39 Medikamente, mit denen wir aber 95 Prozent der Krankheiten behandeln konnten.«

Doch manchmal überraschte Gott sie mit seiner Güte. Eines Tages kam ein Mann in die Klinik. Seine Augen waren ganz gelb; es war deutlich, dass er an schwerer Gelbsucht litt. Warwick glaubte, dass der Patient Leberkrebs hatte und dass er nicht viel für ihn tun konnte. Seine Verwandten hatten vor, ihn zu dem Kali Gandaki, dem »heiligen Fluss«, zu bringen, der von den Hochebenen herabfließt, damit er nach hinduistischem Ritual am Ufer sitzen, seine Füße ins Wasser tauchen und so auf seinen Tod warten konnte. Sie glaubten, dass seine Seele mit dem Wasser hinunter in den Ganges fließen würde. Als Abschiedsgeste gab Warwick ihm eine große Dosis Metronidazol. Das Mittel wirkte nicht gegen Krebs, aber konnte hilfreich sein, falls der Patient auch an einer Amöbenruhr litt.

Drei Tage lang saß der Mann mit den Füßen im Wasser und wartete auf den Tod.

Drei Monate später kamen mehrere Männer in die Klinik. Sie setzten sich in eine Ecke und warteten, bis die meisten anderen gegangen waren. Dann fragte einer von ihnen Warwick: »Wissen Sie, wer dieser Mann ist?« Er zeigte auf ihn. Es war der Mann mit der Gelbsucht und er war kerngesund. Nach den drei Tagen, die er an dem Fluss gesessen hatte, hatten ihn seine Verwandten wieder zurück nach Hause gebracht, wo er vollständig genesen war. »Und Sie haben gesagt, er würde sterben«, mokierte sich der Sprecher zum Vergnügen der anderen. Warwick hatte den Verdacht, dass der Patient vielleicht einen großen Amöbenabszess in der Leber hatte, der auf das Medikament ansprach.

Nach drei Jahren in Nepal meldete sich in Warwick wieder der Forscherdrang. Er beschloss, nach Sydney zurückzukehren, um zu promovieren. Dies würde mehrere Jahre dauern, was in seinem Alter (er war inzwischen 32) nicht einfach wäre.

In Nepal hatte ihn die Lepra fasziniert. »Die Krankheit war ein großes Rätsel.« Bis 1960 war es niemandem gelungen, das Leprabakterium im Labor zu kultivieren, was zum großen Teil daran lag, dass es so langsam wächst. Es braucht 14 Tage, um sich zu verdoppeln (beim Tuberkulosebakterium sind es 12 Stunden, beim Kolibakterium 21 Minuten).

»In den 1970er-Jahren«, fuhr Warwick fort, »war Dapson recht wirksam gegen Lepra gewesen. Doch heute beobachten wir eine wachsende Resistenz gegen die medikamentöse Therapie. Die Einführung der kombinierten Behandlung mit mehreren Medikamenten gleichzeitig schien gute Ergebnisse zu bringen, aber ich dachte: Lepra ist eine Erkrankung des körpereigenen Immunsystems. Der ganze Krankheitsprozess ist eine Immunreaktion gegen den eigenen Organismus.«

Warwick schrieb an die Weltgesundheitsorganisation: Konnte sie ihm das Leprabakterium liefern, damit er Antikörper dagegen herstellen konnte? »Wenn ich mir das heute überlege, war es ein bisschen – na ja, ungewöhnlich, dass ein Doktorand der Weltgesundheitsorganisation schrieb, um ihr die Dienste seines Labors anzubieten. Aber ich habe das so gemacht.«

Die Antwort war kurz und bündig: »Stellen Sie uns Ihren Bericht zur Verfügung und wir liefern Ihnen die Bakterien.«

»Das müssen Sie alleine machen«, sagte Warwicks Doktorvater. Warwick erklärt: »Wir wussten sehr wenig über dieses Bakterium. Ich hatte vor, es in kleine Stücke aufzuteilen, die wir analysieren konnten.«

Alsbald kamen 10 Milligramm reine Leprabazillen von der Weltgesundheitsorganisation. Warwick injizierte die Bakterien in Mäuse und konnte nach und nach 36 Antikörper identifizieren. »Wir schickten sie an Labors in der ganzen Welt. Ein Labor in Boston fand mithilfe eines meiner Antikörper das Gen, das die T-Zellen stimuliert.« Die T-Zellen spielen eine wichtige Rolle im Immunsystem. Die Ergebnisse wurden in der renommierten Zeitschrift *Nature* publiziert.[52]

Warwick blieb hin und her gerissen zwischen Forschung und Dritter Welt. 1986, gegen Ende seiner Promotion, lud man ihn ein, nach Nepal zurückzukehren, um ein Forschungslaboratorium in der Lepraklinik Anandaban (»Wald der Freude«), 15 Kilometer von der Hauptstadt Kathmandu entfernt, zu leiten. Er reichte seine Doktorarbeit am Abend vor dem Abflug der jungen Familie nach Kathmandu ein.

Acht Monate lang konnte Warwick die Klinik wegen lokalpolitischer Querelen nicht betreten. Während dieser Zeit unterrichtete er Medizinstudenten in Kathmandu. Als er endlich in die Klinik konnte, bekam er eine Sechstagearbeitswoche. Er pendelte zwischen Kathmandu, wo er weiter unterrichtete, und dem Krankenhaus hin und her und fuhr bis zu 50 Kilometer pro Tag mit dem Motorrad. Die Straßen waren tückisch und zweimal stürzte er schwer. Wie er sagt: »Wenn man dort fährt, kann man nicht auf Autopilot schalten.«

Mit der Hilfe von Paul Roche, einem wissenschaftlichen Mitarbeiter aus Australien, richtete Warwick in dem Krankenhaus ein kleines Lepralabor ein, aus dem bis jetzt 50 Artikel in wissenschaftlichen Zeitschriften gekommen sind.

1989 beschlossen Warwick und Annette, nach Australien zurückzukehren, um ihren Kindern eine bessere Schulbildung zu ermöglichen. Kein Geringerer als Professor Tony

Basten bot Warwick eine Dozentur für Immunologie an der Universität Sydney an. Warwick betrachtete sich damals nicht unbedingt als klinischen Immunologen, aber er nahm das Angebot an und war seiner neuen Aufgabe bald gewachsen.

Zusammen mit anderen baute er auf seine Doktorarbeit und den Studien an der Klinik Anandaban auf und konnte schließlich einen Lepraimpfstoff entwickeln. Das gesamte Projekt dauerte 18 Jahre.

In den folgenden Jahren expandierte Warwicks Arbeit. Er erinnert sich: »In den 1990er-Jahren meldete die Tuberkulose sich zurück.« Im 18. Jahrhundert hatte sie jeden siebten erwachsenen Europäer das Leben gekostet, doch Ende der 1960er-Jahre war sie mehr oder weniger besiegt. In den 90er-Jahren ging sie, im Gefolge der grassierenden Aidsinfektionen, erneut zum Angriff über. 1993 erklärte die Weltgesundheitsorganisation sie zu einem Feind der Menschheit. Warwick: »Damals verlagerten die meisten Lepraforscher ihre Aufmerksamkeit auf die Tuberkulose.«

Zurzeit arbeitet Warwick an der Entwicklung verbesserter Impfstoffe gegen Lepra und Tuberkulose. Sein Ziel ist, die Reaktion des Immunsystems auf Lepra und Tuberkulose zu verstehen. Dazu untersucht er die Zellen und die kleinen Eiweißmoleküle, die Signale zwischen den Zellen vermitteln, um sie zu verändern. Er kann bereits auf etliche Erfolge zurückblicken.

Er möchte auch herausfinden, warum manche Menschen leichter Lepra und Tuberkulose bekommen als andere. »Die Empfänglichkeit für Tuberkulose ist zu 30 Prozent genetisch und zu 70 Prozent von Faktoren in der Umwelt abhängig«, sagt Warwick. »Manche Menschen haben eine DNA, die sie empfänglicher macht, während auf der Umweltseite solche

Dinge wie Unterernährung, Diabetes und Aids eine Rolle spielen.«

Seit 1990 sind am Centenary Institute mit Warwick als Doktorvater 16 Doktorarbeiten abgeschlossen worden. Kürzlich erhielt er ein Wellcome-Stipendium[53] über 4 Millionen Pfund, um in Zusammenarbeit mit anderen Wissenschaftlern alle tuberkuloserelevanten Gene in Mäusen zu ermitteln.

Es war fast Mitternacht. Ich schaute kurz auf meine Notizen, komplett mit Diagrammen und Pfeilen von Warwick. Ich konnte über die Geschichte, die ich da gehört hatte, nur staunen. Aber ich spürte, dass Gott mir noch mehr über diesen Mann sagen wollte. Ich holte tief Luft. »Führt Gott Sie in Ihrem Alltag?«

»Gott ist ganz allgemein bei mir«, erwiderte er. »Ich bete und lese meine Bibel, aber ich benutze auch die Gaben, die er mir gegeben hat. Ein Forscher braucht Beharrlichkeit, ein Auge für das Detail und vor allen Dingen eine Neugierde, die nicht lockerlässt. In der High-End-Wissenschaft funktioniert das meiste nicht, und dann muss man fragen, warum es das nicht tut. Man kann nicht grob über den Daumen geschätzt arbeiten. Man muss sich seiner Methoden sicher sein und wissen, dass nicht das fehlerhafte Verfahren das Problem ist.«

Von Warwick lernte ich, dass einer der Schlüssel zum Erfolg darin besteht, mit Scheitern umzugehen. Wenn etwas nicht geklappt hat, muss man erstens seine Methoden und Verfahren untersuchen, um zu sehen, ob das Problem vielleicht hier liegt. Zweitens muss man untersuchen, was da nicht funktioniert hat und warum. Und drittens muss man sich fragen, was man aus dem Scheitern Positives für die Zukunft lernen kann.

Es war das innerste Wesen dieses Mannes, das ihn fähig gemacht hatte, Gottes Willen für sein Leben zu erkennen und umzusetzen und solch einen Erfolg zu haben. Ein von Gott geschenktes Interesse für die Medizin und die Dritte Welt wuchs zu einer Leidenschaft. Aus dieser Leidenschaft kam eine Vision und aus der Vision eine Strategie. Und diese Strategie war Gottes Strategie – aus der Rückschau war dies glasklar, aber aus Warwicks Alltagsperspektive war es eine Serie von Glaubensschritten gewesen, jeden Tag neu.

Warwick: »Gott ruft uns auf eine Art, die wir nicht vorhersehen können. Ich hätte genauso gut Theologie studieren können. Aber er schubste mich, vor allem durch die Sache mit der Lepra, in eine Richtung, die ich mir selbst nie ausgesucht hätte.« Er grinste breit. »Wir müssen lernen, dass Gottes Wille für unser Leben Gottes Wille für unser Leben ist.«

Er beugte sich nach vorn, seine Stimme wurde begeistert. »Unser bester Job war dieses kleine 100-Betten-Spital in Nepal. Wir wussten, dass wir dort gebraucht wurden und dass dies Gottes Wille war. Aber dann führte Gott uns zurück in das Royal Prince Alfred Hospital in Sydney, wo ich genau wusste: Wenn du morgen abtrittst, hat übermorgen ein anderer deinen Job. Wir fragten uns: Warum sind wir hier gelandet? Aber als Christen mussten wir lernen, Gott zu vertrauen.«

Wieder und wieder fand Warwick sich in Situationen wieder, wo, wie er sagte, »ich das Wollen hatte, aber jemand anderes das fachliche Können«. In Nepal brauchte er Sprachkenntnisse, Erfahrung in Tropenmedizin und ein vertieftes Verständnis der Physiologie. Nach Sydney zurückgekehrt, konnte er dank seiner neu erworbenen Fertigkeiten ein außergewöhnlich erfolgreiches Promotionsprojekt ausbauen und schließlich einen Lepraimpfstoff entwickeln.

Eine wichtige Kraftquelle für Warwick, sowohl religiös wie in seinem Beruf, ist das Miteinander mit anderen Menschen. Er weiß genau, dass die Christen den »Leib Christi« bilden, in dem jeder nach seinen Fähigkeiten und Stärken zum Wohl des Ganzen beiträgt. Was seine wissenschaftliche Arbeit angeht, sagt er, dass man die besten Ergebnisse dort bekommt, wo eine Gemeinschaft von Forschern sich überlegt, wie sie am besten kommunizieren und zusammenarbeiten kann.

Ich hatte noch eine letzte Frage. Eigentlich hatte ich sie zuerst stellen wollen; jetzt kam sie mir fast schon überflüssig vor: »Wie gehen Sie mit Konflikten zwischen Glauben und Rationalismus um?«

»Ich sehe da kein Problem«, sagte er. »Der Gläubige muss ja sein Gehirn nicht an der Garderobe abgeben. Irgendwann kommt jeder an einen Punkt, wo er Glauben braucht – Glauben an Gott. Ich würde Richard Dawkins[54] antworten, dass man gerne gegen den Glauben an Gott argumentieren kann, aber dass man irgendwann im Leben an einen Punkt kommt, wo man Vergebung braucht.« Und er erzählte mir eine erstaunliche Geschichte von zwei Jungen in Nepal, die zwei Wochen lang zu Fuß zu dem kleinen Krankenhaus gegangen waren, weil sie wussten, dass es dort Menschen gab, die ihnen etwas über Gottes Liebe und Vergebung sagen konnten. Was die Jungen zu diesem Gewaltmarsch motivierte, waren ein paar auf Papierzettel geschriebene Bibeltexte und ein Hunger nach Erkenntnis und Vergebung.

Jedes Leben beginnt als leeres Blatt, aber wenn wir genauer hinsehen, dann entdecken wir in dem Blatt ein Wasserzeichen mit dem Text »Gottes Plan für dein Leben«. Wenn dieser Plan sich dann entfaltet, sind wir begeistert, aber oft auch verunsichert, weil es kein Plan ist, den wir uns mit unserem

Verstand selbst ausgesucht hätten, und weil er womöglich Freunde und Verwandte vor den Kopf stößt. Es ist ein Plan, der uns aus unserer Komfortzone herausführen will. Und es ist der einzige Plan, der uns dann, wenn wir ihm folgen, inneren Frieden und Erfüllung gibt.

Wie Warwick sagte: »Gottes Wille für unser Leben ist Gottes Wille für unser Leben. So einfach ist das.«

Alles, was sich regt und bewegt,
wohin das Wasser kommt, wird leben.
Es wird sehr viele Fische geben,
denn dieses Wasser kommt dorthin
und macht das Salzwasser gesund.
Wohin dieses Wasser fließen wird,
dort wird alles leben ...
Auf beiden Seiten des Stroms werden alle Arten
von Obstbäumen wachsen.
Die Blätter dieser Bäume werden niemals welken;
an ihren Zweigen werden immer Früchte hängen.
Jeden Monat wird eine neue Ernte heranreifen!
Denn sie werden vom Fluss,
der im Tempel entspringt, bewässert.
Ihre Früchte werden als Nahrung dienen
und ihre Blätter als Heilmittel.

Hesekiel 47,9.12

Epilog:
Zum Leben programmiert

Im Jahre 1867 ging Dwight L. Moody, vor allem wegen
des Asthmas seiner Frau, nach England. Als er mit seiner
Frau und Freunden in Dublin in einem Park saß, bemerkte
der Evangelist Henry Varley: »Die Welt hat noch nicht gesehen,
was Gott mit einem Mann machen kann, der ihm
völlig hingegeben ist.« Die Worte sprachen Moody ins
Herz, und er beschloss, dieser Mann zu werden![55]

Im Vorwort dieses Buches habe ich Gott als den Meisterwe-
ber beschrieben, der aus unserem Leben einen Wandteppich
macht, der so perfekt ist, wie wir ihn selbst nie zuwege bringen könnten. Das Muster ist so komplex und vielfältig wie
die Lebensläufe, aus denen es besteht.

Und ich glaube, dass sich durch dieses Muster hindurch ein
roter – oder besser: goldener – Faden zieht. Hin und wieder
bekommen wir ihn zu Gesicht. Oft erkennen wir ihn am besten aus einem gewissen Abstand, aber manchmal leuchtet er
hell im Licht eines ganz normalen Alltags auf. Es ist letztlich
dieser Faden, der den ganzen Teppich zusammenhält. Ohne
ihn wäre das Gewebe verworren und lose, würde es ausfran-
sen und sich aufribbeln. Wenn wir diesen Faden sehen, ist er
unverwechselbar; er ist die Hand Gottes selbst.

Die Lebensläufe der Menschen, die in diesem Buch zu
Wort gekommen sind, sind gerade in ihrer Verschiedenartig-
keit Beispiele, wie man sie in jedem Beruf, jeder Gesellschaft,
jeder Phase der Menschheitsgeschichte finden kann. In ihnen
finden wir all die Erlebnisse und Erfahrungen wieder, die
wir aus unserem Alltag kennen – unsere Erfolge, Hoffnun-

gen und Wünsche, aber auch unsere Niederlagen, ja manchmal unsere Verzweiflung.

Die Erfahrungen, die die Menschen in diesem Buch mit Gott gemacht haben, sind sehr unterschiedlich. Die einen haben Wunder erlebt, die anderen nicht. Manche sind dem sicheren Tod entronnen, andere haben ein behüteteres Leben geführt. Aber wie ihre Erfahrungen auch waren, das Wesen Gottes ist immer das gleiche und alle haben sie es in ihrem Leben deutlich erkannt.

Vielleicht fragen Sie sich nach der Lektüre dieses Buches: »Was ist denn nun ein ›normales‹ Christenleben? Was kann ich in meinem Alltagsleben mit Gott erwarten?« Diese Frage hat sich mir jedes Mal neu gestellt, wenn ich das nächste Interview führte oder das Manuskript noch einmal durchging. Jeder dieser Lebensläufe war außergewöhnlich, ja einzigartig. Aber alle hatten sie etwas gemeinsam: das glaubende Vertrauen auf einen lebendigen Gott.

Watchman Nee behauptet in seinem Buch *Das normale Christenleben*[56], dass das Leben eines »normalen« Christen etwas ganz anderes ist als das Leben des Durchschnittschristen und dass man es in dem Satz zusammenfassen kann: »Ich lebe nicht mehr selbst, sondern Christus lebt sein Leben in mir.« Das normale Christenleben ist alles andere als »normal«.

Die meisten von uns leben in der Komfortzone des geregelten Alltags. Wir schätzen Sicherheit, Erfolg und Harmonie und die Gewissheit, dass wir das Beste aus uns machen. Unser Lebensplan basiert auf unserer Vorstellung davon, was Erfolg und was Glück ist – und wir sehen nicht, dass Gott so viel mehr mit uns vorhat, als wir uns je vorstellen könnten. Wenn wir anfangen, Gott in und durch uns leben zu lassen, wird das Potenzial unseres Lebens viel größer, als wenn wir versuchen, es aus unserer eigenen Kraft zu leben.

Jeder der in diesem Buch vorgestellten Lebensläufe zeigt eine Richtung, einen Plan und das Bewusstsein, die persönliche Bestimmung gefunden zu haben, aber auch ein fortschreitendes inneres Wachsen und eine geistliche Entwicklung. Jeder dieser Menschen ist irgendwo in seinem Leben von dem allmächtigen Gott angerührt worden, und aus dieser Begegnung ist eine Vision gekommen, die dann Wirklichkeit wurde. Dazu brauchte es immer wieder neu Gottvertrauen, da die Vision oft nur schrittweise klar wurde, ihr Lichtkegel nur bis zum nächsten Tag reichte, und das manchmal jahrelang, ja bis ans Ende des Lebens.

Am Anfang dieses Buchprojekts stand meine Frage, wie Gott im Leben christlicher Ärzte und ihrer Familien wirkt. Mein Plan war einfach: Ich wollte treu aufzeichnen, was diese Ärzte in ihrem Privatleben wie in ihrer medizinischen Praxis erlebt hatten.

Was ich nicht erwartet hatte und was mich total überraschte, war die Art, wie Gottes Gnade aus dem Leben dieser Mediziner in das ihrer Patienten, Kollegen, Familien, Freunde und Bekannten überströmte. Die Gnade Gottes ist nicht etwas, was in ein paar Einzelnen bleibt; sie fließt über, hinein in das Leben vieler anderer. Was vielleicht als kleiner Bach im Leben eines Menschen beginnt, wird zum Strom, der die fruchtbaren Flussauen der Seelen anderer bewässert und Heilung und neues Leben bringt. Je weiter dieser Strom fließt, desto breiter und mächtiger wird er. Er legt frei, reinigt, gestaltet und erneuert. Eine Zeit lang mag man ihn bändigen können, doch früher oder später tritt er über die Ufer und fließt weiter. Er ist nicht zu stoppen.

So brachte Gott nicht nur Heilung in das Leben von John, meinem Freund, dem Radiologen, sondern er benutzte ihn dann, um durch die Heilungsgruppe der St. Andrew's Cathedral anderen Menschen Heilung zu bringen. Durch John brachte Gott auch andere dazu, sich aktiv im Heilungsdienst zu engagieren. Oder nehmen wir Professor Don Tredway: Er war bereits ein herausragender Dozent und Arzt, aber durch die Heilung, die Gott in sein Leben brachte, wurden seine Fähigkeiten gleichsam geheiligt, sodass sie das Leben vieler anderer Menschen in aller Welt berühren konnten.

Ich stellte auch fest, dass da, wo Gott christliche Ärzte in einer Gemeinschaftspraxis zusammenführte, er zuerst ihnen als Einzelnen und ihren Familien Heilung, Erneuerung und Ermutigung brachte. Danach brachte er durch sie ihrer Stadt und ihrer Umgebung Heilung, Erneuerung und Leitung. Sie begannen, Menschen, die Probleme in ihrer Ehe hatten oder drogen- oder alkoholabhängig waren, zu helfen oder finanzierten ein Seminar über Sexualaufklärung für junge Leute.

Ich hörte, wie Gott das Leben eines Großvaters in einem kleinen Dorf in Westborneo angerührt hatte. Durch drei Generationen seiner Familie ist die Gnade Gottes weitergeflossen, quer durch kulturelle Barrieren und über geografische Grenzen.[57] Heute profitieren durch die Liebe seiner Tochter, einer viel beschäftigten Allgemeinärztin, die Menschen in West-Sydney von seinem Leben mit Gott.

Donald Dale, in Südwestchina als Sohn eines Missionsarztes geboren, kann sich an seine frühe Kindheit nicht erinnern. Aber als er Christ geworden war, bekam er den brennenden Wunsch, Gott in China zu dienen, was er dann auch viele Jahre tat; er durfte vielen Menschen Heilung und Heil bringen.

Manchmal zeigt Gottes Plan für unser Leben sich schon, bevor wir anfangen, unser Leben mit ihm zu führen. In der Bibel heißt es: »Schon vor deiner Geburt habe ich dich dazu bestimmt ...« (Jeremia 1,5). Mit gerade mal sieben Jahren erlebte Doug seine Berufung, Arzt zu werden, sodass seine

Mutter ihn »Doktor Doug« nannte. Die Arbeit, die er in entlegenen Landnestern begann, geht weiter, und die christliche Praxis, die er in den nördlichen Vororten von Sydney eröffnete, blüht und gedeiht unter seinen Nachfolgern weiter.

Mir wurde immer klarer: Wo Männer und Frauen bereit sind, ihr Leben Gott hinzugeben, betreten sie einen Weg, der vorherbestimmt und gewiss ist. Auch wenn unsere Schritte manchmal unsicher und die Richtung unklar ist – Gott hat den Überblick, er kennt das Ziel. Wenn wir ihm vertrauen und gehorchen, dann sehen wir (wenn auch manchmal erst im Nachhinein), dass der Weg, den er uns geführt hat, genau der richtige war. Gott führt uns nicht mutwillig in Sackgassen, aber manchmal führt er uns in Situationen, in denen wir wertvolle Erfahrungen für die weitere Reise sammeln.

Als ich mit diesen verschiedenen Ärzten sprach, kam immer wieder der gleiche Satz: »Er wird deine Schritte leiten, er wird dich den rechten Weg führen.« Diese Wege führten durch die USA, Großbritannien, China, Nepal, Jemen, Indien, Taiwan, Neuguinea, Indonesien, Südafrika, Borneo und Afghanistan, durch Universitäten, die Berge von New South Wales, Behörden und Ministerien. Und immer war Gott da, um den Weg zu bahnen.

So wie Gott den Weg bestimmt, so bestimmt er auch das Ziel. Unsere Reise wird erst an dem von Gott bestimmten Tag zu Ende sein. Als Arzt habe ich erlebt, wie junge Christen und Menschen in den besten Jahren sterben mussten. Dann kommt immer die Frage: Warum? Warum lässt ein liebender Gott das zu? Und ich habe andere Christen erlebt, die ein biblisches Alter erreichten. Es gibt hier keine einfache Antwort, aber ich glaube fest, dass Gott mit unserem Leben einen Plan hat, und die Erfüllung dieses Plans kann viele Jahre dauern, aber auch nur einige wenige. Es stimmt: Unsere Zukunft liegt in Gottes Händen (Psalm 31,16), und jeder Tag unseres Lebens war schon in seinem Buch geschrieben, noch bevor der erste begann (Psalm 139,16). Ich staunte, als Professor Bob Batey mir berichtete, wie Gott ihn gleich zweimal auf wunderbare Weise vor dem sicheren Tod errettete, und ich könnte noch andere ähnliche Fälle nennen. Ich persönlich vertraue darauf, dass ich jeden Tag leben werde, der nötig ist, um die Aufgaben zu erfüllen, die Gott mir gegeben hat.

Ich habe auch festgestellt, dass die Partnerschaft mit Gott keine Einbahnstraße ist. Wo Menschen Gott als ihren stillen Teilhaber erkennen, als den, der immer da ist, um ihnen Kraft und Mut und die nötigen Mittel zu geben, merken sie bald, dass diese Partnerschaft ihnen eine neue Lebensdimension eröffnet. In dem Maße, wie sie ihren Lebensweg in Gottes Hand legen und sich ihm zur Verfügung stellen, entdecken sie, dass sie auf seinem Programm stehen und mithelfen, seinen Willen zu tun. Wie mein Freund Professor Warwick Britton, der plötzlich den Leprakranken in den Bergen von Nepal diente. Oder der junge Ken Clezy, der auf einer Farm in Westvictoria aufgewachsen war, den »Ruf des Evangeliums« spürte und schließlich den Menschen im Jemen diente.

Was als unsere ganz persönliche Suche nach Gott, dem Sinn unseres Lebens und der Ewigkeit beginnt, hat das Potenzial, das Leben anderer Menschen zu verändern. Eine Begegnung mit dem lebendigen Gott ist mehr als nur ein Neuanfang für uns selbst. Es ist die Öffnung einer Quelle göttlicher Macht, Weisheit und Gnade, die durch uns hindurch in das Leben unserer Mitmenschen fließt, solange wir für Gott offen sind und ihm gehorchen. Dies ist unser Erbe, unser Auftrag und unser Ziel.

Und dieses neue Leben, das wir in Christus führen, ist ein viel besserer Weg als alle anderen, die wir gehen können.

273

Mag er auch schwierig und rau werden, Gott gibt uns immer das, was wir brauchen, um mit neuen und unerwarteten Situationen fertig zu werden. Und zu seiner Zeit schenkt er uns auch die Hände anderer Menschen, um uns die Last tragen zu helfen und unsere Vision zu teilen.

Gebet

Wie leicht ist mir, mit Dir zu leben, o Herr!
Wie leicht ist mir, an Dich zu glauben!
Wenn mein Verstand sich dem Zweifel öffnet oder kraftlos wird,
wenn die Klügsten unter den Klugen
nicht über den heutigen Abend hinaussehen
und nicht wissen, was morgen getan werden muss –
gibst Du mir Klarheit und Zuversicht,
dass es Dich gibt
und dass Du Sorge tragen wirst,
dass nicht alle Wege des Guten verschlossen sein werden.
Auf der Höhe meines irdischen Ruhmes
blicke ich mit Verwunderung zurück, auf jenen Weg
durch die Hoffnungslosigkeit – hierher,
von wo aus auch ich der Menschheit
einen Abglanz Deiner Strahlen schicken konnte.
Und wie viel Zeit auch nötig sein wird,
um Deine Strahlen widerzuspiegeln,
Du wirst sie mir geben.
Und was ich nicht mehr schaffen werde, heißt –
dass Du es anderen vorbestimmt hast.

Alexander Solschenizyn (1918–2008)
Worte nach Psalm 73,25-26[58]

Da wir von so vielen Zeugen umgeben sind,
die ein Leben durch den Glauben geführt haben,
wollen wir jede Last ablegen, die uns behindert,
besonders die Sünde, in die wir uns so leicht verstricken.
Wir wollen den Wettlauf bis zum Ende durchhalten,
für den wir bestimmt sind. Dies tun wir,
indem wir unsere Augen auf Jesus gerichtet halten,
von dem unser Glaube vom Anfang bis zum Ende abhängt.
Er war bereit, den Tod der Schande am Kreuz zu sterben,
weil er wusste, welche Freude ihn danach erwartete.
Nun sitzt er an der rechten Seite
von Gottes Thron im Himmel!

Hebräer 12,1-2

Goldene Worte

Bei jedem Interview wartete ich geduldig und erwartungsvoll; ich wusste, dass sie kommen würden, die Worte, die ich brauchte – Worte, die die Lebensreise der betreffenden Person in einem Satz zusammenfassten. Manchmal lag in diesen Worten eine Weisheit, wie sie nur von Gott kommen kann, und ich betrachtete sie als Worte des Wissens, die Gottes Geist in kritischen Augenblicken geschenkt hatte. Oft haben diese Worte das Leben dessen, der sie mir sagte, verändert, und viele von ihnen haben mein eigenes Leben geprägt. Als ich sie hörte, war das, als ob in meiner Seele ein Licht anging. Einige von ihnen möchte ich Ihnen zum Abschluss noch einmal zitieren, damit Sie Segen davon haben.

- »Das hatte Gott geplant. Wir hatten das nicht gemacht. Wir hatten es noch nicht mal versucht. Er machte das einfach.« *(Rob, Allgemeinarzt, Kap. 22)*
- »Wir müssen unbedingt auf die richtigen Prioritäten achten: Erst Gott, dann die Familie und danach erst die Praxis. Es bringt nichts, wenn die Praxis gut läuft und dein Sohn sich draußen im Gartenschuppen gerade eine Pistole an die Schläfe hält.« *(Rob, Allgemeinarzt, Kap. 22)*
- »Wenn es keinen Halt mehr gibt, dann haltet euch an dieses: Gott sitzt im Regiment.« *(Lyndells Pastor, Kap. 18)*
- »Gott sagte mir: ›Hör auf, auf dich selbst zu starren, und versuche es mit mir!‹ Gott gibt mir die Kraft, jeden Morgen aufzustehen und den Tag zu bewältigen.« *(Professor Bob Batey, Gastroenterologe, Kap. 10)*
- »Wenn man den Eindruck hat, dass Gott zu einem redet, sollte man gehorchen.« *(Dr. Russell Clark, Arzt, Kap. 8)*

- »Von diesem Tag an wusste ich echt, dass ich zu einem Gott betete, der mächtig war. Ich fing an, das Unmögliche von ihm zu erwarten.« *(Dr. John Saxton, Radiologe, Kap. 17)*

- »Gebt der wissenschaftlichen Medizin die Disziplin der Wissenschaft, die ihr zusteht; und gebt Gott und seinem Wort die Disziplin des Glaubens.« *(Dr. John Saxton, Radiologe, Kap. 17)*

- »Wir standen dort, zutiefst ergriffen von dem Anblick der dicken Baumstämme, die wie Pfeiler in die Wolken ragten. Für uns war das Gottes Dom, in dem er uns erschien, und wir standen da und lobten und priesen ihn.« *(Dr. John Saxton, Radiologe, Kap. 17)*

- »Man weiß nie, was als Nächstes kommen wird, und muss einfach bereit sein, sich ›mitnehmen zu lassen‹. Gott ändert sich nie; er ist das einzig Konstante. Wenn ich das nicht wüsste, würde ich verrückt werden.« *(Jenny, Krankenschwester, Kap. 7)*

- »Unser Leben dauert siebzig Jahre, vielleicht sogar achtzig Jahre. Doch selbst noch die besten Jahre sind voller Kummer und Schmerz …« (Psalm 90,10). »Ich bin jetzt 71, und dieser Vers sagt mir, dass ich vielleicht noch zehn Jahre habe. Was kann man nicht alles machen in der Zeit!« *(Doug, Allgemeinarzt im Ruhestand, Kap. 23)*

- »Mein Grundsatz war damals wie heute, dass die Menschen einen Arzt benötigen, der für sie da ist.« *(Doug, Allgemeinarzt im Ruhestand, Kap. 23)*

- »Mein Leben war wie umgewandelt. Auf Schritt und Tritt sah ich in meinem Alltag seine Hand. Ich erinnerte mich an das Erlebnis, das ich als Kind gehabt hatte, als er zu mir kam und meine Hand nahm. Ich hatte ihm wehgetan, aber er hatte mir vergeben. Er rettete mich und gab mir ein neues Herz … In meinem geistlichen Leben hat im Laufe der Jahre oft mein altes Ich sein hässliches Haupt erhoben. Mein Kampf und meine sündigen Neigungen sind nicht einfach gewesen. Meine Taufe soll ein Meilenstein der Gnade sein, der mich täglich daran erinnert, dass ›ich lebe, aber nicht mehr ich selbst, sondern Christus lebt in mir‹.« *(Dr. Lie Shian, Allgemeinärztin, Kap. 21)*

- »Diese Depressionen waren ja so was Sinnloses. Ich fragte mich damals: Wo ist jetzt Gott? Aber Gott hat mich aus meinem Trott rausgeholt. Das war echt gnädig von ihm. Es brauchte meine ganzen Probleme damals, um mich aus meiner Komfortzone herauszuführen ... Ich bin depressiv, und es braucht nicht viel, um mich umzuwerfen. Aber ich habe gelernt: ›Wenn ich schwach bin, bin ich stark.‹ Es kommt nicht ›auf mein Rückgrat an, sondern auf Gottes Rückgrat.« *(Michael, Chirurg, Kap. 14)*
- »Ich weiß nur, dass das Wichtige die Menschen sind – Gott und die Menschen – und nicht die ›sexy‹ Seite der Medizin.« *(Sam, Medizinstudent, Kap. 24)*
- »Ich weiß, wie es ist, ›Tschüs, Gott!‹ zu sagen und den Weg der Toten zu gehen ... Der Hebräer verkaufte sich für sechs Jahre in die Sklaverei; im siebten kam er wieder frei. Meine Sklaverei dauerte genau sechs Jahre und sechs Tage ... Ich lernte es, Gottes Gesicht zu suchen und nicht seine Hand – ihn selbst und nicht seine Heilung. Ich musste mich fragen: Will ich mich von ihm führen lassen? Will ich ihm vertrauen?« *(Linda, Allgemeinärztin, Kap. 13)*
- »Das war wie Tod und Auferstehung. Am Donnerstag ging ich ins Krankenhaus, um am Abend das Todesurteil zu vernehmen. Am Freitag kam das Sterben. Am Samstag konnte ich das erste Mal nach vielen Wochen schlafen. Aber der Sonntag, als ich aus der Intensivstation heraus-

konnte und es mir so viel besser ging – das war die Auferstehung!« *(Rosemary, Herzpatientin, Kap. 15)*

- »Halt den Mund, Frau! Was ich nicht erklären kann, gibt's
nicht!« – »Je mehr ich Gott lobte, desto mehr kam meine
Kraft zurück.« *(Professor Don Tredway, Kap. 4)*

- »Wenn drei gute Freunde von dir erschossen werden,
während du beim Frühstück sitzt – noch größer kann
ein Schock nicht ein.« – »So viele Leute in der arabischen
Welt halten die Christen für weiße Ungeheuer, die einen
bombardieren, wenn man Muslim ist. Da war es wichtig zu demonstrieren, dass das nicht stimmt.« – »Wenn
du deinen Glauben nicht konsequent auslebst, brauchst
du gar nicht erst über ihn zu reden. Alles, was ich tun
kann, ist, den Leuten freundlich zu begegnen und Frieden auszustrahlen. Sie sagen: ›Entweder Clezy ist echt
oder nicht.‹ Sie sind imstande, die Bibel aus dem Internet
runterzuladen, um zu wissen, was man sich unter einem
Christen vorzustellen hat.« *(Dr. Ken Clezy, Chirurg, Kap.
12)*

- »Es gibt nichts Tragischeres, als wenn es mit einem Patienten eindeutig zu Ende geht, er dies aber nicht einsehen
will. Damit verbaut er sich die Gelegenheit, sein Leben in
Ordnung zu bringen, sich mit Menschen zu versöhnen
und dankbar auf sein Leben zurückzublicken.« *(Professor
John Boyages, Onkologe, Kap. 19)*

- »Ich wusste, dass Gott mich in die Medizin geführt hatte
und mich nicht im Stich lassen würde.« *(Geoff, Allgemeinarzt, Kap. 21)*

- »Ich bin Christ und ich habe keine Angst.« *(ein älterer Professor in Zentralchina, Kap. 5)*

- »Es war so ähnlich wie bei den Israeliten in der Wüste,
denen Gott am Tag in einer Wolkensäule und nachts in

einer Feuersäule voranging. Ich merkte, wie meine Wolkensäule sich bewegte.« *(Anna, australische Botschaftsärztin, Kap. 21)*

- »Mit meiner eigenen Kraft hätte ich diesen Tag nicht geschafft. Ich hatte echt Angst. Ich war im fünften Monat schwanger und konnte nicht mehr. Ich hatte gearbeitet wie eine Verrückte und wollte nur noch nach Hause ... Aber ich war an diesem Tag die Botschaftsärztin und vertrat den normalen Botschaftsarzt, der gerade freihatte. Ich musste da durch.« *(Anna, australische Botschaftsärztin, Kap. 21)*

- »Ich habe es aufgegeben, die Menschen überzeugen zu wollen. Das Überzeugen besorgt der Heilige Geist selbst, zu seiner Zeit.« *(Rob, Augenchirurg, Kap. 21)*

- Frage: »Wie kann man sich Gott hingeben, wenn man meint, dass man nichts ist?« – Antwort: »Man bietet Gott einen kompletten Schrotthaufen und bittet ihn, etwas daraus zu machen. Es ist erstaunlich, was Gott tun kann.« *(Dr. Donald Dale, Missionar, in einem Fernsehinterview, Kap. 6)*

- »Der Gläubige muss ja sein Gehirn nicht an der Garderobe abgeben. Irgendwann kommt jeder an einen Punkt, wo er Glauben braucht – Glauben an Gott.« *(Warwick Britton, Medizinprofessor, Kap. 24)*

- »Gottes Wille für unser Leben ist Gottes Wille für unser Leben. So einfach ist das.« *(Warwick Britton, Medizinprofessor, Kap. 24)*

Über den Autor

Dr. Ernest F. Crocker legte 1969 sein Examen an der Medizinischen Fakultät der University of New South Wales (Australien) mit Auszeichnung ab. Er erhielt mehrere Auszeichnungen: den University Prize for Surgery, den HP und BL Melville Prize for Surgery und den Gilbert Ashby Memorial Prize for General Proficiency. Zuvor hatte er mit Auszeichnung ein Bachelorexamen in Medical Science abgelegt. Das Thema seiner Diplomarbeit betraf die Rolle des alpha- und beta-adrenergischen (adrenalinbedingten) Systems bei der Herz-Kreislauf-Reaktion während der arteriellen Hypoxie (Sauerstoffmangel im Blut).

Er absolvierte seine Assistenzarztzeit am Royal Prince Alfred Hospital in Sydney. Es folgte eine Spezialausbildung in Nuklearmedizin sowie, in den Commonwealth Acoustic Laboratories (dem späteren Ultrasonics Institute), in Ultraschalldiagnostik. Er wurde der erste Nuklearmediziner, der in Australien Ultraschall praktizierte.

1975 schloss er seine Ausbildung zum Nuklearmediziner als Research Fellow an der University of Pennsylvania ab, bevor er nach Sydney zurückkehrte, wo er als Fellow am Royal Australasian College of Physicians aufgenommen wurde. Er wurde der Leiter der neuen Abteilung für Nuklearmedizin und Ultraschall am Westmead Hospital, eine Position, die er die nächsten zehn Jahre bekleidete, in denen er die Abteilung zu einem der führenden Zentren für diagnostische Nuklearmedizin in Australien ausbaute.

Während seiner Jahre am Westmead Hospital war er Mitglied in zahlreichen Ausschüssen, darunter dem Council of the Australian and New Zealand Association of Physicians in Nuclear Medicine, dem ASUM Board of the Diploma of Medical Ultrasonography, dem Federal Government Nuclear Medicine Fees Committee, dem Nuclear Medicine Advisory Committee of the New South Wales Government und den Public Works Advisory Committees for Nuclear Medicine and Ultrasound. Er war ebenfalls Sekretär des Royal Australasian College of Physicians Nuclear Medicine Training Advisory Committee.

Dr. Crocker hat auf seinen Spezialgebieten Nuklearmedizin und Ultraschall 75 Artikel in Fachzeitschriften veröffentlicht.

Ein besonderes Anliegen ist ihm die christliche Arbeit in China; er besuchte das Land viele Male, um an medizinischen Vortragsreisen teilzunehmen. Zusammen mit seiner Frau, Lynne, war er der australische Vertreter der Jian Hua Foundation; er war ebenfalls Vorstandsmitglied in Australian China Endeavour.

1986 war er Mitgründer einer Privatpraxis für Nuklearmedizin und Ultraschall in West-Sydney, an der er heute noch beteiligt ist.

Dr. Crockers zweites Freizeitinteresse gilt der Fotografie. Seine Bilder sind in australischen und internationalen Zeitschriften erschienen sowie auf zahlreichen Ausstellungen zu sehen.

Zusammen mit seiner Frau, Lynne, die Künstlerin ist, wohnt er im Hills District von Sydney. Das Paar hat eine Tochter, Sascha, und zwei Söhne, Brook und Sam. Brooks Frau, Lucinda, ist ebenfalls Ärztin, und sie und Brook haben zwei Kinder, Rory und Luella.

Anmerkungen

1 William Barclay. *And He Had Compassion on Them*. Edinburgh: The Church of Scotland Youth Committee, 1955.

2 25. April; Nationalfeiertag in Australien, Neuseeland und Tonga (Anm. des Übersetzers).

3 Systematische zwangsweise Entfernung von (meist nicht reinrassigen) Aborigineskindern aus ihren Elternhäusern durch australische Behörden in der Zeit von etwa 1900 bis 1969, um sie in die weiße Gesellschaft zu integrieren (Anm. d. Ü.).

4 E. F. Crocker, A. V. McLaughlin, J. G. Morris, R. Benn, J. G. McLeod und J. Allsop. »Technetium brain scanning in the diagnosis and management of cerebral abscess«. *American Journal of Medicine*, 56: 192, 1974.

5 Graham Cooke. »In Gott ruhen«. Vortrag auf einer Konferenz in der Dayspring Church im Jahre 2005.

6 Bei der Positronen-Emissionstomografie dienen Radionuklide (wie F18), die Positronen abgeben, zur bildgebenden Darstellung von Organsystemen. Ihr Nutzen liegt vor allem in der Frühdiagnose und Stadieneinteilung bei bösartigen Tumoren. Die Technik wurde Mitte der 1970er-Jahre entwickelt, hat sich aber in Australien erst relativ spät durchgesetzt. Heute sind die PET-Scanner mit CT-Scannern gekoppelt und die Technik heißt PET/CT.

7 »The Battle Hymn of the Republic«: Eines der bekanntesten patriotischen Lieder der USA aus der Zeit des amerikanischen Bürgerkriegs, beinhaltet in religiösen Bildern den Kampf gegen die Sklaverei und die Südstaaten (Anm. d. Ü.).

8 Anmerkung des Autors: Vor wenigen Jahren sagte der Leiter der staatlichen chinesischen Behörde für religiöse Angelegenheiten, Yie Xiaowen, dass die Zahl der Christen in China 130 Millionen erreicht habe. Die Zeitschrift *The Christian Post* zitierte eine Aussage von Bob Fu, dem Direktor von China Aid, dass das beispiellose Wachstum der Kirche in China mitten durch harte Verfolgungen hindurch stattgefunden hat und dass sein Hilfswerk darum betet, dass es in China bald echte Religionsfreiheit gibt. Siehe Michelle Vu. »Police Raid Chinese Bible Study at Communist School«. *The Christian Post*, 8. Januar 2007.

9 Penny Dale. *Ten Sacks of Rice: Our Way to China*. Austin, Texas: Karis Publishing, second edition, 2006.

10 Am 21. Oktober 2006 stach ein 45 Fuß langes South African Leopard-Katamaransegelboot von Hongkong zu einer Weltumsegelung in See. Die Besatzung bestand aus Jenny und einer zweiköpfigen Crew. Ihre Route führte sie nach Singapur, durch die von Piraten heimgesuchten Gewässer vor Vietnam, nach Phuket, Chagos und Mosambik (nachdem sie einen heftigen Sturm überstanden hatten). Weiter ging es nach Durban, um das Kap der Guten Hoffnung herum nach St. Helena im Südatlantik, nach Fortaleza Brasil und,

nach erfolgreichem Ausweichen der Hurrikans »Felix« und »Dean«, nach Panama via Trinidad. Am 8. März 2008 um 3.30 Uhr Ortszeit war das Boot wieder in Hongkong, mit Bordhund Henry, Bordkatze Coco von den Seychellen und der Besatzung (Jenny und Ehemann Rob).

[11] *USA Today*, 8. September 2004. – Siehe auch: smh.com.au, 24. November 2004.

[12] *The Age* (Zeitung), 9. September 2004.

[13] *Sydney Morning Herald*, 10. September 2004, Matthew Moore und Karuni Rompi.

[14] Lynwood Café war das Elternhaus des Lehrers Napoleon Richard Poidevan, dessen Sohn Leslie Oswald Poidevan (1876–1931) Chirurg sowie Kricket- und Tennisspieler war. In der letzteren Funktion vertrat er Australien im Daviscup von 1906.

[15] *The Yemen Option*, Foreign Correspondent, Lead Story Series 13, Episode 24, ABC Television, 2. März 2004. Korrespondent: Mark Corcoran.

[16] BBC News, World Edition, 30.12.2002.

[17] Kamel wurde am 27. Februar 2006 in der Provinz Ibb im Süden des Jemen von einem Exekutionskommando durch Erschießen hingerichtet. Sein Komplize Ali Mohammed-Jar Allah war bereits im November 2005 hingerichtet worden. (Hannah Elliott, 2. März 2006, *Associated Baptist Press*).

[18] *The New York Times*. Late East Coast Edition, 22. April 2003.

[19] Weblog: »Yemeni Missionaries' Killer Had Earlier Sought Their Help«. *Christianity Today*. Ted Olson, 19.1.2003. www.christianitytoday.com/ct/2003/101/51.0.html.

[20] F. W. Boreham. *A Handful of Stars: Texts That Have Moved Great Minds*. New York: Abingdon Press, 1922.

[21] »The Gap« ist eine Felsformation an der südlichen Landspitze des Hafens von Sydney, die für ihre vielen Selbstmörder berüchtigt ist.

[22] B. Hartwig, A. Nichols. »GP Health and Well-Being: The Issues Explored«. Brisbane: North Division of General Practice, 2000. Siehe auch: R. P. Caplan. »Stress Anxiety and Depression in Hospital Consultants, GPs and Senior Service Managers«. BMJ 309: 1262, 1994.

[23] J. Lawrence. »The Tragedy of Doctor Suicide«. *Journal of the Queensland Branch of the Australian Medical Association*, 1997: 12, 13.

[24] »Doctors' Mental Health Working Group Report and Recommendations«, 29. Mai 1997.

[25] Noel Gibson, Phyl Gibson. *Excuse Me, Your Rejection Is Showing*. Sovereign World Ltd. 2000.

[26] Plasmapherese ist ein Blutaustausch, bei dem das eigene Plasma durch Spenderplasma ersetzt wird.

[27] J. A. Wyngaaden, L. H. Smith Jr. *Cecil Textbook of Medicine*. W. B. Saunders Company, 17th edition, 1985, S. 338.

[28] In den USA liegt die Häufigkeit dieser Erkrankung bei 1 von 1 300 bis 15 000 Lebendgeburten.

[29] Reverend Graham Miller, St. Giles Presbyterian Church, Hurtsville (persönliche Mitteilung).

[30] Jackie Pullinger, eine Engländerin, baute in dem berüchtigten Stadtteil Walled City auf der Halbinsel Kowloon eine Arbeit unter Heroinsüchtigen und Mitgliedern der »Triaden« (der chinesischen Mafia) auf. Vgl. dazu auch Kapitel 7. Die Geschichte von Jackie steht in: Jackie Pullinger. *Licht im Vorhof der Hölle*. Asslar: Gerth Medien, 1982.

[31] Der Anruf kam von einer jungen Frau, die seine Freundin gewesen war und die ihm eröffnete, dass sie Schluss machen wollte. Damit war der Weg frei zu einer vertieften Beziehung zu Janet, die dann in die Ehe mündete.

[32] Die *Reserve Bank of Australia* ist für die Währungspolitik des Landes verantwortlich; in etwa vergleichbar der Deutschen Bundesbank (Anm. d. Ü.).

[33] Jim Glennon. *Your Healing Is Within You*. NJ: Bridge-Logos, 1978. Ders. *How Can I Find Healing?* NJ: Bridge-Logos, 1987.

[34] David van Biema. »God vs. Science«. *Time*, Sonntag, 5. November 2006.

[35] Auf Lyndells Wunsch sind die Namen nicht geändert.

[36] Dieser synthetische Östrogenwirkstoff wurde erstmals 1938 hergestellt. Er wurde in mehreren Gebieten der USA zwischen 1945 und 1955 und (selten) in den frühen 1970er-Jahren zur Vorbeugung von Fehlgeburten eingesetzt.

[37] National Institute of Health. *DES Research Update* 1999, 19.-20. Juli 1999.

[38] John Foxe. *Foxe's Book of Martyrs*. NJ: Revell, 1999.

[39] J. W. Chapman. *The Life and Work of Dwight Lyman Moody (1900)*. Heute erhältlich als Onlinebuch unter: www.Biblebelievers.com/moody.

[40] Martyn Lloyd-Jones, aus einer Ansprache auf dem jährlichen Frühstückstreffen der Christian Medical Fellowhip am 15. Juli 1953 während der Jahreskonferenz der British Medical Association in Cardiff (Wales).

[41] Siehe: www.royalnavy.mod.uk. A New Year – A New Man in Afghanistan. Operations Diary. Lieut.Col. Rory Bruce, Royal Marines, January 2007.

[42] PSA = prostataspezifisches Antigen. Ein von der Prostata abgesondertes Protein, das im Blutserum des Mannes normalerweise in kleinen Mengen vorkommt.

[43] Siehe: http://christianlibrary.org.au/cel/documents/psalms/chap10.html.

[44] Ben Carson MD. *Gifted Hands*. New York: HarperCollins, 1990.

[45] W. H. Arnold Duane. *Prayers of the Martyrs*. Grand Rapids, MI: Broadmoor Book, 1st edition, 1991.

[46] William Barclay. *Auslegung des Neuen Testaments: Brief an die Hebräer*. Neukirchen-Vluyn: Aussaat-Verlag, 2006, S. 72.

[47] Inzwischen befindet sich James in der Ausbildung als Radiologe an einem großen Lehrkrankenhaus in Sydney. Er interessiert sich für Positronen-Emissionstomografie in Verbindung mit Computertomografie und wird sich vielleicht zum Neuroradiologen ausbilden lassen.

[48] Philip Adams ist ein australischer Journalist, Moderator, Gesellschaftsreporter und Filmemacher, der sich als Atheist bezeichnet. Eines seiner Bücher ist: *Adam versus God*. Melbourne: Nelson, 1985.

[49] Copyright © The Nobel Foundation 1963, »Sir John Eccles – Banquet Speech«. Nobelprize.org. 27 Jan 2011. http://www.nobelprize.org/nobel_prizes/medicine/laureates/1963/eccles-speech.html.

[50] J. C. Eccles. »The Human Mystery – a Lifelong Search for Truth«. *Civitas* 38 (1983), S. 301-305.

[51] J. C. Eccles. »The Mystery of Personal Existence«. Scholar and Educator 7 (1983), S. 5-18.

[52] A. S. Mustafa, H. K. Gil, A. Nerland, W. J. Britton et.al. »Human T Cell Clones Recognize a Major M.leprae Protein Antigen Expressed in E.coli«. *Nature* 3 (1986), S. 63-66.

[53] *Wellcome* ist eine große Pharmaziefirma, die 1880 in London gegründet wurde.

[54] Dawkins ist der Autor des Buches *Der Gotteswahn* (Berlin: Ullstein, 5. Aufl., 2007).

[55] Lyle Dorsett. *A Passion for Souls*: *The Life of D. L. Moody*. Chicago, IL: Moody.

[56] Watchman Nee. *Das normale Christenleben*. Holzgerlingen: SCM-Hänssler, 2006.

[57] Ich habe auch beobachten können, wie der Geist Gottes gleichsam rückwärtsfließen kann, von den Kindern zu den Eltern und weiter zu den Großeltern. Publishers, 2003.

[58] Gebet von Alexander Solschenizyn, entstanden zwischen 1958 und 1963. Zitiert nach: Alexander Solschenizyn. *Was geschieht mit der Seele in der Nacht. Kurzerzählungen*. Herbig, 2006.

Todd Burpo, Lynn Vincent

Den Himmel gibt's echt

Die erstaunlichen Erlebnisse eines
Jungen zwischen Leben und Tod

Gebunden, 13,5 x 20,5 cm, 160 Seiten
Nr. 395.278,
ISBN 978-3-7751-5278-5

Colton ist vier Jahre alt, als er lebensgefährlich erkrankt und operiert
werden muss. Dass er überlebt, ist ein Wunder. Später erzählt er seinen
Eltern, einem Pastorenehepaar, von erstaunlichen Dingen, die er während dieser Zeit zwischen Leben und Tod gesehen hat.

Hans-Joachim Eckstein

Gesund im Glauben

Gebunden, 13,5 x 20,5 cm, 176 Seiten
Nr. 395.290,
ISBN 978-3-7751-5290-7

Ein gesunder Glaube entfaltet eine Fülle lebensfördernder und bezie-
hungsstärkender Impulse. Aber wie kann der eigene Glaube gesunden?
Was sind die Maßstäbe für einen Glauben, der heilt und zu einem erfül-
lenderen Leben führt?

Bitte fragen Sie in Ihrer Buchhandlung nach diesen Büchern!
Oder schreiben Sie an: SCM Hänssler, D-71087 Holzgerlingen;
E-Mail: info@scm-haenssler.de; Internet: www.scm-haenssler.de